MELODY OF THE SOUL

灵魂的旋律
我的父亲刘炽

刘萤萤 著

团结出版社

图书在版编目（CIP）数据

灵魂的旋律：我的父亲刘炽 / 刘萤萤著 . -- 北京：
团结出版社 , 2023.5
ISBN 978-7-5126-9470-5

Ⅰ . ①灵… Ⅱ . ①刘… Ⅲ . ①刘炽（1921-1998）-
传记 Ⅳ . ① K825.76

中国版本图书馆 CIP 数据核字（2022）第 108602 号

出　版：团结出版社
　　　　（北京市东城区东皇城根南街 84 号　邮编：100006）
电　话：（010）65228880　65244790（出版社）
　　　　（010）65238766　85113874　65133603（发行部）
　　　　（010）65133603（邮购）
网　址：http://www.tjpress.com
E-mail：zb65244790@vip.163.com
　　　　tjcbsfxb@163.com（发行部邮购）
经　销：全国新华书店
印　装：三河市东方印刷有限公司

开　本：170mm×240mm　16 开
印　张：26.75
字　数：380 千字
版　次：2023 年 5 月　第 1 版
印　次：2023 年 5 月　第 1 次印刷

书　号：978-7-5126-9470-5
定　价：68.00 元
　　　　（版权所属，盗版必究）

序

"让我们荡起双桨,小船儿推开波浪……"是我们这一代人在回忆起自己无忧无虑的少年时代时,耳边立刻会响起的一首歌。

"一条大河波浪宽,风吹稻花香两岸""烽烟滚滚唱英雄,四面青山侧耳听"……这些曾经拨动我们心弦的歌,也可能会在某个瞬间与我们生命中某个时期、某种记忆产生一种奇妙的重合。

时间飞逝,一代代的年轻人可能对它们已经不那么熟悉了,但是只要他们用心倾听,他们依然会被深深地感动。

这些歌曲的作者就是作曲家刘炽。

去年是刘炽先生百年诞辰,他的小女儿刘萤萤带着对父亲深沉的爱和崇敬,花了一年时间写了一本回忆和怀念父亲的20万字的书——《灵魂的旋律》。

萤萤曾经是我的钢琴学生,也是几十年的好朋友。因此我有幸成为这本书在没有发表前的最早的读者之一。

在萤萤的笔下,父亲是一个创作起来没日没夜、全情投入的多产作曲家,是在艰苦的岁月中用深沉的父爱带领她走上音乐道路的引路人。我想,萤萤后来在美国伊斯曼音乐学院博士毕业,成为活跃于世界舞台的钢琴家、声乐家,是和父亲长期的影响与培养分不开的。

当然,我们在萤萤的笔下还可以看到,父亲又是一个爱热闹、爱开玩笑、爱睡懒觉、爱吃美食喝好茶,甚至让孩子趴在背上把自己当马骑的凡人。

我一直心怀崇敬地把刘炽先生视为中国作曲家里的"旋律大师"。看了莹莹的书稿，觉得虽然她没有把父亲写成"伟人""完人"，但是刘炽先生的形象在我心中反而越发高大了起来。

刘炽先生一生除了在延安时期跟冼星海学习过作曲，受过冼星海先生的深刻影响外，他终身热爱并热忱收集中国民族民间音乐，从其中汲取了丰富的营养。除此之外，他虚心学习世界各国优秀音乐文化，不断补足自己的"短板"，20世纪50年代还曾在中央音乐学院"专家班"跟随苏联专家阿拉波夫学习作曲。在他一生的创作中，他都将这二者紧紧结合在一起，创作出了无数优秀的作品。我们可以毫不犹豫地说，刘炽不仅是中国最有成就的作曲家之一，也是当之无愧的旋律大师。

刘炽先生是十六七岁就生活在延安的小红军，却由于他磊落直率的性格和因"不设防"而形成的"口无遮拦"的说话习惯，使他成为新中国成立后历次政治运动的"老运动员"。但是，无论挨批挨斗或是"发配"到艰苦的农村参加沉重的劳动，他永远是坚强乐观的。他一直生活在人民中间，他胸中炽热的创作热情也没有被浇灭。更值得钦佩的是，他是艰苦和屈辱生活面前的强者，但他没有在脱离这种生活后打击报复整过斗过他的人。

作为一位伟大的作曲家，他的语言很平实。他说："没有真实情感的人不要干这一行；不真正爱人民的人不能干这一行！患得患失的、没有献身精神的人不要干这一行。"

正因为有了这样的信念，他心中那团炽热的火焰从未熄灭。那是对那片生养他的华夏大地的爱；那是对那些在艰难岁月里与他在一起的人民的爱；那是对他奉献一生的音乐的爱。

他心中那团炽热的火焰汇成了他灵魂中的歌。

而他的歌汇成了一条大河，将永远流淌在广袤的中华大地上！

谨用这篇小小的《序》表达我对刘炽先生的敬意。

鲍蕙荞

2022年5月24日

目 录
CONTENTS

引　子

落基山脉的秋天

那是 1998 年 10 月的一个早晨，美国，科罗拉多州南部。落基山脉的天气非常美，天上一片云彩都没有。我匆匆吃了一片面包，喝了杯茶，喂了小猫咪，穿上夹克，就驾车去学校了。我摇下车窗，深深地呼吸着清爽的空气。路边的树木争先恐后地展现出秋天的五颜六色，我最喜爱的一幕是白桦树金黄的叶子衬托着湛蓝的天。

每周一、周三、周五上午我教音乐欣赏大课。这个课是我任职的福特路易斯文理大学所有学生的必修课，每班有 130 多个从各个系里来的学生。他们坐满了音乐系的小礼堂，还有几个来晚的就坐在门口的地上。美国的学生不像我们中国的学生，他们很自由，来了就把背包往地上一放，随意坐在地板上。学生这边一下课，会赶去校园另一边上他们的主课。坐在门口地板上是有好处的。坐在座位上的学生有些把脚放到了前面位子的座椅背上，有歪着的、斜着的、半躺半坐的……估计昨晚睡得晚，有的还没真正睡醒。

我正在讲授莫扎特和西方古典时期的风格、启蒙运动给欧洲文化带来的变化以及对音乐风格的影响。课上到一多半的时候，突然左边的门打开了，大家都朝着那边看，校办的一位老师把头探进来示意请我过去。我觉得很奇怪，在这里教了几年的大学，很少有上了一半课的时候有人来打扰我。我让学生稍等我一下，走过去问她有什么事。她说：

"你有一个紧急的电话，好像是从中国打来的。我也听不懂，只听明白 China 和 YingYing。你去听一下？"

平时家里很少在这个时候给我打电话，一般都会在晚上打到家里，打到学校里这还是第一次。那个时候打电话很昂贵，没有重要的事也不会轻易打电话。我想一定是有什么比较重要的事，就跟学生说：

"对不起今天稍微提前一点下课。我们周五见。"我赶紧拿了课本就去了办公室。

"Hello！是哪一位？"

"萤萤，是我，小鹰。"电话里传来我姐夫葛小鹰的声音，他听起来比较疲劳。

"哦，鹰哥你好吗？"

"还好。"

"有什么急事吗？"

"嗯"之后他停顿了一下。

"不太好的消息。爸爸病重住院了，你回来一趟吧。我先不多说了，你加紧办理。"

我脑子"嗡"地一下。爸爸一辈子很少生病，更不用说住院了。没时间想那么多。

"哦，好，我马上去办理！"

放下电话，我就去跟校长请假。安排其他教授代课，接着订票回国。但是突然想到还得先飞到洛杉矶申请签证。因为那个时候我已经加入了美国国籍，拿的是美国护照，要回国，一定要有签证。赶紧打电话给旅行社，终于买到经洛杉矶、东京回北京的机票。匆忙拿了几件衣服装好行李箱，第二天就飞往洛杉矶申请签证。使馆的人还比较照顾，听说家里有急事给办了加急签证，等了几个小时就拿到了。

紧接着我就赶到机场登上了飞往北京的飞机，终于踏上了回家的路。其他细节好像都不记得了。脑子里一片空白加上一大堆的问号。什么病？很重吗？ 爸爸一辈子基本没生过什么病……飞机终于起飞了。我那紧张了三天的精神终于慢慢平静下来，但是思绪万千。平时工作忙，很少想过去的事，现在这些记忆像山洪暴发般全都涌进了脑海。

第一章

进北京

萤火虫

"生了吗？是男孩儿还是女孩儿？"

爸爸焦急地在沈阳军区 202 医院产房外问一名护士。他延安时期的老朋友，当时沈阳军区的副政委张午伯伯，安排妈妈在那家医院生产，那个年代还不时兴男士进产房陪同妻子生孩子呢。

"是女孩儿，"护士回答，"你现在可以进去了。"

爸爸进去看望刚刚生了我的妈妈，看着她那疲惫的样子心疼地说：

"这次你一定好好养身体，把老病根儿去掉。"

爸爸转过头去看着我。我虽然闭着眼睛，但是可以感受到他那温柔的眼光。投胎入世是一件技术性很强的"活儿"。我恰似一只小小的萤火虫

刘炽和柳春于 20 世纪 50 年代

萤萤小时候

忽悠忽悠地随着大自然的节奏和波动飘飞在空中，今天这片森林，明天那片草地，不断地寻找生命的乐园。飘着飘着，突然被一团振动频率极高、明亮的光线吸引，我忍不住急速飞向那里，带着我小小的光球不顾一切地融入那被温柔安逸的春日围绕着的一团明亮的炽热大火，投胎于爸爸妈妈。十月胎中，我听到过无数美妙的音乐，体验了无数次身体的跳动。

爸爸用他的手轻轻地抚摸着我的头颅，一股暖流进入我小小的身体，那心灵的电波和永久的情感联络顿时充满了我整个身心。我很想向他表达我的感受，但人类的语言还没有在我的身体里形成，我只能用萤火虫的隐约闪烁跟他沟通我投胎于他们的感激之情。他一定是感受到了我的闪烁，心想：这是他最后一个孩子了，应该起什么名字呢？自己的名字是炽热的炽，是大火，而这个小女孩是"跟随爸爸身后的一点小火"，像萤火虫一样，隐隐约约在黑暗中发光。

"柳春，我们就叫她萤萤吧。这个火虽然小，但是星星之火可以燎原。"

萤萤小时候吃冰棍儿

　　"嗯，这个名字好，很可爱，也很有意义。"

　　那是 1963 年 1 月 22 日，爸爸 42 岁。

产后风

　　我来到这个世界属于偶然。爸爸妈妈本来没想要"老四"。我的两个姐姐一个哥哥都是 20 世纪 50 年代初出生。爸爸妈妈已经"完成任务"了。生我之前妈妈流产了一个孩子。估计那个投胎的孩子没有我和爸爸妈妈的缘分吧！1961 年，妈妈做完流产后三天就跟爸爸去云南体验生活了。那次体验生活是为了创作歌剧《阿诗玛》。因为忙，妈妈流产之后根本没有得到休息，所以身体一下子就垮了。后来找中医看，说妈妈是月子里落的病，最好再生个孩子月子里养一下，就能把老病根儿彻底除掉。听老中医这么一说，当她怀了我，爸妈就决定留下了我这个"小多余"。这部歌剧写出来之后就忙着排练，上演。爸爸一直跟着每一场的排练。妈妈是该剧的舞蹈编导，剧中那些云南风情的小伴舞、烟盒舞、猎人舞等都是妈妈编导的。难道在胎中听到的那美妙的音乐就是歌剧《阿诗玛》，那无数次的身体跳动就是妈妈编舞的动作吗？！

1963 年我出生的时候，辽宁歌剧院在沈阳的家属楼还没盖完，我们临时住在办公楼里，而办公楼的办公室里没有厕所，我们都要到楼道的另一边去上公共厕所。妈妈生了我后，我们的保姆大娘说：

"外面很冷，坐月子的时候你就在便盆里解手，我每天给你倒掉就是了。"

"谢谢你大娘，不用麻烦你，我自己可以走，没多远。再说了，在家里上厕所也很不卫生！"

妈妈坚持地说。她人很不娇气，也很讲究卫生，不能想象每天在便盆里上厕所，更不想麻烦大娘。

一月底的沈阳非常冷。办公楼的走廊到处都是透风的墙，过了没几天，

柳春于 20 世纪 50 年代

她就受了风，发高烧。可是爸爸当时不在家。我出生后不久，柬埔寨国家元首西哈努克亲王访华，周恩来总理指名请中央乐团在迎宾晚会上演唱爸爸写的大合唱《祖国颂》。这部大合唱是爸爸 1957 年应中央新闻电影厂总摄影师兼编辑张召滨之约，为他拍摄的彩色宽银幕文献纪录片《庆祝 1957 年国庆节》创作的主题歌。当时他只有 36 岁。合唱完成后，张召滨受主题歌名的启发，把片名改成了《祖国颂》。

（摘自文章《中国当代中小型合唱创作研究》，作者乔邦利）

刘炽《祖国颂》唱片局部

当时除了《祖国颂》外，他们还让爸爸赶写一首《欢迎歌》——《阿布阿萨德》（柬埔寨语）。这首歌受到柬埔寨亲王的高度赞赏。西哈努克亲王多才多艺，精通音乐，当他听完《祖国颂》后，对周恩来总理称赞道：

"这首合唱很美，气魄很大！作曲家是谁？"

周总理指一指就坐在他们后面的爸爸说：

"喏，就是他，他是在延安长大的孩子，现在是我们的作曲家。"

西哈努克亲王向爸爸点点头，双手合十表示谢意。周总理很欣赏这个作品，规定为"凡是外国元首级人物到中国访问，必演唱的两首歌中的一首"。

我出生前后，爸爸特别忙。那年的"五一"国际劳动节，在北京天安门广场上，有五千人大合唱演唱他创作的歌曲《让我们荡起双桨》。我一岁左右，1964年爸爸应邀再次去长春的小白楼与导演林农合作，为电影《兵临城下》写音乐。他参加全国各地讲座探讨中国音乐的发展，出版了很多歌曲和音乐，包括器乐曲《牧笛》。他参加各种音乐会，接受《人民日报》采访，等等。

他不在的时候，邻居好友洛汀伯伯——著名戏剧家、辽宁艺术剧院院长——听说我出生了来看望妈妈。他看到妈妈烧得昏昏迷迷的，焦急地问大娘：

"她发烧多久了？！"

"好几天了，吃了退烧药，但没什么用。"

"你稍等，我去请一位老中医来给她看看。"说着他就赶紧去给老中医打电话了，之后又给爸爸打电话让他赶紧回来。很快老中医就来了，给妈妈号了脉说：

"这是产后风，很危险！"他写下了方子，跟大娘说：

"你赶紧去给她把这几副药抓来，按照我写的方法给她熬好，一定要马上吃，并且坚持吃完。"

爸爸赶回来后看了很心疼，也很懊悔，说：

"早知道，我也不会离开你去北京啊。唉！你怎么这么好强啊，就让大娘给你倒几天便盆又怎么样呢？！"

"没什么大不了的，你应该参加的活动就去参加，不用担心我。"妈

妈妈和萤萤于 20 世纪 60 年代初

萤萤小时候

妈坚强地说，眼睛里流露出感动的温情。

妈妈吃了好长时间的中药。烧是退了，因为吃中药不能喂奶，我40天就断了奶。爸爸很是放心不下，安排让妈妈去鞍山汤岗子疗养院疗养一段时间，但是回来后她还是常常觉得腰疼头疼浑身无力，身体每况愈下。那时她33岁。

"既然这中药和疗养都不太管用，我们再找找其他办法吧？！"

爸爸开始跟好多人问询，终于找到了一位奇怪的老太太。他跟妈妈说：

"既然咱们传统方法效果不好，那就不妨试试她这专治产后风的偏方吧。"

这位老太太用的是割耳朵放血疗法。每次妈妈去，她在耳朵上割一个不同的地方，放一点点血出来。回到家里后，请大娘帮着配合，按照她嘱咐的方式非常严格地戒食，生冷油辣都不能吃，一连几个月。很多人受不了这样严格的戒食，所以半路荒掉了，不信她这偏方。但我母亲是非常自律和韧性的一个人，她想做的事一定会坚持把它做好。经过了几个月的治疗，妈妈终于恢复了。她一直为自己能够坚持下来而骄傲，而爸爸既高兴又佩服妈妈：

"哎呀，你终于好了！真了不起。这样严格的进食，估计没几个人能坚持得下来！我肯定是不行的啦。"

"嗯，你这么嘴馋肯定顶不住的。"妈妈微笑着回了一句。

妈妈性格秉直，刚强坚韧，但是心肠最最柔软。她常常面带愧疚，眼神里带着无限的温柔和怜惜跟我说：

"你从小就没吃上妈妈的奶。生下来不久就遇到'文革'，吃了很多的苦，不像你姐姐哥哥三个小时候在北京，那时候的日子多好啊，你什么好吃的都没吃上。"

她一辈子心疼我这只小"丑小鸭"。

世上少有的大美人

听说我的到来，爸爸的好朋友、著名歌唱家王昆阿姨从北京寄来祝贺信，里面附上 20 元人民币。在 60 年代初这是很慷慨的礼物。当时是困难时期，物资极度贫乏。当时的职工平均月收入是 44 元，有的甚至更低。1958 年"大跃进"和"人民公社"运动后，全社会经历的经济困难还非常严重。经济体系被破坏，工业和农业产量急剧下降。随之而来的是 1959—1961 年的三年灾害，也有人称这个时期为"大饥荒"，饿死了不少人。

王昆阿姨信上说：

"祝贺你啊刘炽，又得了一个宝贝女儿。你去买只鸡给柳春补补身子。但是你只许喝汤，不许吃肉。把肉留给柳春！"

王昆阿姨特别天真，她知道爸爸嘴馋，尤其是在困难时期，所以告诫他不许吃肉，她哪里知道其实鸡汤更能补身体。但是爸爸更天真，他真的花掉了 20 元就买了一只鸡回来。这个故事后来成了我们两家之间的笑话之一。而我父亲也常开王昆阿姨的笑话，他说：

　　"如果你犯了大罪，最大的惩罚莫过于陪王昆去买鞋。她的脚小而短粗，很难买到合适的鞋。我陪你王昆阿姨买过鞋，跑遍了全北京也找不到适合她的鞋，累得我半死。"

　　爸爸妈妈在北京的时候跟王昆阿姨和周巍峙伯伯是邻居。这两位天真烂漫的艺术家就这样从延安时期开始保持了一辈子的友谊。

　　因为我是"爸爸身后的一点小

多年后刘炽和王昆（摘自《刘炽年谱》）

刘炽（右一）与王昆和山东快书表演艺术家高元钧

萤萤小时候

火"，他非常疼爱我这个小女儿。我长得最像他，又是只"丑小鸭"，爸爸很快就给我写了三句半的打油诗：

"饼子脸，八字眉儿，塌塌鼻儿，单眼皮儿，世上少有的大美人儿！"

爸爸在家的时候常常跟我玩耍。他跪在地上，让我把他当马骑，赶着在地上爬；常常抱着我听音乐，玩游戏。我就是这样跟着疼我爱我的爸爸妈妈在音乐和艺术中长大的。

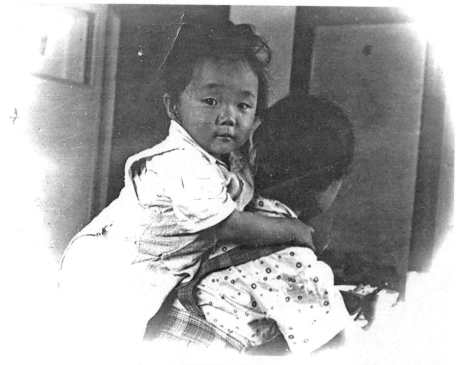

姐姐燕燕背着萤萤

1964 年妈妈和萤萤在辽宁歌剧院院内

我不再孤独

　　我怎么会这么有幸投胎到春天的炽热大火中去呢？（妈妈的名字柳春，小名叫春子，是春天的意思，爸爸的名字是刘炽，炽热的炽，像一团燃烧着的大火。）这要从他们的相识说起。爸爸妈妈是在解放军挺进东北后在大连结识的。1945 年 8 月日本宣布投降后，中共中央指示山东分局，要乘苏联红军占领"满洲"之际，派一部分人迅速进入东北，发展和建立中国共产党的组织及地方政权。爸爸能到东北鲁艺音工团工作还得感谢周总理为他说了情，才得到特别批准跟着部队从延安去东北。他们原来是要留他在延安鲁艺做音乐老师的。

他很小就经受过战争的磨炼，是吃过苦的人，但是他从来不叫苦。因为他的内心有一股美的力量支撑着他，那就是他对艺术的热爱和对生活的乐观。那时候，"他们经常早上太阳还没出来就打包出发，晚上太阳落山还没到目的地。道路不好走，拉道具的大车经常陷入泥坑，于是光着脚下来推着车走。冬天大雪纷飞，雪深没过膝盖，行走更为艰难。战事紧张时，一天只能吃一顿饭，有时随大部队行军转移，饭来不及吃，就拿几个冰冷的饭团边走边吃。晚上有时直接睡在铺着稻草的地上，东北的冬天异常寒冷，经常让人难以入眠。虽然生活十分紧张艰苦，但是工作队员精神饱满，士气高昂，没人叫苦也无人喊累。"（见郝汝会主编的《鲁艺在东北》）他们在各地巡回演出《白毛女》《血泪仇》等各种剧目共 803 场，观众多达

刘炽（右三）在东北鲁艺音工团

刘炽和柳春于 20 世纪 40 年代末

150 万人次。

爸爸遇见妈妈的时候已经是一位优秀的作曲家、指挥家及演员。他在东北指挥了数场他自己写的《工人大合唱》，还有他的恩师冼星海写的《黄河颂》大合唱等作品。他们在东北大连演出话剧，爸爸扮演的"二傻"一角儿也是备受欢迎。他后来跟我说：

"虽然我在事业上已经小有成就，但是生活上我一直在寻找精神和艺术上的伴侣，遇见你妈妈后，我不再感到孤独。"

妈妈他们姊妹几个从小在一个比较舒适的家庭里长大。姥爷是一个无党派生意人，在大连他从打工开始勤奋努力，先在绸缎庄当伙计，后来做到经理，到最后他在绸缎庄和另外一个汽车洋行里都拥有股份。他一步一步白手起家，最终成为一个成功的生意人。他跟姥姥一共有五个女儿一个儿子。姥姥也是一个有文化的读书人。日本投降的时候，他们为了帮助那些回国的日本人筹到回国的路费，也为了自己儿女的文化教育，从日本人手里买

柳春（左一）和父母姐妹于 20 世纪 40 年代初

柳春（右一）和两个姐妹于 20 世纪 50 年代

了一架捷克钢琴、一台风琴。他们希望女儿们都能够在琴棋书画上有所修养，他送她们去学画、学音乐。

妈妈会弹钢琴，歌唱得也好，对绘画更是特别钟爱。妈妈和三姨很早就参加了革命。她们在合唱队里演唱这两部大合唱的时候认识了爸爸，也听过他讲课。爸爸看到妈妈，一见钟情，好像看到了春暖花开。妈妈对爸爸也是一见钟情，但是由于他在延安的时候有过一段短暂的婚姻，加上他比妈妈大9岁，她还是有些犹豫不决。爸爸紧追不放，非常热情体贴。妈妈被他的才

刘炽柳春结婚照于1950年沈阳故宫

华和幽默开朗的性格所吸引，最后同意跟他结婚了。1950年爸爸跟妈妈在沈阳结婚，还特意去沈阳的故宫照了一张照片留念，那年他29岁，她才20岁。

妈妈个子高挑，优雅漂亮，心地善良，聪颖有才，能歌善舞，还会画画。爸爸后来常常微笑着说：

"你妈妈是大家闺秀，她多才多艺，能嫁给我个土包子，算我有幸。"

他在她的一张照片后面写上了"圣母玛利亚"的字样。他是个开朗、豪爽的人，第一次跟妈妈去见岳母，他就给姥姥扭起了秧歌舞。一边扭还一边唱，把姥姥逗得抿着嘴笑，而我的三姨、四姨、舅舅、老姨都

柳春于20世纪40年代

柳春（左一）和姐妹们于 20 世纪 40 年代

柳春的母亲和三个弟妹

喜欢他、佩服他、尊敬他。

　　爸爸妈妈 1 月份刚结婚，3 月份爸爸就被调到北京中央戏剧学院歌剧系，任作曲和艺委会委员。后来被调到中央实验歌剧院任作曲。这正是他最想做的——写歌剧！

　　"柳春，我们一起去北京吧。在那里我可以专心写歌剧，你可以学绘画和舞台美术。"爸爸知道她从小就热爱绘画。

　　但是到了戏剧学院，领导看妈妈个子高，瘦瘦的很漂亮，就跟她说：

刘炽和柳春于 20 世纪 50 年代

"你搞舞蹈吧，我们很缺少舞蹈演员。"

"其实我更喜欢美术。"妈妈还是想争取一下。

"这是革命的需要。"

这句话让她无法再争辩。就这样她服从组织的安排当了舞蹈演员，成了一个出色的舞蹈家编导。很快她被调到中央民族歌舞团，跟胡松华、戴爱莲等艺术家一起工作。

"还债"

爸爸妈妈那时候一边忙事业一边忙孩子。我的两个姐姐一个哥哥都在北京出生。一年一个离得很近。大姐燕燕，1951 年出生，取了燕京的燕字。哥哥欣欣，生在 1952 年，当时正是祖国发展欣欣向荣的时候，就用了欣欣。

柳春在西藏

很多人还以为他是女孩呢。二姐云云，1953 年出生。妈妈跟随民族歌舞团去云藏高原体验生活考察的路上发现自己怀孕了。当时还骑着马，挎着枪，说是动了胎气，结果二姐不足月就生下来了。小小的她在育婴箱住了 3 个月才终于保住了性命。妈妈爸爸就叫她云云，以纪念妈妈在云藏高原的那段经历。这三个孩子年龄离得很近，也很淘气。

"柳春，你好好休息，我得去一趟新疆。很抱歉，家里这边我也没法帮你！ 欧阳予倩说新疆发来邀请，他们要全省全军举办民间歌舞汇演，让我和戴爱莲去给他们做指导、讲学。"夏天的一个夜晚爸爸回来跟妈妈说。

"没事的，你去吧，家里不用担心。妈妈和爸爸（*我的奶奶和爷爷*）可以帮个手。再说了，你在北京也是忙得不亦乐乎的。"

"嗯。这次去我也想好好学习一下《十二木卡姆》。前段时间刘烽（*爸爸的弟弟*）跟我说他去了新疆听到这《木卡姆》，这次也希望我能帮助整理。我特别想找机会深入钻研一下。"

"什么是《木卡姆》？"

"是维吾尔族传统的大型套曲， 在民族民间音乐中占有重要地位。苏联才有五六个《木卡姆》，我们有十二个，这些可是宝贝啊！"

就这样，大姐燕燕刚出生几个月，爸爸就去了新疆，他哪里知道这一去就是几个月。虽然汇演不搞了，但他被王震司令员给"扣了下来"。

"刘炽来了！"王震高兴地说道。

"从 1943 年你跟延安鲁艺秧歌队来南泥湾慰问我们 359 旅到现在可是有几年了。当时马可为我们写《南泥湾》的时候，你就答应过也要写一首歌，现在要还债了！"

爸爸笑呵呵地说：

"一定一定！"

"看在我们老朋友老相识的面子上，你多留一段时间吧。帮我们办个音乐学校，短期的，三个月吧！再说了，你得还账啊。"说着王震哈哈大笑。

刘炽夫人柳春和大女儿燕燕

"这得跟我们院领导请示啊，得到他们的批准才行呢，再说了我得给家里打个电话，我女儿出生才几个月。"爸爸不好拒绝王震的盛情邀请。

"这你不用管，我跟文化部直接联系。祝贺你当爸爸了。"

就这样爸爸一边帮着王震办学，经宣传部长马寒冰邀请，跟万桐书一起负责系统地分析、记谱、整理、录制《十二木卡姆》的任务。他们请来了北疆的柔兹坦博士和助手，南疆的土尔迪阿訇和助手，及他们的儿子阿肖尔、阿訇等弹奏演唱《木卡姆》的顶尖艺术家们一起完成这项巨大的工程。

什么样的节奏啊！

爸爸回到家，跟妈妈说起来兴奋得无法掩饰：

"新疆太美了！那里有丰富的音乐舞蹈，自然风光，草原河流，还有烤羊肉串，我真舍不得离开。这《十二木卡姆》有着复杂多变的节奏，辉

刘炽在新疆

煌多彩的结构，典雅古朴的和声变化，我以前没接触到过这样的音乐色彩！以后我们有机会一起去！我想你一定会喜欢。"

"你听这是什么样的节奏？"说着他开始唱起一段 7/8 节奏的旋律，并且开始跳了起来。

"听不出来，怎么一会儿是 3 拍的感觉，一会儿是 4 拍的感觉？"

"嗨，不错啊，柳春！是 7/8 拍，是 3 拍和 4 拍结合在一起的。"

妈妈受到肯定，脸上露出了微笑。

"可惜啊，我半途必须放弃这项工作，帮王震去伊犁办学校，讲课。我真的舍不得，但是没办法。"他脸上显出极其遗憾的表情。

"哦……学校办得怎么样？"

"挺好的，学生都很努力。我又要当校长，又要教作曲、指挥、民族音乐研究等课，还挺忙。但是其实我在伊犁是他们的学生。我跟这些本地的艺术家学到了很多新的东西，比如民歌《走黑马》的调是从 7 开始的！我们汉族哪有这样的调式和色彩啊，太美了，多独特啊！"说着他又手舞足蹈地唱了起来。

"你不是说你还要给王震还账吗？"

"是啊，我欠了他10年的账终于还了。可是马寒冰把他的第一稿《边疆战士大合唱》拿来给我看的时候，把我给逗乐了。我也没客气，就直接跟他说：'你这是政委宣传部长的政治总结，这哪能作曲啊。作了人家也不爱唱，唱了人家也不爱听啊！你得从写。'"

"你们是好朋友，希望他不介意你这么直言吧？"

"他不介意。他回去折腾了三天拿来了第二稿。我一看又乐了！"

"为什么？"

"我跟他直说了：'哎，伙计，你这香港《大公报》记者的病又发作了。大合唱的歌词可不是新闻报道啊，你写的是详细的社论和消息，但是没有任何的形象啊。这长篇的报告文学作出曲来，那不唱死人了！歌词应当是优美的诗句，不然我怎么作曲啊？劳驾，再写一稿吧！'"

"我知道你对词的要求很高，他能接受吗？"妈妈担心地问。

"他非常的虚心，也没废话，每次都说好！"

"后来呢？"

"第三稿确实不错，既感人又精彩。但是你知道我的毛病，任何词来了，我都会做最后的修改。我谢了他的耐心，跟他解释了我作曲的程序，他说没问题。那些日子他也真够辛苦的，白天要领导减租反霸运动，晚上写作。有一次他开夜车，抽着烟睡着了，结果把背心烧出了一个大洞，哈哈！"

"哎哟，那可挺危险的！"

"是啊，我跟他检讨了，我说：'刘炽这家伙真残忍，竟然逼得我们马部长差点把小命也搭进去了！我真该死。'哈哈！"

"你真的没正形的，道歉也开玩笑！"

"这部大合唱王震挺满意的。我指挥在伊犁首演，后来在乌鲁木齐、喀什、西安等地都演出了，反响都十分强烈。其中《新疆好》一歌很快就传开了。"

"哦，你唱给我听听，你说你在新疆采集了那么多民歌，你最后用哪一首做的元素？"

"《新疆好》我用了维吾尔族的古歌《花儿的歌》的旋律和节奏做基础，做了改编调整写的。"

一边说着，他开始边唱边跳了起来。"我们新疆好地方啊，天山南北好牧场……"他跳着跳着拉起了妈妈的手跟他一起翩翩起舞，脖子肩膀一块扭动，逗得爷爷奶奶呵呵地笑。燕燕看着妈妈爸爸跳舞，也跟着手舞足蹈地哼哼唧唧地指来指去。

"有机会我们一起去新疆，去伊犁。你一定喜欢那里的舞蹈。伊犁河里有特别肥的鱼，我们都是捞上来就地烧烤，加上烤羊肉串和一点小酒，坐在那河边那自然的风光里，大家吃得开心了还会唱起歌来跳起舞来，太享受了。你一定喜欢！"

看着燕燕叽叽哇哇，爸爸把她抱了起来说：

"将来爸爸也带你去新疆好不好？"

拿着屎橛子给麻花都不换

燕燕从小最淘气，很倔强，胆子又很大。因为是父母第一个孩子，父母上班燕燕就由奶奶爷爷带着。在燕燕两岁左右的时候，那时家里住在国子监，有一些小商贩都是挑着担子走街串巷做生意，比如剃头挑子、磨剪子镪菜刀、卖金鱼……

50 年代的北京城，非常安全，没有拐骗小孩的。她那时候还没有上幼儿园，每天都在院子大门口外的便道边玩耍。有一天吃午饭时，奶奶发现找不到她了，满院子都找遍了也没找到，奶奶急得说：

"娃（孩子）丢了！娃（孩子）丢了！"

她跑出院子向街坊邻居打听，结果听街坊说燕燕跟着一个挑担子卖金

刘炽和女儿燕燕

鱼的走了。奶奶顺着人家指的方向，一路走一路打听，从国子监一直走到张自忠路，看到她坐在段祺瑞执政府旧址前的马路牙子边，光着两只小脚丫，手里拿着鞋和袜子，正因为找不到家哭呢。奶奶找到了她，哄着安慰着把她领回家，但是进了家门就是一顿打脚板。燕燕经常被打脚板，那是因为她从小有个毛病，只要出了家门到路边去玩耍，就会把鞋和袜子脱掉，但是从不丢掉，拿在手里。每次被奶奶抓到就会挨一顿打脚板，可是从来不长记性！

燕燕小时候胆子很大，好奇心特强。有一次在家门口路边上玩的时候，街坊有一户人家出殡，扎了很多纸人、纸马、纸车……出殡的队伍很长，还有道士、和尚念经。她跟在队伍后边看热闹，一直跟到一个像大庙的地方，那时候因为年龄小，所以觉得路很远，其实就是从国子监到雍和宫后边，那里原来就有一个专门停放死人做法事的后殿。害得奶奶又是找了大半天，回来又挨了一顿打脚板。

刘炽夫人柳春和燕燕

妈妈说：

"刘炽，你看你这个女儿，我们拿她一点办法都没有。她真的是要吃百家饭长大。那天我带她去朋友家，她看到人家要吃饭，就赖在那不走，一定要等吃过饭才回家。弄得我不太好意思！"

"哦，这小家伙嘴馋这点有点儿像我，哈哈！"

"还有那天贾克的妈妈贾奶奶来了，燕燕堵在门口叉着腿不让贾奶奶进门，她小心眼儿怕贾奶奶告她状！因为头一天中午她去贾克家玩，他们家的小妹妹在睡午觉，奶奶看到燕燕来了就拿出香蕉给她吃。她吃了一根就伸小手还要，吃了还要，直到把人家的香蕉吃到只剩下一根了，贾奶奶把那根放在了柜子顶上，想要留给小妹妹睡醒起来吃。可是她却还要！贾奶奶说没有了，燕燕却指着柜子上边说在那呢，贾奶奶没办法，只好把最后一根香蕉从柜子顶上拿下来给她，她吃完了香蕉抹抹嘴回家了。这是贾奶奶亲口跟我说的！"

逗得爸爸哈哈大笑起来。妈妈说：

"你还笑呢，多不好意思啊。"

但想了想是挺可笑的，也跟着笑了起来。爸爸一边笑一边说：

"她这个爱吃绝对像我！她真的是倔强得要死，拿着屎橛子给麻花都不换！你还记得上个月我们在客厅接待客人，她在里屋大喊大叫吗？！"

"当然记得！"想起那情景妈妈又忍不住笑了。

"是啊，当时我走进屋一看，她蹲在壁橱里，手里拿着装海米的瓶子，手里抓着一大把海米，但是由于瓶子口小，抓满了虾米的手拿不出来，所以在那叫唤。我让她把海米松开，等手拿出来再给她倒，可是她倔强地就

刘炽和女儿燕燕

是不松开，非要抓着拿出来，那个瓶子口小，手是缩着进去的，抓了一把海米根本不可能拿出来，拿不出来就在那里哭着叫着，但就是死不松手，我没办法，只好让她自己在那里哭。直到她哭得在壁橱里睡着了，但是抓着海米的手还是不松开，她这爱吃的劲儿绝对像你！"

　　后来再大一点的时候，燕燕和欣欣就去了外交部的芳草地幼儿园，幼儿园的孩子们都是歌剧院演职员的孩子，这个幼儿园从婴儿到小学辅导班的孩子都有，因为父母的工作性质，所以孩子都在这里长到能够自理，也就是上高小（小学五年级）才离开。燕燕当时已经上大班了，他们每周都要晾晒被子。因为她很淘气，很快就把被子晾晒好了后，其他的小朋友还在慢慢地往外拿被子的时候，她拿了一根很长的竹竿，把屋檐下的一个马蜂窝捅破了，马蜂马上都飞了出来，看到活动的人就叮咬，把那些往外搬被子的小朋友叮得乱叫，她蹲在一边看热闹！

　　还有好多大胆危险的事情燕燕都干过，比如蹬着双杠够树上的花；玩攀登架把自己的嘴摔成三瓣嘴；在二楼阳台够树上的花差点摔到楼下；还

柳春和燕燕

没上学的时候就敢自己放鞭炮，像二踢脚、大麻雷子都敢放，还把墙砖缝
用钉子钻好多小眼儿，把小鞭炮放进去，一排一排地放；到幼儿园对面的
居民楼去看人家往棺材里边装死人！……燕燕从小很少跟女孩子玩，老是
跟男孩子一块玩：骑马、骑瞎驴、打冰嘎、弹玻璃球、扇洋画……

等凉凉再吃

1952年欣欣出生，满月后爷爷奶奶带着他们的长孙回西安了。奶奶临
走之前给找了个保姆，我们全家都叫她大娘，她在我们家待了十几年直到"文
革"才被迫离开。欣欣长到三岁才被奶奶送回北京，回来时他满口西安话。
天天晚上他都会光着屁股满床跑，嘴里还不停地叫着：

"精沟子（*西安话屁股*），大黄鳝！"

刘炽父母

他刚回来那年过"十一"，爸爸妈妈带他去看游行，刚走到大院门口，一辆摩托车从胡同口开过，后面冒着一股烟，他吓得立刻扭头往回跑，嘴里还在说着：

"嚯！沟子（*西安话屁股*）后头冒火呢！"

他在奶奶家可能是没吃过冰棍儿，当妈妈给他冰棍儿吃的时候，他拿着看一直不吃，因为冰棍儿在冒冷气，妈妈问他怎么不吃，他说：

"在冒热气，等凉凉再吃！"

欣欣在奶奶家的时候，奶奶说孩子三岁之内不能吃肉，可能是老讲究，所以他回到北京以后不吃肉。他和燕燕上同一所幼儿园，只要有肉他就扔到桌子底下，包子、饺子的馅，每次吃过饭在他的座位下都会有一堆。每次周末回家老师都会告诉爸爸妈妈。妈妈就跟他说：

"你一定要吃肉，不能浪费，如果你不把饭吃完会挨罚的。"

后来老师看不到他桌子底下再有肉和包子、饺子馅了，以为他都吃了。后来大娘洗衣服常常发现他的衣服口袋总是油油的，原来他怕老师再向妈妈告状，所以他把肉和包子、饺子馅都放在衣服兜里，然后再趁老师看不

刘炽父母和刘炽夫人柳春及女儿燕燕、儿子欣欣

刘炽和儿子欣欣

见扔到垃圾箱里去！

"巧克力伯伯"

云云长得小，妈妈估计是高原反应，1953 年从西藏回来后早产，她在保育箱里待了三个月，从小指甲长得比一般的孩子慢，一直是小小的、软软的，所以妈妈爸爸比较娇惯她。怕她生病，一直没有送她上长托。她在家旁边的甘雨胡同一所幼儿园上日托。

"走，爸爸带你去吃酸奶吧。"

每次爸爸接云云回家的时候，都会带她去乳品店一起吃一罐酸奶。她小时候特别乖巧，叔叔阿姨们也宠惯她。她从小长得很漂亮，所以她有个

刘炽和女儿云云

柳春和女儿云云在杂志封面

绰号叫"精精怪"！王昆阿姨和周巍峙伯伯都是爸爸常来常往的好朋友，他们有两个男孩七月和八月，但一直想要一个女儿。所以几次问云云要不要去给他们做女儿，她都不干！周伯伯知道她最喜欢吃巧克力糖，就常常买给她吃。所以周伯伯的绰号是"巧克力伯伯"。久而久之，云云被惯坏了，只吃巧克力糖，其他糖都不吃了。大娘告诉爸爸这件事后，爸爸说：

"大娘，从现在起两个星期一块糖都不要给她吃。"

之后她就什么糖都吃了。爸爸就是这样，觉得孩子不能娇惯得太厉害。但是他很少打骂孩子，而是用比较合适的方法教育我们。

那时候燕燕和欣欣每周回家一次。一个周六他们从幼儿园回家，在窗外看到家里有一只黑色的动物，站起来有桌子那么高，吓得都不敢进屋。这时候大娘把云云从日托接回来了，她进门就把那只动物抓起来抱在怀里，看样子一点儿也不怕。

燕燕和欣欣悄悄进屋之后，问她：

"这是什么啊？！"

"这是猫啊！"她很骄傲地说。

说着，她抱着猫过来吓唬他们！那是我们家养的第一只猫！后来还养过一只波斯猫，眼睛一只蓝，一只黄，可是都被云云给折磨得受不了跑了！

云云小的时候，中央歌剧院排歌剧《蝴蝶夫人》，人家看她长得漂亮，像个小公主，让她去试演小蝴蝶，但是因为她一看见男主角拿着剑要杀蝴蝶夫人，就给吓哭了，尿了裤子，所以后来换了一个小男孩。

刘炽和女儿云云

柳春和女儿云云

欣欣和云云

　　有一次，她把爸爸的一个心爱的烟灰缸打破了一个角，那是捷克的一个叔叔送给爸爸的磨砂玻璃的烟灰缸。怕爸爸妈妈说她，她就用大蒜抹在破碎的茬上，然后把两边茬对在一起，可是，又怕粘不牢，所以就悄悄地把那个烟灰缸藏了起来，放在了爸爸办公桌最下边的一个抽屉里。她从小一直很乖巧，犯了错误就乖乖地跟妈妈说："下次不敢了！"所以很少挨罚。那次刚好被爸爸下班回家透过窗户看到了她把烟灰缸粘到一起，放到了抽屉里，假装没事似的唱着啦啦啦走开了。爸爸一进门就叫她：

　　"云云，你过来。"

　　"哎！"云云好像没事似的答应着。

　　爸爸说："你帮爸爸把烟灰缸拿来好吗？"

　　"好的。"云云答应着，伸出两只小手拉开抽屉，想把烟灰缸用双手捧过来。

　　爸爸说："请你用一只手把它拿过来吧。"

　　她用一只手一拿，当然只能拿一半，破碎的另一半就留在那儿了。爸爸给她讲道理说：

　　"东西打坏了不要紧，但是扯谎非常不好。"

"龙虎斗"

　　一次爸爸妈妈出差，只有大娘带着三个孩子在家。燕燕和欣欣小时候常常打架。他们一个属虎，一个属龙，爸爸妈妈说他们俩是"龙虎斗"。一次两个人打得不亦乐乎，欣欣上去就咬了燕燕一口。燕燕气得抓起欣欣的胳膊，刚张嘴要咬，却停住了，后来大娘问她：

　　"你怎么不咬了？"

　　燕燕说："我嫌他胳膊泥太多，太脏。"

刘炽和夫人柳春及三个孩子

刘炽和燕燕、欣欣

胳膊放下了。可是两个人互相扯着衣服，揪着头发，打得不可开交。大娘怎么劝也不松手，最后没办法，大娘冲着门外喊：

"嗨，刘炽，你快点来看看吧……"

这下他们两个即刻就松了手，赶紧看看爸爸在哪儿，才知道是大娘糊弄他们呢。爸爸虽然从来不打骂孩子，很少管教孩子，但是每个孩子都怕他。

"爸爸，能给我买一个小皮箱吗？我们班里的同学每周都带着他们漂亮的小皮箱上学。"

有一次燕燕周末放学回家突然问爸爸。

"你们班里所有的同学都带着小皮箱上学吗？"

"不是，只有两个同学。"

"其他同学用什么呢？"

"都用纸盒箱。"

"哦，那等你们全班的同学都用小皮箱的时候，你告诉我，爸爸一定也给你买一个。"

爸爸就是这样教育自己的孩子不要搞特殊。他们三个又可爱又淘气。他常常带着他们三个周末去北海划船、吃冰激凌、踢毽子、跳绳、跳房子。爸爸周末还会把酸梅汤给大家准备好。

"另一个世界"中的人

爸爸妈妈 20 世纪 50 年代初在北京的生活很丰富，也很幸福。那时候新中国刚刚成立不久，内战终于结束，人们对新的美好生活怀抱着很大的期望。人们在经过长期战争后，终于得到了和平，大家的心情都特别好。艺术家也是热情满腔，爸爸开始深入思考中国音乐艺术的发展道路应该怎么走。

还没有我的时候，爸爸很早就把他头三个孩子的音乐学习都安排好了。他跟妈妈说：

"柳春，让燕燕和云云先学钢琴吧，打好音乐基础。欣欣让他学小提琴吧。"

后来，爸爸看到大姐长得特别高，就跟妈妈说：

"燕燕个子大，让她改拉大提琴，欣欣拉小提琴，云云学钢琴，这样等他们长大了就可以演出钢琴弦乐三重奏了！"

那时候燕燕和欣欣上长托一周才能回家一次，只有云云上日托可以天天回家。家里搬到了西堂子胡同一号的四合院里。我们家是住在二号小院，但是都从一号大门进院。二号院的门只有在卖煤人家来送煤的时候才开。那院里住的都是艺术家，有词作家乔羽、作曲家陈紫，还有杜学俞。我们家在坐南朝北的房子，陈紫家在坐北朝南的房子，乔羽家在东厢房北屋，杜学俞家在东厢房南屋，院子西侧是歌剧院一个叫老尤的叔叔洗照片的暗房。厕所在西南角，家里的客厅是间穿堂的房子，平时没什么人，但是房子的南窗户处不是窗户而是一个门，那个门后边是歌剧院的一个资料库。在一号院里也住了很多其他艺术家。牧虹、卢肃、王昆和周巍峙那时候也在一号院里，后来他们搬去了文化部 23 号院。同一个大院的还有周星华、塞克、海啸、苗林等。不同的艺术家有着不一样的性格，而爸爸和苗林叔叔是属于爱玩的那种。

"苗林，你今晚过来一起喝酒吃饭听音乐怎么样？"爸爸常常邀请他过来玩。

苗林叔叔和夫人桑凤（发音"嗦发"）阿姨都是苏联混血，他们都是北大俄语教授。

"苗林，你不要喝得那个太多了！如果你醉了，就不要回来了！"嗦发阿姨用她带着俄国口音的普通话嘱咐道。她太了解丈夫的秉性了。他每次跟我爸爸玩起来，都会搞出很多名堂，有时候也会恶作剧折腾别人。

妈妈是非常喜欢安静、喜欢美的人，也是个喜欢花的人。她居住的地方永远都是充满了鲜花。四合院里凡是有空的地方都被她种上了鲜花。她比较宠着爸爸，他喜欢热闹，她就帮着他接待朋友，一点怨言都没有。她特别手巧，喜欢给自己的孩子做衣服。姐姐们和我小时候的连衣裙都是妈妈亲手做的。她总是把家里收拾得漂漂亮亮，非常优雅。

爸爸的老朋友，延安时期认识的老大姐曾莹阿姨和丈夫刘大礼叔叔（老将军，任第二炮兵后勤部部长）的儿子辉宣哥哥（作家礼平）还记得 50 年代第一次到我家时的情形：

"我上小学时，我们家住在东堂子胡同的甲一号。有一次有一封信被错投到了西堂子胡同的甲一号。这里是中国音协的宿舍。住的是谁呢？刘炽。他就是《一条大河》和《让我们荡起双桨》的作曲者，刘炽是全国著名的音乐家。他小时候在西安，我母亲去延安时与他同路，算是他参加革命后结识的第一位大姐。他到延安后师从冼星海，成了著名的少年音乐家，《西行漫记》就有一章讲的是他。那时他们还经常来往，但离开延安后就失去了联系。这封错投的信使刘炽兴奋不已，凭借着它找到了我们，于是我就有了第一次接触'另一个世界'中的人的机会。

刘炽与柳春、三个孩子及其外祖母

刘炽、柳春和三个孩子

燕燕、欣欣和云云

"我第一次去刘炽家就惊讶得嘴巴都合不拢了。那简直就是一个神话般的地方。小院里种着花，那时的北京可不是所有的院子里都种花的。客厅里是油亮的红地板，那时的北京也不是所有的客厅里都有红地板。屋角放着一架钢琴。刘炽的夫人柳春是很有名的舞蹈家，他们家的钢琴响起来的时候，那个情景绝对是只有外国电影中才会出现的。刘炽还有一个带镜子的大玻璃柜，里面摆满他们从世界各地带回来的纪念品和小玩意儿，还有一个茶几，大玻璃面下放着一个精致的木盒子，里面装着一副牙雕的国际象棋。刘炽当时有两个女孩儿，一个叫燕燕，一个叫云云，打扮得花枝招展的，还有一个儿子叫欣欣，穿着带背带的西装短裤，更是洋气极了。所以我弟弟第一次去就和他打了一架，除了淘气，孩子的嫉妒与排斥也是很单纯和很直接的吧……至少在我的心中，对艺术和艺术化的生活的向往，就是从这时产生的……"

"国民党"进村了

那时候爸爸妈妈的工作都非常忙。爸爸常常出去参加各种创作活动。因为住在北京城中心，妈妈到西面的民族歌舞团很远，忙的时候，妈妈会住在民族歌舞团的宿舍里，周末才回家。妈妈一进家，就把外衣脱下来顺手放在外屋，围巾摘下来扔到了写字台上，包包扔在地上，东西皮儿片儿的放得到处都是。

爸爸眼睛看着她开始笑呵呵地跟大娘说：

"你看她每次回来，家里就跟'国民党'进过村一样！"

大娘微笑着点点头，跟着妈妈屁股后面把东西都收拾好了。

柳春和三个孩子

云云、欣欣和燕燕

妈妈也不介意，乐呵呵地问：

"那几个调皮鬼都去哪儿了？"

"妈妈，你给我们带好吃的回来了吗？"三个小家伙一拥而上，抱着妈妈不放。

"你们就想着好吃的，有没有想妈妈？"妈妈搂着三个小调皮。

"柳春，你去看看枕头底下有什么！"爸爸稍带着神秘地微笑。

妈妈斜眼看着他，好奇地走到里屋的床边，把手伸到枕头下边摸。热乎乎的一包东西，她拿出来一看是一包牛皮纸袋包着的糖炒栗子。她脸上绽开了美丽的微笑，眼神中带着满意的温柔。爸爸跟在妈妈的身后，眼睛紧盯着看她的表情，看到她的微笑，他也快乐地笑了。冬天的时候，每次妈妈回来都会发现枕头底下有一包热乎乎的糖炒栗子。爸爸知道她喜欢吃，每周都会给她买，并且会放到枕头底下保温，他非常体贴温柔。

刘炽、柳春和两个女儿

"闻鸡起舞"

"走，柳春，我们去跳舞吧！"

周末爸爸总是开心地邀请妈妈一起去参加那时候在北京饭店举办的交际舞会，这是 50 年代中央首长们的一项周末休息活动。

"又去跳舞啊，不能不去吗？我很想跟孩子们多玩玩。"

妈妈其实是一个比较内向的人，对这些公共场合和活动本身不是很感兴趣，她本人又是一位民族舞蹈家，对跳交际舞感觉很一般。

"这可是政治任务。"

爸爸一本正经地说。当时很多中央首长都去跳舞，包括周恩来、朱德等人。其实是爸爸自己很贪玩，很喜欢跳舞，三步、四步、圆舞曲、探戈舞，所以他乐不得找个挡箭牌。组织者会邀请文艺团体的男士女士去陪着首长跳舞，所以爸爸妈妈，还有妈妈的妹妹柳毅，当时空政话剧团的主要演员之一，都常常被邀请去参加舞会。三姨柳毅在一次舞会上碰到了爸爸：

"我去的那天是在北京饭店的楼上舞厅，那天好像大部分是文艺界的人，坐在我身边的是演《洪湖赤卫队》的女主角，我们在聊天等首长来，听说周总理在理发很快就会到。首长来了就坐在我俩身边，有说有笑的。周总理和她说去日本要注意的问题，乐队奏起来我就和周总理跳舞了，他当时还开玩笑说，我是他看到的第十一个'春妮，很好'。就在这时我发现了刘炽也在跳舞，真巧，我都不知道他也在。周总理高兴地和他打招呼并且说：'小刘，你的笛子吹得太好听了，怎么不吹了，今天给大家吹吹吧。'你爸爸高兴地从乐队那里借了笛子吹起了《浏阳河》。全场都响起了热烈的掌声。"

爸爸回忆起那时周末跳舞的一些情形时，常跟我说：

"我特别高兴在舞厅见到周总理。但是每次看到他都是很累的样子。他日理万机，很忙，很累，虽然来跳舞，但是有时候会跟警卫说：'给我几分钟让我稍微眯一会儿眼睛。'看着周总理疲惫的样子我很心疼。但是我很佩服他，就坐在那眯上 5 分钟，之后就马上精神饱满，又开始跟大家有说有笑，跳舞谈天。"

爸爸从延安时期起就对周总理有特殊的感情。说起爸爸吹笛子是有名的。在延安他还是个大孩子的时候，就即兴用笛子给朱德、周总理、毛主席他们伴奏在窑洞前跳舞。因为他属鸡，所以他的笛子一响，大家都笑着说是"闻鸡起舞"。这让他非常开心。

爸爸的笛子底蕴很深。他 9 岁的时候因为爷爷的腿被西北军的车压断，成了瘸子，爷爷被银行辞退了。家里七口人无法糊口，爸爸忍泪退出了实验小学四年级，去西安三仙庙里打扫佛堂挣钱养活全家。就在那里爸爸参加了古乐队。爸爸的几位师傅——刘振中、王六爷等都是西安的古乐好手。他们看爸爸机灵好学，有很好的音乐天赋，又肯勤学苦练，就极力培养他学习笙、云锣、各种打击乐器和佛曲的领唱。他的笛子师傅王六爷更是严格要求，加倍鼓励，爸爸小小的年纪（10 岁）就给他机会在乐队里吹独奏。他的笛声圆

刘炽（左一）秧歌剧伞子头

刘炽进鲁艺（三排左三）

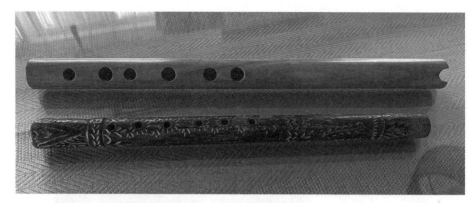

刘炽的笛子

润清亮，听众们惊讶赞叹不已。自那以后爸爸一直把笛子带在身边。

　　1954年，爸爸的笛子还救了中央戏剧学院院长欧阳予倩的话剧《桃花扇》一命。剧中李香君身陷囹圄后被吊打，师傅苏昆生在附近大雪纷飞的森林里吹起了《寒冷的大地》，他要用笛声传情，让李香君坚强一些。这段4分多钟的笛子曲，先后请了两位颇负盛名的作曲家来谱，话剧导演、苏联专家列斯理听后都连连摇头。助理导演吴坚焦急万分，找到了爸爸：

　　"刘炽啊，请一定帮个忙，过几天就预演了，你是延安吹笛子最好的了，千万把这段笛子曲给完成了！"吴坚跟爸爸在延安就认识，后来又一起合作排练过《荷花舞》，对爸爸的作曲和笛子都有信心。

　　爸爸对欧阳予倩很尊敬，再说了，他熟悉《桃花扇》的故事，也特别喜爱这场戏，以笛子传情正符合他的浪漫情怀，他欣然答应。为此他再次阅读剧本，把剧情的前后情景细细揣摩融入创作思考：

　　"吴坚，你把钢丝录音机搬来，我给你即兴作曲并吹奏，三分钟的时候你举一下手，暗示一下，最后十秒，再举一次手，我好完整地结束它。"

　　一切就绪，吴坚按下录音机键盘，爸爸仰头吹笛，一曲委婉幽怨而带有坚强刚韧的声音缓缓从他的唇上笛中流淌出来，把剧情确切地表达出来……吴坚将录音送给列斯理，列斯理连听三遍，一遍比一遍兴奋：

　　"比我想象得还要好，还要激情，真正的中国气派！我一定要见见这

位中国作曲家！"（见赵征溶所著《让我们荡起双桨》）

"刘热闹"

"柳春，今天多做点好吃的吧，尤山度、鲁塞克、白然、廖宁、伊达赫、薛让乔，他们都来吃饭。"

"嗯。"妈妈赶紧跟大娘商量要做些什么菜。

爸爸一辈子喜欢交友，爱玩是出了名的。为此，王昆阿姨给他起了个绰号"刘热闹"。我们家里永远是"车水马龙"朋友不断。除了当时艺术界的艺术家们，那时候有一些东欧国家、捷克、匈牙利来的学生也常常来家里做客。家里之前在铁狮子胡同那边住过一段时间，离人民大学的旧址不远。这些留学生听过爸爸在人民大学的讲课，就这么认识了，并交上了朋友。还有几位是爸爸1950年去俄文速成班学习的时候认识的。这些学生是对外贸易系的外国留学生。他们都是东欧社会主义国家50年代派到中国留学的，后来有些成为派到中国的外交官。但那时候他们还比较穷，认识了一个像我爸爸这样热情的中国音乐家，他们都特别开心。尤其是知道我妈妈做了一手好菜，又有音乐听，就常常来家里听音乐，吃好吃的，同时给爸爸带一些国内买不到的他们国家的唱片和音乐资料，还有各种香肠、奶酪来做礼物。

"刘炽，你看我们给你带来了什么？"他们几个一进院就开始扯着嗓门说。接着就拿出来一大块奶酪和一根粗粗的香肠。

爸爸看着眉开眼笑，口水都要流出来了：

"这是我最爱吃的！大娘，麻烦你拿把刀来。"

"还有这个！"说着他们拿出几张唱片。

爸爸看到唱片，就忘记了香肠和奶酪了。赶紧打开看，接着就请他们到屋里，把唱片放到了唱片机上。就这样，他们又开始了一晚上的音乐欣赏。

刘炽、女儿云云和白然

刘炽（右一）、夫人柳春和尤山度及廖宁

刘炽夫人柳春和尤山度

第一道菜

尤山度和薛让乔是匈牙利人，伊达赫、鲁塞克和白然是捷克人，廖宁是罗马尼亚人。爸爸1955年随国家体委去捷克斯洛伐克参加斯巴达克运动会，就是伊达赫给爸爸做的翻译。当时中国的运动员被邀请参加表演大型团体操。体委请爸爸为团体操作曲。他用了在米脂县搜集的一支很有气派的陕北唢呐曲《将军令》做基础加以改编，由于忙就请北京师范大学音乐系副主任张肖虎配了器。当时为了节省人力、开支，决定不自己带乐队，而是请捷克军乐乐团演奏此乐曲。体委主任贺龙点名让爸爸带着总谱去捷克。

团体操表演在斯巴达克运动场。爸爸注视着体操场上中国运动员的每个动作，捷克乐团的指挥眼盯着爸爸的手势和速度，就这样他们紧密合作，让在音乐厅楼上演奏的乐队和在运动场的运动员，通过两个指挥，成功合作演出了大型团体操。这是一项多不容易的合作啊！演出很轰动，大家对这首管弦乐曲很喜欢。在检阅台的贵宾席上，布拉格电视台和电台的记者都来采访爸爸：

"你这首乐曲很有气派！作为一个中国的作曲家，你来捷克有什么印象？"

"我从小就听德沃夏克的《自新大陆》交响曲，现在有幸来到了他的故乡。捷克是一个美丽的国家！ 这里的人们很热情，姑娘很美，小伙子也很好……"

伊达赫给他做了非常棒的翻译。之后伊达赫问爸爸：

"刘炽，我马上要被授予博士学位，你有没有兴趣作为我的贵宾来参加仪式？"

"那太荣幸了！"

刘炽和伊达赫在捷克

爸爸去参加了在教堂里举行的仪式。管风琴在教堂里响起时，爸爸头一次感受到宗教音乐的庄严和神圣，让他肃然起敬。想起儿时在三仙庙学的佛堂燕乐，让他对宗教音乐开始有更多的思考。

回到家后，他喋喋不休地跟妈妈聊起伊达赫给他翻译，在教堂的仪式和他东欧一行的感受。妈妈也很好奇，问：

"体操表演之后你有没有去各地看一看啊？"

"有，我们代表团游览了名胜古迹。参观了斯美塔纳纪念馆。之后我们去观看了极富有民族风格和

色彩的歌剧《被出卖的新嫁娘》，并
去音乐厅欣赏了交响诗《我的祖国》。"

"哦，你不是特别喜欢这部交响
诗吗，记得好像咱家有这张唱片吧？"

"你记得不错，咱家是有这张唱
片！但是听现场演奏不一样啊。你知
道，我对这种富有标题性，形象主题
内容的大型套曲的形式非常感兴趣。
我特别佩服的是斯美塔那在继承了李
斯特的交响诗的原则和优点后并没有
被形式束缚，而是增加了特有的捷克
民族音乐元素。这样的结合和创新让
我非常钦佩。这对我的一些思考有很
大的启发，尤其是对中国音乐和歌剧
发展应该走什么样的创新道路。"

刘炽于 20 世纪 50 年代

妈妈听得很兴奋，但是她以前就听过爸爸讲这些他的思考，她更想听
的是这次旅行的一些细节。

"嗯，你还去了哪里？"

"有一天清晨我们还去了沃尔塔瓦河，那简直是太美了！"他接着说。

"临走前，我想到不知什么时候才能再来捷克，我得去体验一下捷克
高级餐厅里的西餐。你知道我的嘴很馋啊。我问了饭店里的服务员，请他
们介绍一两家离我们饭店不远的好餐厅。那晚我穿上我最正式的外套直奔
餐厅。那里面好漂亮、优雅，旁边还有一支小乐队。每个服务员都穿着西装、
打着小领结，彬彬有礼。我坐好了，服务员把餐巾打开放到了我的腿上，
给我拿来了菜单。我翻开一看，一点儿都看不懂。怎么办？服务员过来等
着我点菜，我想了想就用手指了指菜单上的第一道菜。服务员恭敬地走开
了，我等了又等，除了桌上的一块面包，什么也没来。还好有乐队美丽的

音乐伴奏着，我也没觉得寂寞。服务员过了一会儿，又来到我的面前。我又指了指第一道菜。心想他怎么忘记了，要的就是第一道菜啊。他又走开了，还是什么菜都没上来。这样折腾了三次，什么菜都没吃到。然后服务员拿来账单，吓了我一大跳，贵死了。后来才知道我点的第一道'菜'是乐队，是最贵的！哈哈！"

妈妈也忍不住跟着笑了起来：

"谁让你嘴馋，还不事先做做功课！"

"之后我们乘火车去苏联听了民间歌舞剧《莫伊塞耶夫》。但是最有意思的一场音乐会是那极有特色的继承沙皇时代哥萨克合唱传统的、纯男声的亚历山大洛夫合唱团的演唱，那声音太棒了。你知道我这一辈子在中国民间音乐里摸爬滚打，能够走出国门体验其他国家的民族民间文化是我多年渴望做的一件事啊！这一行我真的觉得开阔了眼界，希望以后能有更多的机会出去看看。"

刘炽与柳春

　　"我希望以后有机会也跟你一起出去，看看他们的民族舞蹈。"妈妈兴奋地说。

　　爸爸一直认为音乐家艺术家应该经常走出国门去看一看，学一学，不要画地为牢，做井底之蛙。音乐家需要在各种文化中得到启示，但是那时候他能被派出国的机会非常少。这也就是多年后他特别鼓励我出国学习的原因之一吧。

补"瘸腿"

　　"柳春，我准备去中央音乐学院的干部班进修一下。"

　　一天下午爸爸兴致勃勃地告诉妈妈。他一直在寻找学习的机会。

　　"那太好了。你不是一直羡慕焕之和李群他们吗？这次机会难得啊！"

　　"是啊，你知道我一直想补这条和声、配器、复调、曲式的'瘸腿'呢。想起来在延安的时候跟星海老师学习时间太短啊。那普劳顿的《和声的理论和实践》和里慕斯基－科萨科夫的《实用和声学》学得都不够透彻。那时候延安鲁艺的条件很艰苦，周总理好不容易给我们找来一架旧钢琴，但是都被寄明和瞿维他们几个弹钢琴的占着，我和安波只好用风琴练和声，那效果当然不够好。"

　　"是啊，那时候战争年代，能学习音乐已经不容易了。记得几年前你写《人民新旅大》电影音乐的时候，你就说过补'瘸腿'的事。"

　　"是，当时我每天只能写 4 小节的管弦乐总谱，太费劲了。比起学院正规专科培养出来的音乐家，我们这些解放区出来的音乐家的作曲技巧差太多。"

　　"但是你的长处是深入了解民族民间音乐，并且旋律出得又快又好啊，大家都喜欢听。"

　　"这正是学院派的'瘸腿'。光是有优秀的技巧，不能创作出跟老百

刘炽在中央音乐学院进修（前排左二）

姓有共鸣的旋律也不行。所以我们两边都有'瘸腿'。我是下定决心一定要补上我这条'瘸腿'的。"

　　"你这次去跟谁学呢？"

　　"他们请来了苏联音乐家阿拉波夫，他是苏联音乐学的奠基人阿萨菲耶夫的学生。听说他用他老师的'音调'理论对欧洲各国音乐家的古典、浪漫风格和印象派的作品分析都特别新鲜、透彻。"

　　"那你这条腿应该能补上了？"

　　"光是这个课还不行，我准备请刘烈武帮我补和声，杨汝怀帮我补钢琴。"

　　"你要学习多长时间？"

　　"这次进修一年，哦，时乐蒙跟我一起去。"

　　就这样，爸爸在创作的百忙之中抽出时间来每周三次去在天津的中央音乐学院补课。他每次回家都很兴奋，跟妈妈分享他的收获：

　　"阿拉波夫的一句话让我深思，他说：'坐在钢琴边作曲是最没出息的。第一是懒惰，第二是傻子。离开它，你才能产生完整的音乐形象和构思。'还好，我的钢琴技巧很差，也不可能坐在钢琴前作曲。哈哈！但是说正经的，他的话对我有很大的启发。"

　　"好了，你的'瘸腿'愈合了后，你就可以撒开腿快跑了！"妈妈为他高兴。

来神儿了

　　"柳春啊，长春制片厂要拍第一部给孩子的彩色故事片《祖国的花朵》，严恭（导演）请我去作曲。我已经接了。这回我可以好好地把那条'瘸腿'拿出来遛一遛了，哈哈。"

　　"嗯，你不是最喜欢孩子吗？"

　　"是啊，这次可以跟他们一起玩。严恭和苏里（导演）请我去跟他们摄制组的孩子们一起到颐和园万寿山体验生活，我们会到昆明湖上去体验在水上划船的感觉。"

　　"为什么要去划船？"

　　"这你得去问乔羽。他写的词里其中一首是《让我们荡起双桨》，很美，我的旋律一定要把那漂荡在水中的美妙幸福感觉活灵活现出来啊。"

　　爸爸跟几个孩子一起上了船。其中一个是吕大宇，另一个是李锡祥。爸爸从小有两怕：第一怕鬼 。小时候看见人死了后，迷信的会请大神来驱赶鬼魂的时候，活灵活现得好像真有鬼的感觉，所以爸爸一辈子自己睡觉的时候从不关灯，很怕鬼从黑暗中来。第二怕水 。他不会游泳，常说自己是旱鸭子，水一到膝盖就感觉晕乎乎的。他每次带哥哥姐姐在北海划船，上船前都会打嘀咕。

　　"刘炽叔叔，赶快上来啊！"

　　孩子们在叫，爸爸硬着头皮上了船。一开始还紧紧地把着船舷，但是看着孩子们活泼天真，毫无惧怕地荡起双桨，嬉笑玩乐，他的童心立刻被唤起，完全忘记了心里的嘀咕，一起跟他们打起了水仗，比赛谁划得最快。他把自己带的笛子拿出来开始即兴吹了起来，那笛声在空旷的昆明湖上回响着，孩子们继续荡着双桨，玩着玩着，他居然把鞋子脱掉，双脚伸入水中感受那清凉的湖水。在孩子们的欢笑伴随下，眼看着小船漂过了石坊、土地堂、玉带桥……那犀牛望月的铜牛映入眼帘，这时候爸爸突然脑海里涌出那清澈的旋律——

　　"快靠岸！快把船靠岸！"他急呼出来。

　　"怎么了，刘炽叔叔？"

　　"我的旋律出来了，我得赶紧把它记下来！"

　　"刘炽叔叔来神儿了，赶紧靠岸，他得写下来，不然神儿就跑了！"聪明的李锡祥加了一句。

　　"你们继续划继续玩吧，我马上就写，写好后给你们唱，喜欢就留下来，

刘炽《祖国的花朵》拍摄时在船上吹笛子

刘炽和《祖国的花朵》小演员们

不喜欢就再写！"

爸爸就在那"犀牛望月"半岛上坐在一块大石头上，从裤兜里拿出随身带着的小本和笔（他从延安时期起就养成了随时携带小本和笔的习惯，常常听到民歌，叫卖，或自己脑海里出现的旋律他都会用他自己发明的快速记谱法随时记下来），把脑海里飘出的旋律迅速地写到了小本上，二十分钟很快过去了，主旋律和重唱的部分都完成了。他拿出一根烟点上，望着昆明湖上那一条条小船上孩子们快乐玩耍的身影，听着他们的嬉笑声，自己连唱几遍，再次修改，完成。孩子们一上岸，爸爸跟导演们说：

"麻烦你们请孩子们都过来，我给他们唱一下刚写出来的歌。"

孩子们听完都拍手叫了起来：

"太好了，刘炽叔叔，听起来很像我们在船上玩时的感觉。"

回到家里，爸爸兴奋地给妈妈唱了这首新歌。她常常是他新歌的第一听众。

"真好听，很轻快，愉悦，我可以听到那飘荡的小船和迎面吹来凉爽的风。"

她微笑地欣赏着。

"昨天回来的路上，辅导员柳兰建议我写成三拍的。你听听这一版？"

妈妈听了后说：

"这个也好，但我更喜欢 2/4 拍的。划船如果是三拍的会不会划得直转圈啊？"

爸爸听得乐了：

"是啊，但是既然柳兰提出建议，我就写出来两个版本，让孩子们去选。我自己也比较喜欢 2/4 拍的。"

孩子们最终还是选了 2/4 拍的原版。这是一首多么纯洁童真的儿歌啊。无论多少年过去了，每次唱到这首歌的时候，即刻把我们带回到那个忘不了的童年。

那家伙是不是疯了！

看到爸爸在流泪，妈妈禁不住问：

"你在看什么这么激动？"

"我正在读关于志愿军战士在朝鲜战场上的英雄事迹，非常感人。"

"你怎么想起来读这些故事？"

"沙蒙（长春电影制片厂导演）请我为电影《上甘岭》谱曲。"

"哦，是吗？你说说里面的故事。"妈妈好奇地问。

"这是一场非常残酷的战役。美军为了配合停战谈判，从 1952 年 10 月 14 日开始，向金化以北的上甘岭地区的 597.9 高地和 537.7 高地北山的两个阵地发动了猛烈进攻。先后用了 3 个多师共 6 万余人的兵力，300 多门大炮，170 多辆坦克，大量飞机，在 3.7 平方公里的阵地上倾泻了 190 多万发炮弹，把两个阵地削低了 2 米。在这样的强烈轰炸下，我们的志愿军坚守阵地 43 天，最后枪弹食粮全部断绝，连水都断了。他们为了生存，坚守阵地甚至要喝自己的尿。这里面有一个画面特别感人。7 连的战士战斗到最后只剩下指导员、护士小王、一排长和两名战士。指导员重伤，这时候已经奄奄一息，临终前他的心里深深怀念着他美丽的家乡和可爱的家人。最后指导员在护士小王思念家乡的歌声中永远闭上了他的双眼。那些战士为了保护家乡和人民，付出了年轻的生命，他们是多么可爱的人啊。这些故事深深地打动了我，让我流泪。"

"沙蒙说有一首插曲让我特别要写好，他说：'希望这首歌随着电影的放映传遍全国，而且家喻户晓，妇孺皆知。即使过了若干年，这部电影不放了，只要人们唱起这首歌，就会联想到影片中那些动人的场面，从而怀念那些可歌可泣的、坚守上甘岭阵地的英雄们。他们是我们中华民族的灵魂！'"

"这个期待很高啊！你打算怎么写呢？"

"我刚刚看了他发来的词。我读了好多遍，怎么也找不出灵感来！

祖国啊！我的母亲，

你的儿女，

离开了你温暖的怀抱，

战斗在朝鲜的战场上，

有强大的祖国，

有英雄的中国人民。

……"

"这种新体诗最多也只能写成欧洲式的抒情歌曲罢了。再说了，这诗有点太直白了，缺少中国诗词的韵律美，也不上口。我跟沙蒙坦诚地聊了，想请乔羽写一首比较有诗情画意、孕育着音乐形象的词。"

"沙蒙怎么说？"

"他是老导演了，非常同意我的建议。你听乔羽的词写得就是美：

一条大河波浪宽

风吹稻花香两岸

我家就在岸上住

听惯了艄公的号子

看惯了船上的白帆。

……

我在这样的诗情画意里才可以慢慢孕育我的旋律。"

"但你怎样才能写出让全国人民喜爱的歌呢？"

"嗯，这个问题我还在思考。要想写出人民喜爱的歌，我不能走捷径，首先得了解他们喜爱什么歌。我必须接近他们的审美，懂得他们的所爱。我已经开始搜集从 1949 年到 1955 年间人们最喜欢的 20 首歌。从这里面我又选出 10 首抒情歌曲：《康定情歌》《小河淌水》《对面山上的姑娘》《在那遥远的地方》《小放牛》《二月里来》《江南三月》《纺棉花》《草原情歌》。我会把它们彻底地分析琢磨透了。"

"哦。"

"柳春啊，这些天请你跟大娘把孩子们看好，不要放音乐。我呢，也不接待朋友。"

爸爸开始着了迷似的唱那些选出来的歌，唱累了他吹笛子，吹累了，他再唱。隔壁的乔羽叔叔以为他"着魔了"。

爸爸很快就去了长影的小白楼集中写作。但是他即便是在旅馆里也是客人不断。这一次，他为了不受打扰，在门上贴了一个"刘炽死了"的条子，并跟服务员说：

"我这周不接待客人，麻烦你一日三餐把饭给我送过来。"

他好像"走火入魔了"，一天到晚地唱啊、吹啊。就这样折腾了整整一个星期。

有人说："刘炽那家伙是不是疯了？"

其实爸爸是在不断揣摩这些歌的奥秘，它们的节奏、旋律、调性、曲

刘炽（左一）和乔羽（右一）

式结构、语言规律为什么会这么引人入胜，为什么这么讨人喜爱？除了唱，爸爸同时在不停地朗诵那些歌词，一遍又一遍重复地读，为了找到诗词里面语言的自然韵律。其实这段时间爸爸思考的何止这些呢？他是把自己对中国音乐的全部积累都分析、琢磨了一遍，从隋唐燕乐，到陕西、山西、关中、东北、云南、内蒙古、新疆民歌，道情，梆子，二人转，戏曲，京戏，皮影戏等等。他最后在《卢沟问答》（根据《小放牛》改编）里找到了第一句的"源"："一条大河波浪宽……"

　　爸爸终于写完了这首插曲站了起来，走出自己的房间，他把腰伸展开，深深地吸了一口清晨的新鲜空气，内心很激动很兴奋，他自信自己写了一个非常优美、大气、上口、能让老百姓喜爱的作品。但是他没有马上拿给沙蒙看。他知道自己还处于创作高潮中的兴奋点，可能不是很客观。他把作品放了抽屉里做"冷处理"。过了三天，他拿出来客观地审查，哼唱，修改了两次，最后才拿给沙蒙。这首歌随着电影的上映迅速传遍了全国。《我的祖国》是他灵魂深处流淌出的吟唱，像一股暖流点点滴滴地流进了每个男女老少的心中，不断地回响在家乡的大地上。

他浑身都充满着灵气

乔羽叔叔记得当时的情景：

"谁见到过刘炽都会被他的天才所吸引，被他乐观进取的精神所感染。这个时候的刘炽仿佛浑身都充满着灵气，充满着创造力，写什么，什么好，怎么写，怎么好，真是信手拈来，皆成妙谛。那时他的心情也好，爱结交朋友，在他的居室中男女老幼，高朋满座，笑语喧哗。约稿者的众多，常常使他应接不暇。叩门而入，来了多位取稿的人，他一愣，问人家：'你取哪个稿子？'弄明白后，他说：'哦，已经写好了，你等等，我去取。'他从内室取出稿子，面对着满屋的宾客说：'大家听一听，看看怎么样？'于是凝神地哼唱起

刘炽（左三）和乔羽（右一）

莹莹探望乔羽先生

来，那神态，那专注，多年之后都让我觉得如在眼前。我曾在北京大学的校园里见到过这样的场面：他不仅被水泄不通的大学生们簇拥着，而且被抬起来接二连三地往上扔，校园里响起一片有节奏的欢呼声'刘炽！刘炽！刘炽！'。我见过他的辉煌，也见到过他的烦恼。我想，他后来的烦恼与当年的辉煌是不无关系的。"

不无烦恼

爸爸20世纪50年代虽然辉煌，但不无烦恼是真的。他是一个什么样的人呢？是工作起来，创作起来没日没夜的。但是创作完了，会让自己放松一段时间，玩起来吃起来是无拘无束的，也就是所谓的"Work Hard，Play Hard"。

"柳春，我去打会儿台球，乒乓球！"

他休息的时候一打球就是几个小时，跟作曲的时候一样地忘我。

"大娘，今天不用做我的饭了，我请朋友们出去吃。"

他交起朋友来那更是毫无保留的。当朋友从远方来的时候，他会请他们一起去下小馆子叫点小菜，吃喝一番，潇洒自如。他虽然没有领导级别，没有单位派的公车，有时候会花自己的稿费坐出租车，并且坐最高一档的出租车。结果他被"三反"运动给卷进去了。当时歌剧院有些领导看到他是那么的"自由、潇洒、放荡不羁"就很看不惯，让他做检讨，说他"跟外国人来往过多，生活不检点，打台球，吃馆子，瞧不起领导，逐渐脱离政治，

刘炽于20世纪50年代

海伦·斯诺

还有资产阶级生活方式"。

其实说他"瞧不起领导"无非是他说了些关于中国音乐发展道路的真话，和对某些领导的直言。而他在燕京大学和北京师范大学教课时结识的那些东欧来的留学生都是喜爱音乐和文化的。他们互相交换唱片，乐谱和书籍。爸爸是特别好学和对各国文化非常好奇的人。这些文化上的交换和友谊对他非常重要，尤其是出国交流访问的事基本轮不到他。

说起接触外国人，爸爸从小在延安就接触了一些"外国人"，如海伦·斯诺。与她同一个外事大院里还住着史沫特莱、马海德、李德、柯棣华等外国友人，在延安还有奥特·布罗恩和乔治·哈特姆等其他外国人。由于大家对音乐和文化的热爱，也或多或少有所接触。对他来讲接触外国人没有什么稀奇古怪，大家是因为对音乐和文化的热爱走到一起来的，在他的眼里这个不分中国人或外国人，只分是否热爱音乐艺术和生活的人。

关于"资产阶级的生活方式"，爸爸不服气地问：

"我用的是自己的工资和稿费，下的是小馆子，不是大饭店，没有用过公款，也没有大吃大喝，怎么可以说我浪费呢！？"

领导的回答是：

"你作为老干部，生活腐化。钱，是国家给你的钱，而你浪费，是资产阶级生活方式，和党的政策不符合！"

他被要求在全院大会上做检讨。虽然他不断写出辉煌的作品，但他对中国艺术发展的创新思维，对一些领导作风的直言，酷爱朋友和工作之余的玩耍，以及和外国人的接触等都成了别人的眼中钉。所以他不断地挨整。

天天"鸣放"

1956 年 4 月，"百家争鸣，百花齐放"成为我国发展科学、繁荣文学艺术的方针。1957 年 4 月，中共中央发布《关于整风运动的指示》，发动群众给党提批评建议。还多次组织各民主党派负责人和无党派民主人士谈话。各党派人士、知识分子、艺术家等响应号召把一些想法、建议都提了出来。

然而，随着整风运动的开展，许多复杂情况出现了。6 月，中央要求组织力量反击右派分子进攻，反右运动开始了。但是由于对阶级斗争的形势作了过于严重的估计，把大量人民内部矛盾当成了敌我矛盾，把大量思想认识问题当成了政治问题，反右派斗争被严重地扩大化了。

爸爸那时候应沙蒙导演邀请为长春电影制片厂准备拍摄的《党的女儿》谱曲，在江西的赣州采风，他主要是采集以江西为主，同时在湖北、湖南、安徽、福建、广东、广西流行的一种采茶戏。他在赣南大山里近两个月，基本与外界隔绝，那时候没有像现在一样的电讯联络，竟然不知道全国上下发生了巨大的变化。他离开赣南大山路过杭州恰巧遇到了王昆、黄准、白刃、王震之，于是五个人一起去西湖划船游览。蓝天白云下，他们玩得正在兴头上，宾馆来人在湖边叫王震之：

"电报！"催他回长影。爸爸哪里想得到王震之回去就被打成"右派"，最后他悲愤欲绝，含冤卧轨自杀。

这时期爸爸的很多朋友被打成了右派，尤其是那些心直口快的。而爸爸是最心直口快的，他没有正式被打成右派纯属侥幸。反右运动一开始，中央实验歌剧院领导就把爸爸当作右派分子报到了文化部，但是被当时的文化部副部长周扬"救"了。周扬看到名单问：

"刘炽'鸣放'了吗？"

那位领导答："这次没有，但他天天'鸣放'。"

"'鸣放'的时候，他在哪里啊？"

"他在江西采风。"

"那他没在北京，在为革命工作，他就没有'鸣放'吧！"

就这样周扬把他的名字划掉了，"救"了他。

恻隐之心

爸爸一回到北京，就有两位关心他的朋友——作曲家陈紫和作家海啸私下里告诫他要小心。知道他平时说话直率，并且在大山里这么久不清楚北京的巨大变化。他们告诉他歌唱家张权已经被打成右派了。说她写的《关于我》的文章是黑文章，是大右派。爸爸不敢相信自己的耳朵。他想："这怎么可能呢？我知道张权啊，她是一个非常有才华的艺术家，在美国伊斯曼音乐学院毕业后，怀着对祖国的热爱回来，怎么突然变成了右派呢？"

那时候的情景非常让人担忧，谁也不知道会不会在不经意的时候做了一件事或说了一句话就被打成右派了。很多艺术单位内定很多人成为右派，像吴祖光就是剧协内定的大右派。爸爸、贺敬之和陈紫被邀请去他家吃饭的时候就已经知道了这个消息，但是吴祖光本人还被蒙在鼓里，但是他们在组织正式宣布之前又不敢说明，所以那顿饭吃得极其难过，心照不宣。

那时有些被打成右派的人被发配到遥远的地方去接受劳动改造。他想到了张权，想帮助她免去被发配的命运，就要求她留下来抄谱。他在那种情况下还带着同理心和悲悯之心。爸爸拿着一叠谱子去找张权，见周围没有人，小声跟她说：

"你身体不好，不要抄，拿一部分总谱放在家里，算你抄谱。你把铅笔、橡皮放在身边，他们来了，装着抄写的样子就行了。"

他对有才华的艺术家的恻隐之心在那个年代更显珍贵。可惜张权的丈夫男高音歌唱家莫桂新被发配去北大荒，张权怕丈夫孤独，准备相濡以沫，选择去陪他，可不久他在森林伐木的时候被木头砸死了。难以想象张权是如何度过那段日子的。

爸爸当时不知道的是歌剧院的领导已经派人去长影调查他在长影的时候有没有右派言论，有没有"鸣放"。回来的人说了：

"沙蒙讲了，我讲过的反党的话，刘炽都讲过！"

当时沙蒙已经被打成"右派"了。"文革"后，爸爸问过沙蒙伯伯，他说根本没有说过这样的话。

把两边都给得罪了

他们说他"天天鸣放"，是因为他不热衷政治，不整人，不溜须拍马。他直率的性格不允许他不说真话、实话和作为一个艺术家应该说的良心话。他对中国的艺术发展，尤其是关于新歌剧的发展有着自己独到的想法。他思路清晰、敏捷，分析透彻，心胸开阔，包容性和创新性很强，没有狭隘的大民族主义，也没有不顾一切地崇洋媚外。他不赞同有些人的想法。他在1957年初期"百家争鸣"的时候，在中国音乐家协会和剧协的"新歌剧座谈会"上谈了自己的一些看法。当时艺术界主要有两种不同的意见：以马可等人为主的观点是主张"民族化"，在戏曲的基础上发展新歌剧；而另一派黄羊洛等人的主张是希望"歌剧本源"，向西洋歌剧学习，直接把它移植过来。

而爸爸的看法是极其包容而创新的。他在《中国戏剧》上发表评论文章《我对新歌剧的看法》，举例对中国的戏曲、民歌和传统音乐做了深刻的分析。包括戏曲的悠久历史，从关汉卿、王实甫到孔尚任、洪升，有数以百计的剧种和非常丰富的腔调和曲牌，并且在行腔、吐字、传情等方面丰富多彩。但是戏曲的类型性人物的唱腔，旧曲沿用的填词之风，新歌剧不应采用，因为它会成为其发展的极大束缚和限制。他认为"我们不应该用戏曲音乐的绳子捆绑自己"。

他同时谈到如何借鉴欧洲歌剧发展的积累，各种丰富的表现手法和宝贵经验。他谈到西洋歌剧上百年的发展，千百部作品，运用了古典音乐里的所有音乐表达方法和演唱、演奏形式，吸引了全世界的著名作曲家、指挥家、视觉艺术家、歌唱家为这种艺术形式而贡献自己的终身才华，创造了人类艺术史上辉煌的一章。他认为，他们那一代中国艺术家能作出的微薄贡献是去填补世界歌剧宝库中所缺少的中国歌剧的空白，创造出有中国特色的新歌剧，使各种中国音乐元素在歌剧里融为一体，而又能发挥民族自身的艺术效果。他总结道：

"我认为新歌剧的音乐，应该在广泛的民族传统艺术的基础上来发展，包括戏曲的，民歌的，宗教音乐和民族器乐，说唱音乐等都是我们的财产，不应当局限在某一点上，甚至某个戏曲上。我们对于民族遗产要继承下来，并沿着它的道路加以发展（这就是要财产不要枷锁），对外国的经验应当学习（这就是要借鉴不要移植），对人民生活应当深入，刻苦钻研和体会……"

他的观点受到艺术家贺敬之、王昆、陈紫、海啸、乔羽，还有其他歌剧院的很多艺术家的赞赏和欢迎。

爸爸他人非常单纯，纯粹的艺术家风格，只是就事论事，谈艺术观点。他想既然"百家争鸣"，那大家就把各自的观点都摆出来，艺术家们可以互相探讨。他万万没有想到他的这些观点却得罪了一批人。一边是学院派崇洋的，想要直接移植西方的歌剧到中国；另一边是民族本位主义的，想用狭隘的民族主义思维枷锁于新歌剧的发展，甚至想让中国歌剧直接建立在中国戏曲的形式之上。他不希望折中，希望中国歌剧走一条真正创新的道路。

"小辫子"和"大帽子"

其实从延安时期起，爸爸就看着某些人本身没什么才华，但是通过各种"运动"一级级地爬上了领导岗位。但是他的性格不允许他同流合污，说假话，或溜须拍马。他骄傲的是作为一个艺术家的人格。他是一个"玻璃人"，他单纯地认为只要他的作品好，其他应该都没问题，他希望用"作品说话"。而他的这些观点深深地得罪了个别人。正是这些个别人，自己写不出什么像样的作品，但是随着各种运动在艺术界权力越来越大，而心中又容不下像爸爸这样才华横溢的人，生生地影响了他后来的几十年。从延安整风开始，次次运动爸爸都要挨整。而他不是一个完人，他会犯些小错误，会留下一些"小辫子"。而这些"小辫子"让某些人抓住不放，不停地打压他。

虽然反右的时候周扬"救"了他，但是有些艺术局领导还是觉得他是"漏网右派"——太自我，太自大，不能重用他。那时候对像他这样的人轻则拉拉"小辫子"，警告你不要"不安分，越轨"，重则打打"棍子"，再重则戴上"帽子"使人无法逃脱。后来趁着他被送到江苏宝应去"劳动锻炼"，有的人继续要整他。好在两个年轻的朋友王金陵和王春元偶然发现了歌剧院个别领导给某人的信，要他们在下面（宝应）开除他的党籍，朋友私下里告诉了爸爸让他小心背后的眼睛。果不其然，有人在宝应提出来开除爸爸党籍。爸爸的组长黄洛峰人好，公平有良心，坚持原则，拒绝了这个要求。爸爸又侥幸保住了他的党籍。

祸从口出

但当爸爸从宝应回到北京后，还是没能逃脱被开除党籍的命运。当时牧虹——中国戏剧导演、党委会成员，替他说话：

"我的意见是否慎重一点，这样的老同志，怎么能给他的党籍拿掉呢？"

作家海啸跟牧虹看法一样，但是看到寡不敌众，也就没言声。歌剧院党委还是作出了开除党籍的决定。一位副书记找爸爸谈话说：

"你骄傲自大，目无组织，本以为你在下面（宝应'劳动锻炼'）可以改造好，可你又犯了错误，胡说八道，蜕化变质，和共产党员的身份不相称……你竟然挑拨党群关系，污蔑大好形势，往党的脸上抹黑，所以必须取消你的党籍！"

爸爸脑子"嗡"地一下子。这是很大的"帽子"啊！

为什么呢？其实爸爸只是说了些真话、实话，和反映了他在乡下看到的一些实际情况而已。那时候全国响应"大跃进"的号召——"鼓足干劲、力争上游、多快好省地建设社会主义"，要"超英赶美"，中国进入了"一天等于二十年"的"大跃进"浪潮。那时候到处"大炼钢铁"，制造出很多的废铜烂铁。

为了提高土地的产量，那些小鸟也成了四害之一，大量的小鸟被杀死。人们敲锣打鼓吵得小鸟无法在树上落脚，最后从天上掉下来活活累死的也不少。很多地方假报虚报产量，把最好的苗子集中放到一块地段，而荒废了很多其他土地。据说一个所谓的千斤猪厂里只剩下了一口病猪。爸爸在宝应乡下看到了太多这样的浮夸现象。那时候随着"大跃进"的白热化，很多人说假话、说大话、吹牛皮、虚报、假报，而老百姓的生活却非常困难。

但是反右之后，形成了一种奇怪的逻辑思维，你如果给领导提意见，就变成了反党，造成很多人不敢说真话了。爸爸一直困惑："报纸上报道说一亩小麦收了七千多斤。这太难以置信了。难道这些报道的人不调查就发表文章？"他听农民说："如果真的是一亩七千斤摊在地上，那得多厚啊？！"有一次，他到宝应居住的王社长家吃饭。王社长让妻子弄了几个菜，请爸爸。其间，有好几个老乡说：

"没得吃，要口粮。村子里已有人外出讨饭去了。"

爸爸听了心里很难过，解放都快 10 年了，老百姓的生活还这么困难，他觉得真对不起人民！他不能咽下摆在桌子上的食物。同时他也看到一些农村的领导强迫命令，作风粗暴。

为响应党的号召，宝应县委召开了一场全体下放干部"向党交心"的整风会议。虽然爸爸知道有人一直要整他，但是他作为一个追求真善美的艺术家，作为一个内心有良知的人，他无法不把看到的真相和内心的真话说出来。爸爸在党小组会上毫不掩盖地把他的心里话说了出来。但这不是自投罗网吗？整他的人找还找不到这么好的证据呢。他们把爸爸批评党和干部的"错误言论"报了上去，并在大会上公布出来，当时的县委书记点了他的名，组织人在千人大会上对他展开批判。"向党交心"整风会议结束后，宝应县委还编了《红专辩论集》，把爸爸的"错误言论"和批判他的文章都收入了此集中。

爸爸再次"祸从口出"。很多人同情他，但也只能暗地里表示，表面上还是要站稳"立场"，跟他"划清界限"，以避免受株连。他陷入了彻底的孤独。幸好他在宝应的时候一直利用自己业余的时间教些热爱音乐的学生作曲。这些学生还是愿意跟随这个性情直率、充满幽默的老师学习。但是爸爸知道他不能跟学生们说起这些事，他们都还太年轻，怕自己内心的不公和哀痛"浸染了学生"。但是批判他的人还是给他强加上"毒害青年"的罪名。就这样，他也必须跟这些学生疏远。他能做的就是每晚在大运河边上散步沉思。即便在这样不公平对待和极大的精神压力下，上边交给他的艺术任务他还是全心全意地完成。这个时期他写了 10 首抒情歌曲，一个小歌舞剧和一首《告别大合唱》。临回北京的时候，他的学生们恋恋不舍地送给了他两支芦笛，他一直保留。

爸爸 18 岁在延安入党到当时已经 21 年，是个老党员。像他这样的老红军、老革命，没有了党籍是一件沉重的打击。他请求组织："跟上级领导谈一下，希望陈述一下自己的辩白。"

但是负责人非常断然地拒绝，一点余地都不留：

"用不着！你签字吧！"

爸爸很难接受这样的事实，心中满腔的气愤但又无处申冤。他的倔强促使他用天真幼稚的艺术家形式表达出来：

"我不答应，我不签！我没有开除我的党籍。你们要开除，那是你们的事儿！"

用作品说话

爸爸只能到大运河边上散步深思，回顾从延安到现在自己一路的征程。脑子里有很多的问号。到底为什么一路有人不停地整他？他从十几岁就到延安，是一个红小鬼。在延安长大，很年轻就入了党，一辈子热爱和忠于自己的祖国和人民。他一路受冼星海老师的鼓励和引导在中国新音乐道路上，有的时候冒着生命危险躲过敌人的袭击，采风、研究、谱写出那么多歌唱祖国和人民的作品来，但是为什么每次运动都受到迫害？

延安整风运动时，爸爸才 20 岁出头，年纪轻轻地背上了"特务"的包袱。后来毛泽东代表中央给大家赔礼道歉的时候，他们都哭得稀里哗啦的。后来"三反""五反"、反右、"四清"运动等，他都被整。到底是为什么？

就是因为他太爱说真话、实话，也太才华横溢，树大招风？但是自己是一个艺术家，失去了对真善美的追求，怎么能创作出美的、打动人的作品呢？想起那些无法接受各种冤屈的朋友们早早地离开了这个世界，他非常痛心，又感到特别惋惜。那些人才和精英就这样被无辜地浪费了，毁灭了。虽然他心里有那么多的不解和不公平，但是散步多天后，他终于想开了。他既不会跟某些人同流合污，也不能改变自己作为艺术家要走的道路，更不能因为被整就失去信心。他骨子里有与生俱来的积极乐观精神，这种精神是无法被毁灭的。这种精神后来支撑着他度过了"文革"这场十年的浩劫。他这时候决定唯一能做的就是把全部的精力放在创作上。这之后的几年他全身专注于创作歌剧《阿诗玛》。

我出生的时候他的新歌剧《阿诗玛》刚刚在辽宁歌剧院上演不久。新华社 1963 年 1 月 18 日报道歌剧《阿诗玛》在沈阳上演的消息，评价作曲家刘炽：

《阿诗玛》剧照

《阿诗玛》剧照

　　"在这部大型歌剧中，运用了序曲、间奏曲、舞曲，各种重唱，咏叹调和宣叙等艺术手法，使这部歌剧的艺术表现力和感染力极强，深受观众的好评。"

几番周折

　　不过，这部新歌剧能在辽宁歌剧院上演，也经过了几番周折。

　　1958年"大跃进"时代，文艺也要大跃进，要求各处出"郭沫若"，中央戏剧学院的青年教师李坚、郦子柏写作了歌剧《阿诗玛》的剧本。

　　他们根据云南圭山撒尼族同名的长篇叙事诗改编。长诗生动地描述了两个撒尼族青年浪漫曲折的爱情故事。这个故事在撒尼族广泛流传着。他们相信阿诗玛姑娘被仙人营救后就住在山上。当他们呼唤她的时候，山谷会传来她的回声。

　　那时候爸爸还在北京中央歌剧院创作室工作。剧作者李坚他们把歌剧本子呈送歌剧院时，院里领导对剧本不太感兴趣，才把它交给了我爸爸。好的剧本一般轮不到他。其实这些领导是希望他看了后把他们打发走就算了。但是爸爸看了后觉得故事本身很美，情节和人物都很动人，作为歌剧的剧本很有潜力和发挥空间。但是由于年轻的作家们对歌剧艺术形式和特点不熟悉，需要很多的改动。爸爸把李坚和郦子柏请来跟他们说了自己的想法，问：

　　"你们愿意修改吗？"

　　两位年轻剧作家很兴奋，一口答应：

　　"愿意，非常愿意！"

　　爸爸接着说："那可是要下大工夫的！"

　　"行，你说怎么改就怎么改！"

　　就这样爸爸和他们几次一起去云南圭山、石林体验生活，近距离体验

刘炽（右三）、柳春（右二）在云南为《阿诗玛》歌剧创作体验生活

那里的生活风俗习惯，同时采集了很多云南民歌为写作打下了坚实的基础。剧作家们根据爸爸的建议经过了 18 次的剧本修改，终于让他觉得可以下笔。而爸爸自 1958 年到 1963 年间为这部歌剧付出了几年的心血，灌注了他多年的艺术积累和思考。这也是他最为成熟的歌剧。

爸爸从延安时期开始就梦想着创作出真正有中国气派和风格的歌剧。多年来，他跟其他人合作创作了多部歌剧、秧歌剧，从延安时期的歌剧《白毛女》开始他就积累经验。这之后他也跟其他人合作过一些歌剧，但是那些歌剧都是集体合作产生。到了《阿诗玛》，他终于有了一个难得的机会可以独自创作一部完全按照他的思维创作的歌剧。

三不许

爸爸从宝应回到北京，虽然被开除党籍，政治上受到沉重的打击，但是 1959 年新中国成立十周年庆祝大典还是需要好的作品。于是作家们纷纷来找他合作。首先，他的大合唱《祖国颂》成了庆典的重点曲目。这是一场非常重要的庆典，"当时有 100 多位国家领导人和外宾参加晚会，毛泽东主席和周恩来总理都观看了晚会"。当时只有 33 岁的胡德风，总政合唱团的指挥，从接受任务排练到演出总共 5 天时间。"当大合唱《祖国颂》的旋律在人民大会堂奏响的时候，全场安静极了，只有乐音在回荡。父亲说他想起来还流眼泪，激动得不得了。"（摘自胡德风女儿胡玫回忆）从 1949 年新中国成立，大家经过了艰苦的 10 年奋斗，不难想象当时人们的激动和自豪。而这部合唱作品爸爸写出了中华文化中的豪迈和人们对祖国大地的一片深情。胡德风先生，是首录《祖国颂》唱片的指挥，他对这部合唱感情至深。

除了《祖国颂》，作家钟灵来找爸爸合作为中国少年先锋队建队 10 周年写儿童大合唱《天天向上》。时任团中央书记胡耀邦看了项目介绍，知道钟灵和刘炽合作很高兴，当时就批准，因为胡耀邦很了解爸爸，并且说：

　　"彩排我要去，演出我也要去。"

　　接到胡耀邦的批示，爸爸很受启发，创作热情也被激发了出来。他喜欢跟孩子在一起，因为他就是一个大孩子，一辈子童心不变。他还记得在为电影《祖国的花朵》写《让我们荡起双桨》的时候跟孩子们一起在颐和园划船，一起欢快地嬉耍，多少天在一起好开心。

　　《天天向上》合唱写出来交由北京少年宫合唱团排练演出。可是当时刚从法国回来的指挥张宁和可能是由于刚从国外回来，不太了解如何跟国内的孩子们互动，调动不出孩子们的蓬勃和朝气。看着排练爸爸很着急，没办法换下了张宁和。爸爸一上台，手轻轻地一挥便把孩子们的情感都调动起来。他从延安时期起就多次排练指挥合唱，后来挺进东北指挥了数场合唱。他指挥技巧好，但更重要的是他热情高，孩子们受到他的感染也特别给劲。他的手好像有一种魔力，音乐排练非常成功，孩子们热情高涨。

　　爸爸虽然心里对张宁和感到歉意，但是为了保持艺术质量，把作品的精神表达出来，让孩子们能真正地发挥出他们的热情和朝气，还是选择了这样做。一切为了艺术，可是当时的艺术局个别领导听说了以后心里很不

著名音乐指挥家胡德风（胡家子女提供）

舒服。他们认为像我爸爸这样犯有严重右倾，刚刚批判过，也刚刚受过严重处分的人，应该夹着尾巴过日子，居然还上台指手画脚，这简直是"翘尾巴，耀武扬威"。并且这个作品是在人民大会堂演出，于是发出指示：

"不允许刘炽的作品上演！"

并且发出命令，不让他们在人民大会堂演出。少年宫的 600 多个孩子都等着。有人要上演，有人不让，这官司打到了中央书记处，胡耀邦审阅这首合唱时，被父亲优美而健康的旋律而打动。他下了一道"金牌"说：

"我看过彩排，很好，上！"

这位艺术局领导没办法，虽然作出了让步允许演出了，但还是不依不饶，批示有几个不许：

"不许宣传，不许报出作者的名字，不许刘炽登台指挥，并且不许他观看演出。"

爸爸心里很清楚有人要继续整他，光是政治上打压他还不算，是要把他的艺术生涯一并毁掉。何去何从呢？把作品撤掉？他有这个权利，但是那不是正中这位领导的下怀吗？他又想到这是为了孩子们写的，他们付出那么多的时间排练，他不能让他们失望，更不能让钟灵、胡耀邦失望。他大度地作出了让步。他们临时请了中央乐团的张孔令接替爸爸指挥。张孔令很不好意思地从这位作曲家、指挥家手里接过指挥棒。爸爸反过来劝他：

"你上吧，只要作品能上就行！"他的大气让人尊敬。

演出那一天中央实验歌剧院还不让爸爸去，他心里很懊恼。但是，很庆幸世界上还是有尊重艺术家、热爱贤才的人。胡耀邦特地给爸爸送来了两张票请他去观看演出，并且跟他坐在一起。这首合唱旋律美，管弦乐写得也好，孩子们演出效果也好。胡耀邦邀请钟灵伯伯和爸爸一起上台祝贺演员们。这无非又成了某位领导的心结。自那以后，爸爸听说这位领导明确表示：

"刘炽不适合留在北京。"

第二章

去沈阳

重新开始

爸爸深深地意识到留在北京不会有什么好的创作机会。他感到非常心寒。即便是"漏网右派"，开除党籍，难道一个鼓励孩子们天天向上的健康积极的作品都没有演出的权利吗？都要被扼杀吗？是什么样的人才会这样做？而自己作为一个作曲家的前途到底会怎样？

那年他才 39 岁。正是艺术上已经成熟，创作思维最活跃的时期，他想做的就是创作有中国特色的歌剧。可是到哪里能让他有这样的创作机会呢？其实生活就是这样，一扇门被关掉了，也可能另一扇窗口被打开了。爸爸延安时期的好友、作曲家安波是当时辽宁省宣传部副部长，他们在东北鲁艺一起奋斗过，他很能体会到爸爸的难处。还有周桓——他是中华人民共和国开国上将，1959 年，调任中共辽宁省委书记处书记，主管辽宁省的文艺工作。还有第三个人就是辽宁省组织部的郑风叔叔。他们成立辽宁歌剧院、艺术剧院、儿童剧院等，希望把它们发展成全国一流的剧院。剧院发展需要人才，所以他们连续两年多次进京招兵买马，找了周扬和其他人帮助，把我爸爸、杨园、王一达、赵新等一批艺术骨干从北京调过去了。安波和周桓找我爸爸，是因为他们非常欣赏爸爸的艺术才华和对歌剧发展的思考，决定请他去当辽宁歌剧院副院长兼艺委会主任。爸爸 1961 年毅然决然地决定离开北京，欣然答应把全家搬到沈阳去。同时他把更多的精力放到了创作歌剧《阿诗玛》上。后来他跟我说：

"我是希望能用实力说话，不用废话了。创作出一部新歌剧来给他们看看，就知道我说的是什么了。"

想一想，好像爸爸一辈子都在这样一种矛盾的环境下生活。他的才华光芒四射，没有人能掩盖得住，但是他在政治上时常被打压。很难想象如果没有这些打压，他会创作出什么样的作品来！

就这样 1961 年全家奔向了东北，开始了另一段人生的旅程。

"柳春，我已经答应周桓和安波我们全家一起去辽宁歌剧院了。"

其实爸爸没跟妈妈商量就答应了全家搬去沈阳。

"你为什么不跟我先商量一下啊？"

妈妈对这件事很不开心，也非常伤心。因为她在中央民族歌舞团工作得好好的，跟戴爱莲、胡松华等很多艺术家都相处得很好。她很舍不得那份工作和那么多朋友。

"孩子们上学怎么办？他们在北京上学这么好，去沈阳人生地不熟的，也没有朋友。"

她感到沮丧。但是爸爸既然答应了，她也没办法。她也意识到爸爸留在北京是不会得到什么创作的机会的，所以为了丈夫，她只有离开那些同事和朋友以及自己热爱的工作，去辽宁歌剧院做舞蹈编导。她那时候才 31 岁，风华正茂，事业腾达。跟爸爸一样，她对民族舞很感兴趣去过全国各地采风民族舞，其中三次骑马进藏。

她跟着爸爸带着三个孩子、大娘和自己的猫，离开了心爱的四合院，坐了软卧去沈阳。爸妈随身带了很多行李和家具，包括家里的捷克钢琴。50 年代的时候，北京的家里养了两只猫，一只是妈妈的，一只是爸爸的，后来去沈阳不让带那么多猫，所以爸爸就忍痛割爱把他那只猫放了。第一次放它，自己跑回来了。第二次爸爸把猫装在布口袋里，抱着猫坐公交车跑到东单那边，下了车把猫放出来，猫就跑到一个胡同里去了，可能是吓坏了。可怜的小猫！本想给别人，但那时候没人要猫，没办法爸爸才放了它！这件事非常残酷！全家为了这件事都很伤心。去沈阳之前爸爸为了安慰家人，跟妈妈和三个孩子说：

"沈阳非常好，我们全家在那里一定会非常快乐。"

因为辽宁歌剧院还在建设当中，1961 年刚到沈阳的时候家属楼还没有建好，全家就临时住在办公楼里，家里没有厨房和厕所。这比起在北京西堂子胡同四合院的家反差比较大，既没有亮亮的红地板，也没有了院子里妈妈种的花。

mi，la，ruai，so，快点走！

燕燕那时候 10 岁，欣欣还不到 9 岁，云云不到 8 岁，爸爸 40 岁。刚到沈阳的头一天，妈妈让孩子们去锅炉房打开水，由邻居郝汝会院长的大女儿郝明明带着他们去认路。他们打好开水回来的路上，云云走在前头拿着一个五磅的暖壶，欣欣走第二拎着一个十磅的暖壶，郝明明在第三拎着个五磅的暖壶，燕燕最高在最后拿着烧开水的大铁壶，他们排成一队往家走。燕燕一边走嘴里一边唱着：

"mi、la、ruai、so"（小提琴的四根弦音），手一边推明明一下说："快点走！"

明明也学着燕燕照样唱并推欣欣，欣欣也照样学着唱并推云云。他们觉得很好玩，就这样慢慢往家走。突然，欣欣的暖壶碰到了腿，一下子，"砰"的一声碎了！云云吓得把手中的暖壶掉地上也碎了！回到家，妈妈一看欣欣、云云还好都没有受伤，就说：

"这些暖壶在火车上都没打碎，刚到沈阳第一天就把暖壶给打碎了！"

家里只剩下一个暖壶了。妈妈交给燕燕开玩笑地说：

"再去打一壶水来吧，你再把这个也给打碎了！"

燕燕拿着暖壶答应说：

"嗯！"就去打水了。

回来的时候她很小心地抱着暖壶，生怕再打碎了。进楼门的时候小心翼翼地扶着楼门，慢慢地退着关楼门，没想到楼门底下有一个门槛，她一下子被绊倒了！"砰"的一声暖壶又碎了。妈妈听到这一声响，马上跑出来，一看她没有被烫伤，就拿着暖壶壳，把她拉回了家说：

"让你给打碎，你还真给打碎啦！"妈妈已经很累，看到这暖瓶都给打碎了，很气馁，但没办法，他们三个小淘气只好面壁思过！

从北京搬到沈阳，爸爸妈妈带了几件比较喜爱的家具。其中一个是圆茶几，上面压了一个厚厚的玻璃板，茶几的四周是沙发。有一天父母都出去了，他们三个孩子在家玩。燕燕带着两个弟妹在沙发上跳来跳去，沙发中间隔着这个圆茶几。燕燕因为个大腿长，跳来跳去不费力气，欣欣是男孩子，也没费什么力气，只有云云，人小、个小、力气小，被他们带着来回跳，最后体力不支，踩在玻璃板的边缘，把玻璃板跷起来了一点，然后她站好的时候，玻璃板又恢复原位，可是却不是原来的玻璃板了，因为这一震动玻璃板碎了！妈妈回来后看到沮丧地说：

"一路从北京带到沈阳，小心翼翼没有打碎，却被你们这样给打碎了。真拿你们没办法！"

那时候配一块玻璃砖的玻璃板很难，而且圆形的玻璃砖很难切割！燕燕比男孩子还淘气，因为这样犯的错误没少面壁，有时候也挨几巴掌！

咚咚咚，三个响头

那时候因为爸爸是歌剧院的副院长，上下班有自己的车接送。一天早晨，欣欣和燕燕去上学，爸爸刚好要出门开会，燕燕问：

"爸爸，能搭你车上学去吗？应该是顺路的。"

爸爸说："不行。你们自己坐公共汽车去上学。"

姐姐还嘴说：

"人家爸爸妈妈都让他们坐他们的小车，为什么我们不可以呢？"

爸爸郑重地说：

"这车是院里给爸爸派的，是工作用的，小孩子你们是没有资格坐的。"

他接着跟妈妈说：

"柳春啊，咱家的孩子要去上普通的学校，不要去上干部子弟学校，我们不搞特殊。"

我们家家教特别严格。爸爸妈妈从来不给零花钱，有什么需要的东西告诉妈妈爸爸或大娘，如果爸爸妈妈觉得你需要可以考虑给买。但是如果觉得你不需要，再怎么要，也不会给你买的，基本是越要越不给买。那是到了沈阳第一年过年的时候，1962年春节，大年初一，燕燕、欣欣、云云穿上了新衣服。他们去邻居郝汝会叔叔家拜年，一进门就看到他们家四个孩子跪在地上给郝叔叔和秦阿姨磕头，然后他们还给孩子钱。燕燕问：

"你们为什么要磕头？"

郝明明说：

"过年磕头是给压岁钱的。"

燕燕一听，带着欣欣、云云一溜烟地跑回家，进了门二话没说，"咚咚咚"跪下就磕了三个响头。当时爸爸妈妈都愣住了，不知道是怎么回事。在家里拜年的叔叔阿姨说：

"这是要压岁钱呢！"

爸爸妈妈一乐，每人给了五毛钱。妈妈说：

"不许乱花啊，只许买鞭炮！"

就回去招待客人了。那时候都已经过年了根本就没有卖鞭炮的了，鞭炮都是年前买的。晚上妈妈说：

"你们不要手里拿着这么多钱。我先给你们收着，用的时候再给你们。"

后来，就没有后来了！多年后孩子们还在逗妈妈：

"您给我们存着的压岁钱都这么多年了，要加倍利息还啊！"

家　教

燕燕、欣欣、云云每天放学回来必须要练琴。他们小时候在北京，爸爸就安排三轮车每周接送他们去景山公园少年宫上音乐课。到了沈阳，他们每人每周还要去老师那里上课。欣欣拉小提琴，云云弹钢琴，燕燕拉大提琴。爸爸是计划他们成为三重奏的。燕燕不太喜欢整天待在家里闷头练琴，她本来还蛮喜欢钢琴的，改了大提琴后更加没兴趣练琴了。上中学以后，她特别喜欢去体校打排球，这运动跟她外向的性格更符合。

"爸爸妈妈，请你们来看我们比赛好不？"

有一天燕燕问，她很想让爸爸妈妈允许她放弃拉大提琴。

"好啊！"爸爸一口答应了。

比赛的时候燕燕表现特别好。赛完后教练特地过来跟爸爸妈妈打招呼：

"谢谢你们来看孩子们打球，知道你们平时挺忙的。"

爸爸说："他们打得很精彩！"

回来的路上，妈妈跟爸爸说：

"你别说，燕燕在这方面还真是有点才能。她实在不想拉大提琴，就算了吧？"

燕燕、萤萤、云云、欣欣于"文革"前

爸爸"嗯"了一声就没说别的。他是不想让自己的女儿放弃音乐的，但既然她不喜欢那也没办法。这之后燕燕就放弃了拉大提琴。

每次去体校练习，燕燕都要找妈妈要两毛来回的路费钱，然后报销回来再还给妈妈。后来妈妈嫌烦了，就不要燕燕报销的钱，让她来回循环用。所以就燕燕手里有点零钱，但也从没有乱花过。欣欣和云云都没有零花钱！我们家不像别人家，吃什么东西是最小的拿最大的，先拿先吃。我们家是按照顺序的。大的先拿，小的最后拿，大的拿最大的，最小的拿最小的。这样我父母觉得更加公平。我小时候是要捡姐姐们剩下的衣服穿的，并且如果我长高了，裤子短了，大娘下面给接上一截儿接着穿。所以常常我的裤腿是不同颜色的。饭桌上也是要有规矩的。爸爸妈妈要我们只能从面向自己这边的四分之一盘子里夹菜，不允许到盘子的对面或其他地方去夹菜。吃饭是要闭着嘴嚼，不可以让别人看到食物，也不可以发出声音。妈妈说：

"吃饭的时候不能发出像猪吃食一样的声音，也不可以发出吧唧嘴的声音，很不礼貌。"

爸爸说："吃多少，盛多少，不可以剩，不能浪费。"

"偷牌图"

歌舞团、歌剧院、艺术剧院、儿童剧院的家属楼盖好后。我们家搬到一单元，郝汝会家在二单元，洛汀家在四单元。当时每个单元的二层都是给领导留的。我们家是两个套间，一套是爸爸妈妈住一间，我跟大娘、二姐云云住一间，燕燕跟欣欣在另外一套，那套一间是爸爸的办公室，一间是客房，加上厨房和厕所。厨房旁边的两个小间，燕燕和欣欣一人一间。

有我爸爸的地方就有音乐，有欢笑声。他是有名的"刘热闹"。我们家在北京就是娱乐中心，这绰号跟着他来到了沈阳。当然也因为妈妈和大娘做了一手的好菜。有吃有喝有玩有笑，谁不愿意去呢。家里玩得东西特多，一套麻将是象牙的（那时候还没有保护野生动物的意识，不应该杀害无辜的大象），牌九也是象牙的，围棋、国际象棋、中国象棋、扑克牌、骰子、玻璃球等，应有尽有。我们还玩烟盒，把它叠成三角形，把手弄成一个小窝，拍烟盒旁边的地。谁先拍翻烟盒，谁赢。还有抽"汉奸"，噶勒哈（也叫羊拐）。现在都不记得怎么玩了。家里的一架捷克钢琴，琴键也是象牙的。那个时候有很多很好玩的东西和玩法，比如：树叶拔根儿、跳绳、跳皮筋、跳房子、攻城。爸爸是玩耍大家，他还踢羽毛毽子、跳绳！

那时候打麻将可不像现在，是很讲究的，有点像打桥牌，是要好好算的。要记牌，讲究策略和战术。有一条龙、门前清、七大对、清一色等等。我爸爸一辈子打麻将都是搓大胡的。所以他常常都是输给别人的。他就是那个性格，要做就做最好的、最大的、最棒的、最纯粹的。但是只要他一胡就是大的，可惜常常胡不了。当时作曲家李劫夫、歌剧院院长郝汝会他们常常来我家跟我爸爸打麻将。李劫夫一次看到郝汝会打扑克的时候偷牌，就给他画了一个"偷牌图"。这个"偷拍图"很有名，常常被拿出来在打麻将前"告诫"他不许偷。当然都是玩笑式的警告。他们天南地北地聊，讲笑话，又有好吃的。他们常常互相开玩笑。爸爸讲：

"你们知道吗？龙朝（李默然的夫人）有一天在厨房煮饭，叫她儿子小三拿点葱来，可是说错了嘴，她说'葱，你把三儿拿来'。他们家小三也逗，拿着葱过来给他妈的时候，指着自己的鼻子说'哎妈，我是葱吗？'哈哈。"

他们玩麻将的时候孩子们也跟着一起在旁边玩他们自己的游戏，或者"伺候局"，端个茶啊，拿瓜子啊什么的。但是当大人讲荤笑话的时候就把小孩都撵出去了。

烟盒，糖纸，咸菜

　　小时候我最喜欢做的事无非是跟大娘到楼下去踮起小脚尖跳芭蕾舞、抓蜻蜓、吃冰棍儿。爸爸妈妈帮我做了一个漂亮的网，在一根竹竿的最前面用铁丝弄了一个圈，在圈的四周用纱布捆了一个纱袋子。大头直接缝到了铁丝圈上，尾部是尖尖的。我就拿着它去圈飞着的蜻蜓。圈住后，慢慢打开网，轻轻地抓住它们的翅膀把它们小心地拿出来。拿回家放在房间里，它们一直朝着光往窗户上飞，很想飞出去回到大自然。但是窗户挡着就停在窗户上了，很漂亮。现在想起来很残忍！我们哪里知道蝴蝶、蜻蜓等这些昆虫是保持生物多样性的重要物种。我们人类 1/3 的食物要靠这些授粉专家的授粉才能得到。早知道我那时候一定不会抓它们！

　　爸爸喜欢抽烟，我喜欢吃糖。爸爸很有办法，除了国内的各种糖果和烟，有时候他会拿些漂亮的外国烟和糖回家。

　　"来，萤萤，我教你叠烟盒。"爸爸说。

　　我看爸爸叠得好整齐好漂亮。他抽完了的烟盒都为了玩烟盒游戏帮我叠成三角形。我们家有一大箱子烟盒。我吃完了的糖纸也都攒起来，放到我的小人书里。我们家有一摞一摞的小人书，那里面净是这些宝贝。

　　"萤萤，过来，我们把这些糖纸洗洗干净吧？"妈妈叫我。

　　她把一小盆水端了过来，把各种糖纸放到盆里。那么多色彩的纸漂在水里像万花筒一样很美。在水里糖纸的皱纹慢慢消失了。妈妈捞出来一张糖纸，把它平放在茶几的玻璃板上，用另一只手把它碾平，我也跟着照办。

　　"来，萤萤，我们把它们贴到窗子上。晾干了它们就平了。"

　　妈妈说着就把一张糖纸贴到了玻璃窗上，很快窗子上贴满了漂亮的糖纸。阳光透过窗子照在糖纸上闪闪亮，五颜六色好漂亮！

　　妈妈说："等它们干了，别忘了放到小人书里哦！"

我头也不抬，漫不经心地说：

"不会忘的。"

我心想：有大娘在，我什么都忘不了的。对了，我什么都有大娘帮助。她像是我的姥姥。我的大娘最疼爱我，她给我做我最喜欢吃的早餐。我早上常常站在厨房门口，眼看着她切一块厚厚的奶油抹在热热的馒头片上，然后拿一个小碟装满了榨菜！她知道我最喜欢吃榨菜了，其实所有的咸菜我都喜欢吃。我从小就不喜欢吃肉，连鸡蛋也不很喜欢，特别是煮鸡蛋黄，每次吃总觉得有点恶心。连妈妈自己腌的咸鸭蛋我也不喜欢吃，除非是炒鸡蛋还行。

我们全家包括爸爸妈妈、姥姥奶奶都叫她"大娘"。她一年四季穿着类似的几套衣服，两件淡蓝色的布衫，两条宽腿的布裤子，白色的袜子，布鞋。白袜子永远都是雪白雪白的。冬天也是这一身，从不穿长衬裤。

"大娘，你不冷吗？"

1965 年萤萤和大娘

妈妈和爸爸会轮流问她，她总是笑呵呵地说：

"不冷！"

她在我们家 16 年。从我大姐 1 岁左右就来到了我家，一直到"文革"被迫离开。爸爸常常骄傲地说：

"大娘在我们家这么多年，我们都没有红过一次脸！"

非他莫属

那几年爸爸很忙，也相对来说比较自由。没有了在北京时候的政治氛围，他心情也非常好。歌剧《阿诗玛》的成功让他更加坚信自己走的音乐创作道路是正确的。1964 年，他应邀写了两部电影音乐——《英雄儿女》和《兵临城下》。

他本不想接受另一个战争影片的作曲，《上甘岭》就是战争主题的影片，并且写得很成功。他觉得恐怕难有突破。但是《英雄儿女》的编剧毛烽和导演武兆堤专门去沈阳请我父亲出山，认准了，非他莫属。我爸爸当时已经是名声在外：电影《上甘岭》的插曲《我的祖国》，纪录片《人民的新旅大》插曲《柔和的阳光》，电影《祖国的花朵》插曲《让我们荡起双桨》，还有其他作品《崖畔上开花》《刘志丹颂》《祖国颂》等风靡全国。

他们怕说服不了爸爸，还找了

《上甘岭》海报

《兵临城下》海报

当时的省委书记周桓去说服他：

"周桓同志帮助我们一下吧，这个电影作曲是非他不可啊！"

最后爸爸看过剧本后，被那些英雄的故事打动了，也就妥协了。他又住进了长影的小白楼。而《兵临城下》是他的好友林农导演的，并且故事很有戏剧性，他肯定义不容辞。就这样一年当中写了两首电影音乐。虽然都是战争主题，但是戏剧情节非常不一样。爸爸自己最欣赏的音乐部分是《兵临城下》里的一些器乐部分，包括大提琴独奏。他在这两部电影里也尝试着用不同的管弦乐配器方法和用不同的乐器，把他在中央音乐学院补"瘸腿"时学的一些作曲技巧试图用在电影音乐里。除了李默然，他最欣赏的演员是演胡高参的王秋颖，觉得他的演技自然而高超，有神韵。

两株"大毒草"

但是短暂的好生活慢慢在消失。大娘带我出去的时间越来越少了。爸爸妈妈好像特别忙，他们常常不在家。后来我就被送去幼儿园，并且常常被丢在那里，没人来接我。我只记得小时候幼儿园一个大房间里排满了一溜一溜的小床。我最讨厌睡午觉，看看其他小朋友都睡了，我很无聊，但是大家都睡着了，我也无聊地睡着了。

我哪里知道 1966 年"文化大革命"已经开始，在辽宁省本溪市文艺工作会上，有人揭露评剧团团长夏青的"问题"涉及著名作家舒群。马上有人接着提出：

"打倒舒群、刘炽这两个本溪文艺界的偶像。"

辽宁歌剧院有两株"大毒草"被揪出来批判。这两株"大毒草"的音乐都是我父亲写的——歌剧《阿诗玛》和电影《兵临城下》。那还是"文革"初期，6 月沈阳音乐学院举行大型活动，爸爸以辽宁歌剧院副院长的身份应邀参加了活动。会上讲话谈到音乐创作时，他还在强调学习民歌和民族音乐的重要性，讲到兴奋之处，他举例唱起陕北民歌，说：

"学生一定要认真学习民族民间音乐，光唱毛主席语录歌是学不好音乐的。"

这成了他的罪状之一——"恶毒攻击伟大领袖毛主席"！爸爸就是这样，脑子里只是想着音乐和艺术的教育和发展，并没有考虑到政治因素和其他人的情感。坐在他旁边的领导脸色不是很好看，但我爸爸完全没有注意到。那位领导是创作最多毛主席语录歌的作曲家。

1966 年初，部队文艺工作座谈会在上海召开，会后形成《林彪同志委托江青同志召开的部队文艺工作座谈会纪要》。《纪要》声称文艺界"被一条与毛主席思想相对立的反党反社会主义的黑线专了我们的政"，我们要"坚决进行一场文化战线上的社会主义大革命，彻底搞掉这条黑线"。《纪要》提出"大破资产阶级的黑线"，"大立无产阶级的红线"。

为了贯彻落实《纪要》精神，60 多部电影被戴上了"大毒草"的帽子进行批判。影片《兵临城下》被戴上了"美化阶级敌人""为阶级敌人立传""宣扬修正主义思想的大毒草"等政治帽子，被"一棍子打死"。所有跟《兵临城下》有关的作家，包括我爸爸，都受到了极大的迫害。

就是在这样的大背景下，我们的生活发生了巨大的变化。我那时还小，但是隐隐地记得外面好像经常吵吵闹闹。

没危险了再出来！

一天，我正在看我的小人书，大娘匆忙地跑过来，拉着我就把我往床底下塞。爸爸妈妈那时候有一张比较高的双人席梦思床，床下有些空间。我不情愿地问大娘：

"为什么呀？！"

但是她还是不由分说地把我往床底下塞，一边急急忙忙地说：

"萤萤听话，是爸爸妈妈让你在床底下待一会儿。等过一会儿我让你出来，你再出来。"

我没办法，祈求着说：

"那给我几本小人书吧，在这底下待着多没意思啊。"

她匆忙去拿了几本给我。有小人书的陪伴，虽然窝在那床底下不舒服，但也还凑合吧。我把那几本小人书翻了好几遍后，问她：

"大娘，我能出来吗？"

"不行不行，等没危险了再出来。"

我心想：能有什么危险呐？我们在自己家里呢！真奇怪。

小小的我当时不知道外面"文革"各路造反派互相打得很激烈。主要的三路造反派是辽革站、辽联和831。831的人比较少，主要是前两派在互相打。辽革站是保守派，也叫保皇派，而辽联是另一派。每个单位里面的人都是分三派，都归在这三大派中。他们都是造反派，但是打倒的人不一样，所以有极大的矛盾。开始各派只是用木头棒子、石头互相打，但后来就开始用枪了，完全乱套了。而辽宁大学这些造反派很活跃，打得也非常激烈。我们家西面的窗户就对着辽大，所以常常有流弹，传说已经发生过流弹打死辽大待在家里的人了。所以爸爸妈妈嘱咐大娘如果听到外面有流弹的声音，一定要把我塞到床底下——最安全的地方，怕我被流弹打死。后来面对辽大的两层窗户之间被爸爸妈妈塞满了木头屑，里面又用木板挡住了。这样我才不用老被塞进床底下了。

在窗子被全部挡住前，有一次大姐骑自行车从体校练排球回家，刚把自行车放好，就在辽大的外面看到一个穿风衣的人突然把风衣拉开，拿出枪来朝着不远处的一辆卡车开枪。只看到卡车后面掀起遮帘，

20 世纪 60 年代的小人书

露出机关枪开始"哒哒哒"扫射。很多人赶紧往地上趴，但大姐还站在那里傻傻地看。妈妈在楼上的窗子里看到这个情景，推开了窗户，撕裂了嗓子冲着她喊：

"燕燕，燕燕！你趴下啊！"

大姐这才趴下，免遭伤害。

只要它们还活着

我在慢慢地长大，也开始有点懂事了。听姐姐哥哥说好像爸爸被关进了牛棚。我不太清楚为什么他们要把爸爸关进牛的棚子里，那不会很臭吗？怎么睡觉呢？跟牛一起睡？ 并且听他们说邻居的洛汀伯伯、牧虹伯伯等都被造反派打了。谁是造反派？他们为什么打人呢？ 有一天姐姐回来说：

"一个伯伯和阿姨被自己的女儿在大庭广众之下打骂了一顿，说要'划清界限'。"

我在想：什么是划清界限？他们为什么要打自己的爸爸妈妈？我很惊讶！我很喜欢那个阿姨和那个伯伯。多么奇怪的事！我这么爱我的爸爸妈妈，真的希望他们不会被打。

后来听姐姐说爸爸和一些"走资派"被关进了东北工学院，这就是"牛棚"，是"牛鬼蛇神"的棚子。当时被关进去的有 27 个半老头。其中一个不算太老，所以只能算作半个老头。里面有爸爸、洛汀、牧虹、王一达、杨继武等这些艺术界的顶尖人物。其实这 27 个半老头是被辽联派保护起来的。大姐燕燕常常周末骑着自行车去看爸爸。尤其是妈妈把我们送到大连后，就她一个人在体校。周末她跟另外几个"黑帮"子弟约好一起去看他们的父母。她给爸爸带去一些妈妈腌的咸鸭蛋、咸鸡蛋，跟其他的"牛鬼蛇神"分享。

这是一个很奇怪的时代，哥哥姐姐都放弃了他们的钢琴、小提琴。因为"走资派""黑帮"的孩子不应该学习西洋乐器，那属于崇洋媚外。哥哥就开始学习民族乐器。音乐他不想放弃，中国乐器，西洋乐器，只要有乐器就行。

一天晚上很晚了，我看见妈妈带着姐姐哥哥把家里的几十盆花一盆一盆地往外搬。二姐云云问：

"妈妈你要把花搬到哪里去啊？"

"搬到楼下花园去。"

我心想很奇怪！为什么把它们都搬走呢？它们在家里好好的。妈妈听说有造反派和红卫兵抄了朋友的家，把很多东西都给砸碎了，包括花盆。她一辈子养花爱花，对它们跟对待小生命一样很心疼，就毅然决定把它们搬到楼下的公共花园里避免被打坏了。就这样妈妈把家里几十盆花都给"捐"出去了。但是第二天早上她下去看的时候发现它们都不见了，可能有人喜欢这么美的花就拿回家了。

姐姐哥哥说："多可惜啊。"

妈妈却说："只要它们还活着，在别人家也行。"

滚一边去！

这段时间爸爸经常出去不在家，回来的时候总是看起来很累的样子，不像以前那么快乐了。我听姐姐哥哥常说有人被打。小小的我心里很担心。爸爸每次回来，我就问他有没有被打，他每次都是那句话：

"闺女，不用担心，没事的。"

他回来会让我在他的腿上坐一会儿。我喜欢搂着爸爸的脖子或搭着他的肩膀。他问我：

"萤萤，今天都学了什么，听音乐了吗？"

"在看小人书啊。"我回答。

其实我什么也没干，除了看小人书，或海阔天空地做白日梦，听音乐也是等爸爸回家一起听。可是这段时间爸爸没时间。留声机、收音机很久都没打开了。我很想听那些美妙的音乐。即便收音机打开了，里面也只有那些我听不懂的吵吵闹闹，觉得很没意思！

我太小，不知道爸爸这时候已经被打成"走资派"。其实"文革"刚开始的时候，爸爸就被拉去劳动改造了。但是因为他一直跟所有的人关系特别好，尤其是人民群众，所以被他们保护，受的罪不是很多。他在歌剧院里跟小花园种花的花匠、烧锅炉的工人师傅，还有开车的司机，关系都特别好。姐姐还记得夏所利和李立秋的爸爸原来都是给我爸爸开车的司机，爸爸跟这两个师傅关系都搞得可好了。爸爸对谁都那么好，没有那种等级观念，从来不管谁是干什么的，他就是这样一个人。所以那些工人都尊敬他。在爸爸开始被劳动改造的时候，在院里头跟水暖工一起扛暖气片子，他那阵儿可能是工资还没被停发，所以就经常买烟抽。他的烟都是当时比较好的烟，如"牡丹"啊、"凤凰"啊。他很慷慨，不会自己独自抽烟，会分给一起干活的工人一起抽，一边聊天一边抽烟。工人们都对他特别好，觉得他平易近人，没有当领导的架子。有时候那些造反派想要欺负他，谁敢来欺负爸爸，那些工人就瞪眼说：

"你们滚一边去吧！"

因为他们是工人阶级，那些造反派也没办法，只能等其他机会。一次邻居大华哥哥看到爸爸从那边干活走过来，几个孩子在远处喊：

"打倒刘炽！"

爸爸看见这些不懂事的孩子在那叫喊，他笑嘻嘻地也转过去喊：

"打倒刘炽。"

这些孩子也不知道他就是刘炽，更不知道谁是刘炽，他们就到处溜达找刘炽找不着。人们都说爸爸的心特别大，大家都特别佩服他的胸怀。

动乱之年

"文革"继续激化，爸爸常常被拉去游行批斗。我还小没有看到这些场景，只是听到大喇叭里吵吵闹闹地到处乱叫。姐姐哥哥们常常看到爸爸被造反派剃"阴阳头"。他脖子上挂着大牌子，头上戴上高高尖尖的大高帽子。

有一次他们居然别出心裁地给我爸爸做了抽拉式的高帽子，有时候把它拉得高高，有时候把它伸缩到比较矮。造反派把他们的创意用在了这方面。爸爸脖子上挂着一个大牌子，上面写着"走资派""牛鬼蛇神""现行反革命"，有的时候写的是"罪该万死"。

他们这些"走资派""牛鬼蛇神"常常被批斗。批斗的对象有歌剧院的院长、副院长，还有一些出身不好的。他们有时候站着低头弯腰90度，有时候大家在台上跪成一排，批斗会一开就是几个小时。有时候双手被撅到后面，弯下腰头被迫揪起，造反派称这种姿势为"喷气式"。他们常常要听着很多人冲他们歇斯底里地大喊大叫，揭露他们的"反革命滔天罪行"。他们都被剃了"阴阳头"，批斗会上被殴打辱骂、备受折磨，人格丧尽。

这些造反派冲他们喊着口号。而"牛鬼蛇神"常常被拳打脚踢，有的被从台上踢到台下，厉害的时候还有用板凳砸在头上的，用皮带抽的，有的人被打得头破血流，有的人被打得昏迷不醒。没有人能真正体会到他们这些人那时候心里是什么样的感受！更无法理解那些摧残他人、完全丧失了理智和人性的人。

幸亏爸爸是一个极其乐观幽默、开朗豁达和充满希望的人。不然在那个黑白颠倒的时代，怎么能活出来呢？

悄悄话怎么能告诉别人呢？

在"文革"初期沈阳的辽宁歌剧院的大院里，一个比我大 3 岁的朋友宋小秋亲眼看到了造反派整人的情景，也看到了我爸爸第一次被斗的场面。时隔 50 年，她还记得那个惊心动魄的场景。

那是 1968 年的初夏午后三点左右，小秋放学走回家后，看见家里的门锁着。她转身下楼去紧挨在旁边的办公楼辽宁歌剧院演出科找她爸爸宋宝林叔叔要钥匙。可她爸当时没在办公室，办公室的叔叔说：

"你爸去剧场联系演出事项了。"

没办法，小秋只能找了一棵树下的阴凉地儿休息等待！这时候看见一个阿姨从楼里走过来，她急忙上前询问：

"阿姨，你看到我妈了吗？"

阿姨说：

"你到三楼小排练室看看，你妈可能在那里。"

小秋爬上三楼走到小排练室，没想到门关着。她听到里边有人说话不敢贸然敲门！突然发现门把手的下面有个被铜片遮盖的钥匙孔，就跪在地上拨开遮蔽钥匙孔的椭圆形铜片，将眼睛贴上去，闭上另一只眼睛，透过钥匙孔观察屋里的情况。眼睛扫过南侧的高窗，又顺着窗框往下移。突然看到窗台边的椅子上都坐着人，大家都将严肃的目光看向声音来处。她顺着大家的目光看向房间北侧，发现墙边的几排椅子上也是坐满了人。一个阿姨站在她的座位前，正激动地向大家揭发她的丈夫呢。她把自己丈夫在睡觉前说的一些对"文革"不理解的话，和对某人做的过激行为有意见的话都抖搂了出来。等这个阿姨说完坐下后，小秋急忙轻敲排练室的门。门快速打开了，出乎了她的意料！她的跪姿突然暴露在了大家的面前，感到很不好意思！屋里的叔叔阿姨看到她跪在地上，都惊呼起来！问：

"怎么回事？为何跪在门口？"

她妈慌忙过来问：

"发生什么事了？"

当知道她只是来要钥匙后，才松了一口气！

她拿着钥匙一边下楼还一边想，这个阿姨怎么能把她和叔叔两个人晚上说的悄悄话在会上让大家知道呢？一离开，里面的声音就被门把手下的钥匙孔屏蔽掉了！对于这次的发现她很兴奋！看起来大人的身高不容易发现小孩子的身高所能发现的秘密，如果不是来找妈妈要钥匙，她也不会发现通过老式钥匙孔是可以看到房间里的。

第二天一早 7：30，她吃过早饭背上书包去上学。走出大楼东门，突然看见一个叔叔面色平静地站在大概离台阶三米距离的地方，正在给一个叔叔用推子理发。坐在凳子上的叔叔，也是面色平静地坐在那里接受理发。但是他双手紧抓围在脖子上的那块布，可以看得出他内心的紧张与恐慌。小秋愣愣地站在门口的台阶上，被眼前正在理的发型震撼到了！只见一条白一条黑，她脑子突然蒙了！"这不是'黑帮头'吗？这个坐在椅子上被理发的叔叔，不就是我昨天在小排练室看到的那个阿姨揭发的丈夫吗？"

这件事之前，辽歌艺术大院内已出现过几例"黑帮头"，这就是为什么她能叫出这个发型名字的原因。这些叔叔伯伯们虽都是在同一艺术大院里，但与她父母却不在同一艺术团体，这里住的有歌剧院的、有戏剧团的，大家也不住在同一栋大楼，所以平时接触的不多，只是见面打招呼，不是太熟悉。可这个叔叔与她妈妈都是四川人，平时他们还经常用四川话交流。而且，他们夫妻俩都与她父母在同一团体，并且还住同一栋楼。最令她吃惊的是昨天下午他的老婆刚揭发他，今早他就成了"黑帮"！

剃"黑帮头"这个画面，使只有不到八岁的她受了很大的刺激！她心慌意乱地去上学，但一整天都被这件事困扰着。老师讲了什么一点都不记得，她只是在想：等我长大结婚了，我肯定不会揭发我的丈夫！其实那个年龄还不知道结婚是怎么回事，但知道丈夫是亲人。亲人怎么会揭发亲人呢？何况两个人的悄悄话怎么能告诉别人呢？（根据宋小秋的回忆整理）

让他遗臭万年，永世不得翻身

第二天，宋小秋稍觉不舒服就没去上学。她正无聊地在楼下与小朋友玩耍，突然看到许多人都涌向辽歌食堂旁边的小舞台。这时有人问道：

"发生了什么事"？

有人回答说：

"今天批斗刘炽。"

她想：刘炽？我知道刘炽！刘炽大大（伯伯，东北叫大大）是辽宁歌剧院的副院长，是我爸妈的领导，他是一个特别风趣幽默的人！她随着批斗刘炽大大的人流，来到了食堂边的"小舞台"。只见里边已站满了人，她是小孩不让进去。但她太好奇，就想，用什么办法能混进去看热闹呢？

这时的"小舞台"窗子都是大敞开的，可她的个子实在太矮小了，视线被里边的人阻挡住了。"小舞台"的大门，建在南面的两个大格窗的中间。舞台建在北面，东西两侧都是高高的西式格窗，舞台与大门的中间，是几十排的观众席椅子。她在"小舞台"的外围走了一圈，希望找一个可以攀爬上窗户的地方。突然，她看见"小舞台"的西墙窗外，有食堂和锅炉房烧过的煤渣堆，就欣喜地跑过去，又在附近找了几个烧焦的煤渣块，将它们落在煤渣堆上。她轻轻地站到加高的煤渣堆上，努力大跨腿跳向窗台，不顾脸撞到铁栏杆的疼痛，双手紧紧地抓住窗栏杆。她终于成功地爬站到窗台上了！视野一下就开阔起来了，她开始睁大眼睛寻找刘炽大大的身影。

一个男人突然在里边高喊口号：

"打倒刘炽！打倒反动艺术权威！让他遗臭万年！永世不得翻身！"

随后人群也跟着口号举臂高呼。她踮起脚尖从手臂的夹缝中看到，刘炽大大被人押解着来到了"小舞台"的大门口。这时一个年轻男子手里拎着一个白纸糊的高帽出现在他的身旁。接下来这名男子又将这个超长的白高帽往刘炽大大的头上套去，刘炽大大脾气超好地微笑着用双手配合着戴上这顶高帽。她一直到现在都很佩服，当时能将纸糊的帽子糊得那么高的绝世手艺。

批斗会是在上午，当阳光从东面照射在刘炽大大的脸上和他戴着的高高的白帽子上时，她突然觉得刘炽大大的形象很像童话故事里的人物，同时也被他的样子逗笑了！她被自己的笑声吓了一跳！赶紧抿住嘴，怕人发现后被轰走。可当她紧张地环视四周时，却发现"小舞台"里的人都在笑，那个给他戴高帽子的人也憋不住在笑。这时，领喊口号的人又再次喊起了"打倒刘炽"的口号，人们才收住笑变得严肃起来。

东墙边的群众慢慢向两旁退开，让出一点空间以便让刘炽大大走到舞台上。当刘炽大大从大门走向舞台时，多次引起众人哄笑。只见他：向前伸长脖子，微驼肩背，两个手臂有韵律地在身体边甩着，双腿高抬，好似迈着弹簧步，用带有享受的目光与大家对视，脸上堆满了谦恭的笑容。这时如果配上音乐，最合适的曲子就一定是那首电影《铁道卫士》插曲《全世界人民团结紧》了。

"嘿啦啦啦啦！嘿啦啦啦！天空出彩霞啊，地上开红花啊。中朝人民力量大，消灭了美国兵呀。全世界人民拍手笑，帝国主义害了怕呀。嘿啦啦啦啦！嘿啦啦啦！全世界人民团结紧，把反动势力连根拔呀。"

可能是刘炽大大的整体感觉太过滑稽，面部表情也太过诡异，从大门走到舞台这短短的路程中，她被刘炽大大的样子搞得忍俊不禁，并随着大家连续爆笑了多次。可接下来所发生的事情，让她又受了第二次刺激！随着大会揭发人在台上的慷慨陈词，人们的情绪开始激动起来！在"打倒刘炽"的口号声中，几个人冲上舞台，挥舞拳头猛砸刘炽大大的脸和头，还有人提着刘炽大大的领口不断拉扯。鼻血慢慢地滴了下来！可这些人没有因为刘炽大大流血而停下来，还是继续对刘炽大大全身上下拳打脚踢。刘炽大大的脸也被打青了，但他还是像开始时那样弓着腰，嘴里也是继续不断地重复着那句：

"是！是是！我有罪！我有罪！……"

这个场面对于一个八岁的女孩来说真是太血腥了！她没有等到批斗会结束，就慢慢爬下窗台回家了。批斗会最后发展到什么程度她无心预测，但这前半场的情景，虽过去了五十多年，却依然时常浮现在她的眼前。（根据宋小秋的回忆整理）

爸爸被打了后没有马上回家，怕妈妈和我们担心，回来后也没说什么。后来爸爸说他那次没有被打得"特别厉害"，只是伤了些"皮毛"，流了点鼻血，身上有几处青紫。是他的幽默和乐观救了他？ 或者是"文革"刚刚开始，很多人还没有像后来那么疯狂？

疼吗？

爸爸回来了，我好高兴！但是看到他的头被剃得很难看。有的地方有头发，有的地方没有了。一溜一溜的，一道白一道黑的。这留一撮，那留一撮，很难看。我一直特别羡慕爸爸带着微微小波浪的头发。我的头发特别直，一直梦想有像爸爸那样的头发，多漂亮啊。他进门第一件事是去门后取下挂着的"解放帽"戴上盖住他奇怪的发型。我爸爸一辈子喜欢戴鸭舌帽的。

从延安的时候开始就戴鸭舌帽。他在延安的时候就喜欢穿着喇叭裤戴着鸭舌帽。即便是发的军帽，他也常常歪着戴。

但是"文革"当中鸭舌帽是资产阶级的象征，不能再戴了。妈妈就给他买了"解放帽"。他刚戴好帽子，我马上扑过去投到了他的怀里。我那时候似懂非懂，只是听到有叔叔阿姨被打，看到他脸上青一块紫一块，我赶紧问：

"爸爸，爸爸，他们打你了吗？疼不疼？"

我的一番问话好像让爸爸深思，他并没有回答我的问题，而是蹲下来用双手捧着我的小脸，看着我关怀的眼睛，说：

"不用担心，闺女，没事的。"

但是他起来的时候不小心衣服上的扣子把我的头发给揪起来了，弄得我好疼！啊呀！我疼得叫了出来。他的眼睛为什么会有点湿润？爸爸流泪了。那些人打他、斗他、羞辱他，他都把眼泪往肚子里吞，没有流泪，但因为他心疼我这个小女儿被揪了头发而流泪了！我一辈子很少见到爸爸流泪。多年后他一直把这件事记在心里，常常跟朋友说：

"我这小女儿在我最困难的时刻最关心疼爱爸爸。"

是的，我跟爸爸一直感情最亲近，我们心连心。

一天爸爸回来了，一进门吓了我们一跳，整个一"捂眼青"。他的眼睛四周是青紫色的，脸边是红肿的，嘴巴也是肿的。

妈妈心疼地问：

"这是怎么搞的？！"

爸爸说：

"北京来外调一个朋友，非说他是反革命，让我揭发他。我说他一辈子都是忠于党、忠于人民，怎么可能是反革命？！因为我不揭发他，他们说我不老实交代，跟他们对着干，结果打了我一顿。"

大姐燕燕一听就急了，接着就冲进厕所拿了墩布。那时候的墩布是把一堆碎布条一头紧紧地缠在一根木头棒子上，另一头是散着的用来擦地。

她用脚一踩就把墩布头上所有布头从墩布棒上给踩了下来，拿着棒子就要往外跑，一边嘴里嘟囔着：

"我一定找他们算账去！"

哥哥紧跟在后面也拿来了扫帚疙瘩。妈妈一下子就给他们跪下了，脸上露出极度的焦虑和恐慌，声音微颤着冲着姐姐苦苦哀求说：

"大小姐啊，你可千万不要再给爸爸妈妈添麻烦了！？　我求求你们了！"

姐姐和哥哥看着妈妈这么哭求，这才很不情愿地放下了"武器"。但是我姐姐气得已经要爆炸了！嘴里不断地嘟囔着：

"他们怎么可以这么不讲道理，混账东西！"

活着能改

"文革"越来越激烈了。有一天爸爸刚刚出门，妈妈示意燕燕和云云：

"你们跟着你爸爸一起去散步，看着他点，千万别让他出事！"

我想爸爸出去散散步，能出什么事？我不知道的是，爸爸的一个朋友，就住在隔壁楼里，挺不住这些批斗会的打骂和大字报的羞辱，刚刚上吊自杀了。妈妈怕爸爸出事，就让姐姐们跟着他。爸爸回头看着他们说：

"不用跟着我了，没事儿，我不会出问题的。"

她们还是默默地跟着爸爸。一下楼就看见一辆卡车停在那儿，看见一群人抬着爸爸那位朋友的尸体从旁边的楼里出来。二姐心里打着寒战，这是她第一次看到死人，并且是一位认识的伯伯。她抬头看到爸爸的脸色苍白。

燕燕和云云紧紧地跟着爸爸，燕燕边走边担心地说：

"爸爸你一定不要想不通啊！你如果自杀了，我们怎么办呢？"

爸爸陷入沉默。

云云也说：

"爸爸你千万不能自杀啊！"

爸爸默默地没说话。他实在是想不通这个"文化大革命"为什么这么多的暴力？而他是个乐天派，不是一个钻牛角尖的人。又走了一段时间爸爸终于说：

"你们放心，我有错误，活着能改，死了不就没救了吗？"

我的叔叔刘烽后来说：

"他（爸爸）什么都会做，就是不会去自杀！他就是这样，心很大，天塌下来他也睡得着。"

爸爸后来幽默地说：

"每次'运动'都少不了我。我是'老运动员了'！"

惨不忍睹

说是这么说，但是有时候那种场景惊心动魄的还是让人心惊胆战。有一天刚蒙蒙亮，突然我们全家被咚咚咚的捶门声吵醒。外面有人大声地喊叫：

"快开门！"

我们还没有起床。妈妈赶紧起身去开门，一看是几个造反派。其中一个矮个子女的带着一大堆人，都穿着绿色的衣服，戴着红袖箍。他们不问青红皂白地就冲了进来，一点规矩都没有。一进来就开始乱翻我们家所有的东西，书架、柜子、唱片柜……其中一个好像是带头的，说：

"把有问题的反革命证据都拿走。"

一个高个子的男子翻看书架，把书几本几本地往地上扔，有时候捡起来，翻开看一下，又扔到地上。有的画册和乐谱拿起来把中间的几页撕掉扔到地上。我最心疼的是我的小人书和那里面的宝贝啊！那些我们辛苦攒的糖纸和叠的烟盒纸撒了一地！

另外一个矮个子的男子好像专门跟爸爸的唱片过不去。他打开唱片柜子，往外扒拉唱片，有的拿出来摔在地上就碎了。还有一个人从我们家二楼往下扔唱片和一麻袋一麻袋的书、画册、照片等等东西和物件。噼里啪啦，一扔到楼下很多东西自然就碎了。爸爸看到这几十年搜集的千百张唱片被砸碎心疼得不得了。但是最最让他心痛的是他的手稿！那里面有他写的作品的总谱，和多年来在全国各地采风时搜集整理的民歌戏剧地方戏等等一大批手稿。眼看着这些造反派把他几十年的辛苦，几千首民歌和戏曲的手记谱子就这样给毁了，实在是难以忍受，但是他真的很无奈和无助。

这是他人生中的第二场大浩劫。他前半生在延安搜集整理的那些民歌、戏曲手稿和他自己的一部分手稿在他挺进东北离开延安的时候交给了弟弟刘烽保留。但是战争年代胡宗南占领延安的时候，三叔刘烽他们在逃亡之前把它们埋在了地里。后来胡宗南掘地三尺，爸爸他们再去找也找不到了。就这样，这两次劫难毁掉了他几十年对中国民歌和戏曲的系统搜集整理工作！难以想象他的心有多痛。

欣欣、云云都站在阳台上。因为造反派一边在我家折腾时一边还喊着："打倒走资本主义道路的当权派！打倒刘炽！"

可能是他们自己给自己壮胆子造气氛？这些叫喊声引来了楼上楼下及隔壁楼一群正要去上学的小孩来"看热闹"。这些十来岁的孩子都聚在楼下。看到造反派们从二楼的阳台往下扔唱片、书和照片等，有一张差点砸到了隔壁楼杨园叔叔的儿子大华哥哥的头。他赶紧往后退了一下，看着唱片在自己的眼前砸碎。接着，他看见我姐姐云云站在阳台上，被时不时从里屋传来的口号声搞得脸红红的，但是她一句话也没说。

在屋里也有人在砸唱片，有些还蛮结实的扔到地上还不碎，于是他们把它们再捡起来用膝盖或用脚给弄碎了。看着这场面我惊呆了，一句话也不敢说。小人书、糖纸和烟盒撒了满地，被他们踩在脚下。我开始流眼泪，要哭出来，又不敢哭。妈妈把我搂过去，默默地擦掉我的眼泪。我看见爸爸一脸麻木，基本上没有什么表情。但我可以看得出他的眼神里流落出深深的悲伤。很难想象他这么爱唱片和书的人心里是什么滋味。造反派走的时候还拿走了一大批东西，里面有剩下的唱片、乐谱、书、妈妈的画册，还有爸爸从捷克带回来的水晶果盘、烟灰缸和其他物品。

很多物品都是爸爸妈妈最心爱的。捷克的水晶果盘是爸爸1955年随中国体操代表团去捷克斯洛伐克途经苏联回国前朋友带他去买的纪念品。抄走的还有1954年印度大使送他的两件尊贵的礼品，他一直珍藏着的一尊金光闪闪的印度舞蹈女神和一套精美的印度乐器模型。

当时爸爸在导演吴雪的邀请下为中国青年艺术剧院上演的由印度伟大的诗人、戏剧家卡尼婆裟的古诗剧《沙恭达罗》配乐。爸爸为此花了很多的心血。当时吴雪导演已经急上了房。爸爸就怀着"救火"的心情开始了工作。因为他那时候对印度音乐没有深刻的了解，那个时代也缺乏资料库，除了他的好朋友王昆给他从印度带回来的几张唱片外，他找来了《流浪者》《两亩地》《章西女皇》等现代印度影片的音乐，吴雪又从印度驻华大使馆借来一些印度古典音乐的录音。他如痴如醉地一遍一遍地听啊，跟着吟唱啊，体味着印度音乐的特色，琢磨着古典音乐与现代音乐的差异，最后创作出古诗剧的配乐。首演的时候他们邀请了印度驻华大使馆的官员。观看完他们说：

"诗剧的音乐配得太好了！"

不久后印度大使为庆祝国庆在北京和平宾馆宴会厅举行招待会，特别邀请了《沙恭达罗》的导演吴雪，主演梅熹、白姗和爸爸出席……大使握住爸爸的手说：

"先生太了解印度文化了，您分得清卡尼婆娑与泰戈尔时代印度音乐的区别！您到过印度吗？"

爸爸摇摇头：

"没有，虽然我很向往印度。"那年他33岁。

另外抄走的还有外国朋友送给爸爸的乌木雕刻，还有我们家的牌九、象牙的麻将和国际象棋等。

我们家三次被抄。其中一次，他们要把我家的钢琴抄走，居然逼着爸

刘炽家里的钢琴

爸一个人抬着一头的钢琴。这是多么残酷啊！另一头是他们几个小伙子一起抬。那钢琴是我姥爷多年前给自己的女儿们在大连买的，钢琴的前面镶着贝壳和金属，里面刻印着两只金红色的雄伟的狮子。

它的结构很结实，里面的钢板是老式的，比现在的钢琴要重很多！爸爸一个人怎么抬得动一头呢？！我们全家在旁边看着爸爸憋得满脸通红，他那吃力的样子让我们心痛无比，但不敢吱声，也不敢过去帮忙。实在是无人性啊，不禁让人想起高尔基的小说《童年》里小茨冈被十字架压死的惨状。幸好他们最后觉得实在是太难搬，放弃了。抄走的还有爸爸妈妈的席梦思床，造反派认为这种资产阶级的东西，我们不应该用。家里的很多东西被砸，被撕，或被抄走了，最后剩下的东西也是支离破碎，惨不忍睹。

家丑不可外扬

抄家只是物质上的破坏，更残忍的是人格上的侮辱和摧残。那时候造反派把席子钉到院子里的树上，在上面贴上写着大字的纸张来接发这些"走资派"，所以叫"大字报"。这些大字报贴得满大院都是，很多树都给挂上了席子和大字报。可怜了这些树！造反派把很多人的私事全都写出来了。我们中国人有一句俗话"家丑不可外扬"，是一个比较有人性的对个人和家庭隐私的一种保护理念。但是"文革"时期，时常有人出来揭发他们的同事、亲人、丈夫、妻子，把传统文化里好的东西都打碎了，连夫妻之间枕头边上说的话也都给抖搂出来。孩子有打骂父母的，学生有打老师的，下属有打首长的，很多夫妇互相离弃。那是一个黑白颠倒、惨无人性的时代，把人与人之间的信任彻底摧毁。

一次，杨华看到一个叔叔在批斗会上打了他妻子一耳光！把他们枕边说的私话都给抖搂出来了，并高声地说要跟她决裂，冲着她大喊大叫。而她的脸上好像很麻木，什么表情都没有。不知她那时心里的感受会是怎样？！而那些每天目睹这些暴力的孩子们心里又受到了什么样的摧残？

我父亲那时候完全是一个被彻底打倒的"走资派"，是他很不幸和低谷的时候。别人很容易就落井下石，跟他彻底决裂了。庆幸的是我的母亲在我父亲最困难的时候，不离不弃。反而一直关怀着他。爸爸妈妈也一直庆幸我们家的孩子没有一个揭发或者打骂自己父母的。

赶　海

不久爸爸又走了。小小的我并不清楚外面发生了什么，只是心里闹嘀咕："爸爸为什么老不在家？"哪里知道他整天被批斗，挨打呢？外面的武斗越来越厉害了。

"萤萤，我们去姥姥家住一段时间好吗？"

一天晚上妈妈问我，其实她已经做好了决定。

"好啊！"

我即刻回答。我很开心，我喜欢大连海边的姥姥家。我小时候几乎每年都去姥姥家玩。

沈阳造反派之间的斗争已经到了白热化的程度，全部乱套了，城市基本陷入无政府状态。爸爸在"牛棚"，妈妈计划带着我、燕燕、欣欣、云云去姥姥家躲一躲。燕燕那时候在体院整天迷着打排球，死活也不跟我们去大连。

"燕燕你还是跟我们一起去吧！"

"我不去！去了我没法打球了。"

妈妈求了她几次，有一次她们两个争执起来，妈妈把燕燕体工队发的衣服给撕坏了一角。燕燕气地拿了一件妈妈的衣服给撕成一条一条的了。她就是那个暴脾气，妈妈拿她一点办法也没有，只能带上哥哥，二姐和我走了。

我带了几本自己最喜欢的小人书，坐上了火车，奔往大连。到了大连我和妈妈住姥姥家，欣欣和云云住大姨家。姥姥家跟大姨家住得很近。每天我表姐秀洁过来陪我玩。姥姥和大姨家住的房子都是日式的，在新华街沙河口区。姥姥和大舅、舅妈住在一楼。里外屋两间房中间有个拉门，是红色的地板地。在大房间墙边还有个拉门上边有张床。拉门里可以放被子也可以睡人，被子褥子白天都叠得整整齐齐放在拉门里。拉门晚上拉开，把被子褥子拿出来，早上再把它们叠好放回去，整整齐齐的。白天可以在地板上坐着，中午铺上一条褥子可以小小地眯一觉。这个房子有前后院墙。前面的院墙还蛮高，但是可以爬上去跟小朋友坐着玩。家里用的是瓦斯煤气。后面的院子里姥姥种的有玉米，丰收的时候，每天早上姥姥会给我煮玉米吃，好甜好香！

姥姥行动不方便，但是在前后院走走还是可以的。因为她小的时候裹过小脚。晚上睡觉前她都要用淡盐水泡脚活血。平时我不太好意思看她的小脚，有一次我假装跟她聊天仔细地看了看，觉得好奇怪啊。除了大脚趾外，其他的脚趾头的骨头都折断了，被压在脚底下。几十年被踩在脚下，都是扁扁的，很可怜的样子。那脚用热水泡了后，有点红不刺啦的。脚背永远看起来好像是红肿的，像一个小馒头。很难想象，她小时候刚刚被折断时的疼痛。每一天把这些脚趾头踩在脚下会有多疼啊。并且小脚的人走起路来很不好掌握平衡，所以很容易摔跤。但是小脚也没有耽误她一辈子勤劳勤快，她从不闲着。多年后，她年纪大了，有一次她摔倒，骨盆摔碎，

姥姥在院子里的玉米地里

之后就无法再走路了，只能坐在床上。

"走，我们赶海去！"

有一天妈妈带着表姐秀洁和我，我们带上袋子、钩子和耙子就去了。到了海边我兴奋地把自己的脚浸入海里。那小小的浪带着沁凉的海水打到我的腿上，慢慢地双脚被沙子盖住了。我站在那里好久不愿意动。大连的海、礁石和沙滩好漂亮啊。这边妈妈和表姐忙得不得了。因为刚刚落潮，很大的一块沙滩露了出来，我们可以一直往里走得很远很远。秀洁姐拿着用粗铁丝做的耙子在沙滩上耙。我赶紧跑过去看，也学着在旁边耙。她很快就耙出蚬子来了，可我耙了半天什么都没有。

妈妈过来告诉我：

"你要看沙滩上有小泡泡的地方，在那里耙。那是蚬子呼气的地方。"

我就找小泡泡，你别说，真灵，我耙出蚬子了！我抬眼看去，秀洁在捞海菜，大小不同。落潮的时候很多海菜都留在海滩上了。我也跟着捡。哎呀，这东西绿绿的，滑溜溜的！当然最难的是挖海蛎子和海虹。海虹长在礁石的下面，而海蛎子长在礁石上。妈妈弯下腰，把手伸进礁石的下面，

萤萤（右一）和两个小朋友在大连

用手把海虹薅出来。秀洁呢，在那边用耙子撬海蛎子。我们忙了几个小时，大丰收，带着一箩筐的东西回了家。

我们进门姥姥正在看书。她从小就是一个读书人，每天是要读书看报的。我印象最深的是她那副四四方方的金丝边眼镜。她每次都是把它轻轻地从眼镜盒里拿出来看书，看完后再把它好好地放回去。

"姥姥，姥姥，你看我们赶海捞了这么多东西！"

我兴奋地给姥姥看。姥姥面带笑容每个袋子和箩筐都检查了一下。好丰盛啊！我们做了一桌海鲜。有凉拌的海苔丝，用花椒大料煮的两大盘子海虹和蚬子。妈妈把海蛎子用鸡蛋裹了一下，油炸出来好好吃啊！加上在路上买了一大盆"小菠萝"，是一种长在岩石上的小海螺。我们大家坐在那吃了一顿大餐！

一天晚上大舅放假回来探家。他也是被看管的对象。他带回来一条很奇怪的鱼，说是一个朋友送给他的。这条鱼扁扁的、大大的，长得有点像大大的、平平的蝙蝠。我猜想应该是我们现在所说的蝙蝠鱼。我们当时不

萤萤和小锁子

知道这个鱼是不应该被吃掉的，它是生态平衡里很重要的一个野生物种，目前已经很濒危了，但是那时候能吃到那种鱼觉得新鲜奇特。

我在姥姥家住得很高兴，还交了一个邻居的小朋友，叫小锁子。我很喜欢他，但不知为什么他老不笑！

鲅鱼馅的饺子

我们几乎每天都去看大姨。有一次看到云云、欣欣和两个表兄一起在帮着大姨织渔网呢。大姨看到我笑呵呵地说：

"你怎么还不长高点啊！？"

大姨永远都是面带笑容。

"大姐你好！"

妈妈打了声招呼，就开始忙活。大姨家的房子也有大拉门，并且有榻榻米。妈妈去了之后做的第一件事就是用木板子把拉门全给钉死了，把缝纫机什么也都放在里头。

她跟大姨说：

"哎呀大姐啊，这样不行啊，这些东西都得放起来，藏起来，不然他们抄家来都会给抄走的，或给砸坏了的。"

妈妈是在沈阳被抄家给吓坏了。吸取经验，不由分说帮着大姨把东西都给藏起来了。正好大姨夫也不在家，他也被关进"牛棚"了。大姨也不知道该怎么办，就任听我妈指挥了。接着，妈妈就进厨房帮忙去了。

"你吃过鲅鱼馅的饺子吗？"大姨问我。

"没吃过。"

这是我第一次吃鲅鱼馅的饺子。其实从来都没想过用鱼肉包饺子，太奢侈了！估计只有在海边生活的人才想得到用鱼肉包饺子。在沈阳包饺子都是用猪肉馅。但是我从小讨厌肉，所以对鱼肉馅的饺子更感兴趣。但我最喜欢的是新出锅的玉米面大饼子。一面在铁锅里烤得焦黄焦黄的，上面还冒着热气呢。大连本地的吃法是在大饼子上抹上那个绿色的臭豆腐乳，好臭，但是好好吃！

在大姨家享受了这么多好吃的后，妈妈本想自己回到姥姥家，把我放在大姨家住几天。秀洁姐本想转移我的视线，让妈妈偷偷地离开。她带着我出去遛弯，可是没想到，我一转眼看到妈妈要走，接着哭着喊着非要跟着妈妈，没办法，妈妈又带着我回到了姥姥家。一切都好好的，突然妈妈接到燕燕从沈阳来的电报，就匆匆忙忙地回沈阳了。

"好好听话啊，妈妈去去就回来！"

妈妈临走的时候跟我说，我呢也还高兴地留在大连。有姥姥，表姐表哥们，小朋友，有好吃的。我后来才知道是大姐燕燕来电报叫妈妈回去，是因为沈阳造反派武斗愈演愈烈到了白热化的程度。妈妈怕爸爸出事，赶紧回沈阳去了。

窃听器

可是我在姥姥家，这种安全感也很快就消失了。不久，姥姥家也被抄了。姥姥家来了一群"土匪"（叫他们土匪是因为他们的行为好像土匪一样）。记得那天一伙人突然闯进院子来。表姐秀洁（15岁）正在跟我玩，吓得不知道怎么办。姥姥耳背，不明白发生了什么事，急得左看右看。这些人进来什么也不说，没有任何解释。来了先是不问青红皂白，把我姥姥带走了，说要去"牛棚"。"又是'牛棚'！"我心里想着，"爸爸不是也被他们关进了'牛棚'吗？"同时我的老姨、大舅也都在他们各自的工作岗位上被带走了，都被关进了"牛棚"。我越想越生气，那时我5岁左右。

他们先把姥姥带走了，就开始在房子里到处乱翻。那房子走廊尽头是厨房，中间是一个走廊。他们把走廊中有一个柜子里面和房间拉门里面的东西全部翻掉到地上，这些"土匪"进去把柜门拉开，把所有叠得好好的被子褥子都给拉乱了！好像在找什么。后来才知道他们怀疑我姥姥偷听敌台，是台湾的特务，他们在翻找窃听器。

他们为什么会怀疑姥姥是台湾特务呢？是因为我的姥爷，1948年底经朋友举荐姥爷去台湾做生意，带了两身换洗衣服和一些零钱，本想快去快回的，但是去了不久，中国大陆和台湾的交通全部中断，他就被困在那了。头几年他一直努力想回大连，但一直回不来。哪里想得到这一困就是三十多年！过了几年后姥爷在那边安顿好了后，捎信来让姥姥带着孩子们一起

刘炽夫人柳春和母亲

萤萤 20 世纪 90 年代在加州和外祖父

经香港去台湾安家落户。可是姥姥是一个非常传统的母亲，她说如果所有的孩子们可以一起走，她会去，少一个她都不会动。那时候我的四姨、舅舅和小姨还在上学，我妈妈和三姨都已经参加革命开始工作，他们不愿意放弃工作搬去台湾。这件事也就这么搁下了。

姥爷一直住在台湾几十年，又是一切从零开始。但是他非常成功，他的建筑公司帮助建造了台湾的神学院、教堂等一百多所建筑。他成了一位基督徒。因为自己的孩子不在跟前，他援助了多位朋友的孩子和孤儿去美国读书。其中一位后来非常成功，她是永和豆浆的创始人。我 20 世纪 90 年代末在美国加州的圣荷西见到姥爷。

他搬去美国是希望过一个比较单纯的晚年。他还是一位无党派人士。每次他看到新闻里台湾当局开会，大家吵吵闹闹打成一团的时候，他会厌恶地跟我说：

"你看看这群政治小丑！"

我问他为什么那么多年没回国，他平静地跟我解释：

"我刚去台湾的时候，以为那种状态是暂时的，很快可以回大连。再后来以为你姥姥他们能来台湾与我团聚。但是几年后我慢慢失去了希望，以为这辈子也不会再见到自己的亲人了。悲伤之余，也只能接受现实。后来'文革'开始后就完全失去联系了，根本不知道他们是否还活着。"

就这样直到三十多年后的 20 世纪 80 年代，邓小平开放国门，姥爷先是邀请舅舅到香港与他会面了解情况，再邀请妈妈去日本见他，后来他从美国回来北京探望他三十多年没见的太太和子女。

我姥姥耳朵背，听力减退。"文革"前姥爷从台湾给姥姥带来了助听器，方便她跟其他人沟通。估计是有邻居看到我姥姥耳朵里戴了助听器，以为是窃听器，就打了小报告。我呢看他们这些"土匪"造反派这么横冲直撞的，心里气愤难忍。经过了沈阳的三次抄家，我算是比较有经验了，我骑到院墙上用刚刚学会的大连话骂他们：

20 世纪 80 年代外祖父从中国台湾回北京跟 5 个女儿合影

"逼养操的！混账王八蛋！"

我骂得正来劲，表姐秀洁赶紧跑过去拉我下来，跟我说赶紧闭嘴。那是我人生中第一次骂人，还是用大连话骂的，很带劲。但是现实很无奈，因为姥爷在台湾，属于家庭成分不好，那时候讲阶级斗争，我们这个阶级很糟糕，全家都受到了牵连，姥姥、大姨、舅舅、老姨全都进了"牛棚"，大舅在那待的时间最久，长达9个月。妈妈听说后，觉得大连姥姥家也不安全了，就接我们回到了沈阳。

柳春在日本

是我太淘气了吗？

回到沈阳，我们的日子没什么好的改变。那段时间有很多奇怪的事情发生。我真的不太明白为什么我们家的生活改变会这么大！我也不是很明白外面都在发生什么事。最伤心的是大娘要走了。她为什么要离开我？

"大娘是我太淘气了吗？"

"不是的。"

她面带忧伤和留恋。

"那为什么呢？你是太累了吗？我可以帮助你的。"

"不是的，孩子，没办法啊。我也不想离开你啊。"

她眼里含着泪。

"你不喜欢我了？谁给我做奶油加馒头和榨菜呢？谁背我去抓蜻蜓呢？"

我哭着问。大娘把我搂过去安慰我，我们一起抹眼泪。

那天晚上妈妈和大娘在那边说了很久很久的话，我慢慢把自己哭睡了。过了两天，妈妈和大姐送她去了火车站，眼泪汪汪地告了别。回来后爸爸和妈妈抱头痛哭。爸爸被从"牛棚"放回来探家。我从没见过爸爸哭得这么伤心过。大娘从燕燕 1 岁多的时候来到我们家，在我们家 16 年，把我们四个都带大了。她对我父母跟对自己的孩子一样，对我们像祖母对孙子孙女一样的疼爱。我们对她也像对祖母一样的尊敬。大家相处得那么和谐，实在是舍不得她走。爸爸妈妈更是担心她何去何从。妈妈说她去奔她的远方亲戚家了，并且搬得很远。一切都是因为爸爸被打成"走资派"，而"走资派"是不应该过着资本主义的生活。用保姆在那个时候绝对属于资本主义的生活方式，不应该有人伺候他们，所以是硬逼着她走的。那之后的一段时间里我常常梦见她。想到可能见不到她了，我很伤心。小小的我常常梦中哭醒。

1978 年我们全家再次回到北京。费了一番周折终于再次找到了她，那时候她在一个远亲的侄女家帮助他们带孩子。我们常常去看她。知道她最喜欢吃桃酥，喝茉莉花茶，每次去我们都给她带这些。她还是那样笑盈盈地，穿得还是那么简单、洁净、朴素。后来我去了美国上学，妈妈和哥哥姐姐再去看她，她已经躺在床上半瘫痪了。

爸爸妈妈商量：

"老人家伺候了一辈子别人，该是我们接她来我家养老了，现在她不能动了，我们伺候她。"

哥哥姐姐着手帮着给大娘办手续，但是传来噩耗她老人家走了。我在

欣欣、大娘、柳春、燕燕

美国听到这个消息，拿着她的照片，在琴房里哭得稀里哗啦，没有见到她最后一面我伤心至极。

为什么没人来接我？

　　大娘走后的那段时间爸爸妈妈也走了，他们被送去南湖"学习班"了，就是军宣队给辽宁省文艺界建立的"囚笼"。造反派对爸爸他们专政审查，隔三岔五被批斗，硬逼着他们交代罪行，承认自己没有做过的事。如"参加了特务组织""参加3K党"等一些根本毫无根据的事。不光自己要承认错误，更重要的是让他们揭发其他人，不承认、不揭发就没完没了地批斗。他们的残酷手法是要把你的精神彻底毁掉，逼得很多人最后随便乱承认自已参加了这个那个组织，乱揭发身边的人。但是偶尔也有跟他们搞智斗的。儿童艺术剧院的秦志远叔叔，被逼承认参加特务组织，没完没了地批斗，后来他答应写交代材料。根据这材料专案组派人到了新疆乌鲁木齐市，按照交代的地址查，当地人说，这地方是新中国成立后才修建的，新中国成立前是荒地，外调人只得返回。后来我们被下放到同一个村，刘萤叔叔问秦志远：

"你为什么说在新疆呢？"

"弄远点我能多消停几天！"

好嘛，外调的有兴而去，败兴而归。被管制的能松快一天是一天。

爸爸妈妈在"学习班"，大姐常常在体工队住着因为方便她练排球。欣欣和云云以及大院里的很多孩子，因为父母都不在跟前，就被集中起来去了"少年学习班"。而我也就被放在了托儿所，周末也没有人接我。但是我那时候小不知为什么就只有我一个人在那里，为什么把我一个人丢弃在空空荡荡的托儿所里。周末，我旁边一溜的小床都是空空的。那些孩子都去哪儿了？除了我还有另外一个小朋友在这个大房间，她在房间的另外一边，而我在这边。

傍晚那白不刺啦的灯光还在亮着，但是感觉很害怕。房间的边缘和四角有大的管子（我想应该是下水道管子或是暖气管子吧）。偶尔有深棕色的虫子爬来爬去，它们有很多的爪子，爬得很快。我常常盯着这些可怕的虫子，生怕它们爬到我的床上。偶尔透过窗子听到远处传来"嗷呜……嗷呜……"的叫声，应该是远处的狼在叫，听起来有点悲哀，瘆得慌。还好，偶尔幼儿园的阿姨进来看一眼。但是爸爸妈妈他们在哪呢儿？大娘呢？还有哥哥姐姐他们都在哪儿？

周一很多小朋友都回来了，我的心里踏实了很多。我最喜欢的是小朋友们一个挨着一个坐在小板凳上听阿姨说话，这个时候可以看到其他小朋友好开心。但最怕的是周末晚上一个人孤独的时候。那时候爸爸妈妈经常被发配到这里或那里的干校啊、学习班啊，一去就是几个星期，甚至几个月。

燕燕和莹莹

我一个人在托儿所的时间好像非常漫长……感觉被遗弃了，好伤心。只有偶尔大姐来接我回家，带我出去，还偷偷地给我买几块糖吃，但那也是很短的时间。

不知过了多久，爸爸妈妈才接我回家。只要他们回来了我就放心了。看到他们好高兴，他们好像瘦了、黑了，但是他们什么都没说。估计跟一个孩子也说不清楚。

"请大家留意了，很快我们给大家送来饭菜，请你把小桌准备好。"

我的思路被这突然而来的广播打断了。我看了看那飞机上的食物，真的一点胃口都没有，要了杯橘子汁，就又返回到记忆长河中去了。

第三章

到盘锦

爸爸原来在这里

爸爸又走了，我也不知道他去了什么地方。有一天很早很早，天还没亮，我睡眼惺忪地看见哥哥带着十几个同学来家里折腾。打包的，捆东西的，抬家具的。他们把家里的东西都抬到了楼下，然后来了一辆军队的大卡车，他们先把大件的钢琴、书柜、唱片柜、小圆桌等搬到了车上，后来是小件的行李，锅碗瓢盆，衣服等摆得高高的，满满地装了一卡车。他们默默地一句话都不说，只是在那埋着头干。奇怪的是不光是我们家，好像全楼，全院子的人都同时在搬家。在蒙蒙亮的黎明，几百号人不断地上楼下楼把自家的东西都装到了军队的大卡车上了，天也慢慢亮了起来。哥哥的朋友一个一个过来跟他告别，眼睛里含着泪花，但是大家一直是默默无语。哥哥爬上了大卡车，高高地坐在了那些家具和杂物的最上面，紧紧地裹上了大衣，脸上沉闷闷地压着卡车开走了。我心想："他去哪里啊？"

那是 1969 年秋冬，我们全家跟着辽宁人民艺术剧院十六大队一起下乡到盘锦地区各个农场办的"五七干校"。所谓"五七干校"，就是"文化大革命"期间，为了贯彻毛主席的《五七指示》，让干部接受贫下中农再教育，将党政机关干部、高等院校、文教科技战线的大批干部、教师、专家、文艺工作者等知识分子下放到农村，进行劳动锻炼。直到 1979 年 2 月，国务院正式发出《关于停办"五七"干校有关问题的通知》，各地"五七干校"才陆续停办。

十六大队的"五七战士"里面包括了辽宁省儿童剧院、歌舞团、辽南团、京剧团、评剧团的人，凡是辽宁省的艺术团体基本都包括在内了。在"五七战士"当中，有三种身份，一种是普通被下放的"五七战士"。第二种是被打倒的对象，被监督的"走资派""当权派""反革命""黑帮"。这些人是被造反派监管的，如我父亲、杨继武、牧虹、洛汀、白居、王一达、万籁天、白玲、秦志远、刘萤，还有家庭出身不好的如赵瑞章、朱雅芬等。第三种是原来的造反派，现在授命监管他人的。分配到我们大队的一位姓高的就是经常到十六大队一位姓王的那里去汇报动态的人。虽然大家现在都是"五七战士"，但不是所有人都是平等的。受管制的、受监督的照样被管制，被批斗的照样被批斗。我们家被送去盘锦向阳农场三道梁子大队第一小队。那个时候盘锦是一个非常贫穷的旱涝不收的盐碱地。

我、妈妈和二姐还有很多的叔叔阿姨和小朋友们上了大巴车。十六大队当时有大概三十几辆卡车和大巴，几百号人，一辆跟着一辆慢慢地开走了。那是我头一次坐这么大的大巴车。出了城，渐渐城市里的楼房消失了，秋冬的原野里空空荡荡，灰秃秃的，偶尔有几棵树呈现在眼前，树上已经没有了叶子。出了城，柏油马路就变成了乡下土路，坑坑洼洼颠簸不平。尘土被前面的汽车扬起来，后面看到的都是一溜溜的灰。这几十辆大巴、卡车扬起来的灰土很气派，从很远的地方都可以看得到。大巴咣当咣当左右摇摆，慢悠悠地开了很久很久。偶尔，前面一辆车停了下来，后面的大巴队就都停下来了。看到一个阿姨，下车上厕所，偶尔有人晕车下来呕吐。还有一次杨园叔叔家新买的缝纫机从大卡车上掉了下来……慢慢地，我挨着妈妈睡着了。

车从清晨一直晃荡到了下午时分，突然听到：

"啊呀，终于到了！"

我才醒来。看到站在窗外的竟是爸爸。

"爸爸，爸爸！"

我喊了出来。原来他在这里啊！

只看他肩上扛着一个锄头，裤腿挽着，头上戴了个草帽，腰间扎了一根绳子，一身农民的打扮。他怎么看起来那么瘦，那么黑呢！？他只跟我们招了招手，微笑了一下，就走了。我和妈妈转过身去，看着他走远。妈妈看着我满脸的问号说：

"爸爸现在必须去劳动。我们晚上再见。"

我担忧的心终于放了下来。

干打垒土坯房

我们到的时候"五七战士"的房子还没有盖好。村里一下子来了那么多人，老乡们得慢慢地帮着我们盖这些土坯房，所以临时安排我们住在老乡家里。因为爸爸是被管制的"走资派"，被安排在比较贫穷的老乡家。我们被安排在李大叔家。他们家里虽然非常拥挤，还是给我们腾出来一间房。他们一家四口挤到了右边的房间，我们全家被安排到左边这个屋子。因为实在是太小，我们的家具和钢琴肯定放不下，就临时放到学校去了。因为一间屋子实在是住不下我们一家五口人，哥哥被安排到村里最穷的雇农四号大叔家了。

东北的农村老乡们那时候住的都是干打垒土坯茅草房。虽然简陋，它的结构比较有意思也很聪明环保。房子的一头或中间是一个比较大一点的门，进去后相当于我们现在的门厅。门厅的一边是炉灶，一个土坯搭的四方的结构，比膝盖高点，有一个口可以烧柴火（干草、高粱秆子等）。四周有台子可以放碗啊碟子等，中间嵌入了一个圆圆的大铁锅，上面盖了一个大大的锅盖，蒸炒炸煮都可以。在门厅的左边和右边一边一个小门进去是居住的房间。土坯房有一个比较简单的木头结构，房子四周有几根重要的柱子支撑着上面的结构，房顶处有一根从东到西的比较粗的房梁，跟房梁连着的还有些细一些的木头檩子，它们的主要功能是支撑房顶。房顶是用比较粗的芦苇编织的席子铺在檩子上面，在芦苇席上面再糊上混凝土泥巴（*泥巴加甘草或麦秸*）。

屋里一半是土炕。炉灶连接着两个烟筒。一个在门厅的角上，而另一个是在房屋的最里面。土炕是土坯搭的，里面是空的烟道，经过整个土炕，一直通到第二个烟筒。为什么会有两个烟筒呢？冬天的时候，把第一个烟筒的出口堵住，让热气走土炕里的烟道到第二个烟筒出口，一边烧火煮饭，所有的热气就经过土炕的烟道，把土炕烧得热乎乎的。一举两得，做了饭，炕和屋里也都取了暖。夏天来的时候，只要把通往里屋的烟道口堵上，烟道和热气直接从炉灶的烟筒走掉了。炕是凉的，房间也是凉的。很聪明环保。就这样我们住进了土坯茅草房。土坯房的结构和材料都很简约，所以比较简陋，并且会常常出问题。我们刚来的那时候村里还没有通电，我们用的是柴油灯。

语言的杀伤力

李大叔家有两个孩子，大哥是瘸子，估计是小时候得小儿麻痹落下的后遗症。还有一个女孩跟我一般大。我们经常一块玩。有一天晚上我跟着一堆孩子玩耍，大家都嘲笑她大哥是瘸子，我也跟着叫"瘸子，瘸子"。

萤萤和李大叔的女儿

突然看见爸爸从屋里面冲了出来，拿着扫帚疙瘩，抓到我就揪着我打屁股，打完了他生气地说：

"不可以嘲笑别人，以后再也不可以这样叫了！你知不知道这有多么的不善良？知道吗？！"

我眼泪巴巴地说：

"知道了。"

爸爸拉着我去给大哥道了歉，看见大哥脸上受伤害的样子，我才意识到，语言有这么大的杀伤力。这是我一辈子唯一一次被爸爸打屁股。

他看起来不坏啊

下乡后不久爸爸妈妈就被安排去挖河修海门大坝。那时候东北的冬天冰天雪地真冷得能"冻掉下巴"。从三道梁子出发去挖大坝，要走很远。刘萤叔叔的儿子刘伟明回想起当时的寒冷，至今记忆犹新：

"之所以称为三道梁子，是因为到另外的村儿要穿过一个丘陵地段，像小山又不是山，在平原地区也并不多见，光秃秃的基本没有什么植被，偶然间有些黄鼠狼窜来窜去也算增添了几分生机。这条路是上中学和赶集的必经之路，也许是由此而命名的吧？记得有一次冬天下雪去上学，当经过这里时两个土丘之间形成了风口，虽然全副武装棉帽棉裤棉袄翻毛大头鞋……即便是所有的家当全武装上了，还是没有扛得住凛冽刺骨的寒风，那个冷呀，脸如刀割一般，感觉耳朵也不是自己的了，棉鞋也不管用，基本是蜷着脚趾头走路去的学校。第一次真正感觉学校真是太好了！"

我记得有时候吸气的时候，鼻孔好像要被冻在一起了，流出来的鼻涕马上就冻成了冰。

天还没亮妈妈就把我给弄起来，我还迷糊着，就被妈妈给裹了个严实，稀里糊涂地跟着爸爸妈妈走出了房门。冰天雪地里，几百个"五七战士"、老乡、知青从各个村里黑咕隆咚地从他们的土坯茅草屋缓缓地走了出来，捂得严严实实的从三道村往仙水胡家农场那边前行。大家都穿着长长的棉大衣，戴着厚厚的带护耳的棉帽子，两个护耳把两面脸都遮住了，帽带在下巴底下系好，这样脸就不会被那像数把小刀一样锋利的北风刺到。每个人都戴上厚厚的棉捂子（长手套），厚围巾在帽子的外面绕着脖子缠了几道，裹住脖子不让刺骨的寒风进到脖颈子里。在帽子和围巾中间只露出两只眼睛和一个鼻子。有的人连鼻子也给遮住了，但还能呼吸。就这样一行人在清晨的黑暗中前行，没什么人说话。

一眼望去，除了那三道梁子外，什么都没有，那些树干都是光秃秃的，整个大地荒凉而寂静，没有任何生命的迹象。只有那些缓缓移动，黑黢黢的几百号人，还有从人们嘴里哈出来的一些热气在冷空气中稍露白色片刻之后迅速消失。有的人围巾边上结了一些透明的小冰冻。偶尔有老乡们边走边互相低语嘀咕着：

"哎，听说那个老头（指我爸爸，他当时 48 岁的样子）好像是写电影音乐的。说他是'反革命'坏分子。"

另一个说：

"看他挺老实的，也挺肯干的，并且净干重活，看起来不那么坏啊。"

"你看他（爸爸）戴的那顶帽子非常的特殊。"

全队只有爸爸一个人戴着这种特殊的帽子。外面是人造革或皮的，有时候天稍微暖和一点儿，他会把两边遮脸的部分卷到脑后，翘着，看起来有点可笑。

翻　车

挖河修大坝在胡家农场那边，离我们村三道梁子还很远。有的小队坐着马车，并且还给大家早饭，而我们第一小队一切靠自己，并且是徒步。

好像走了很远很远，很长时间。天空慢慢有点亮了。我累了，不想再往前走，一屁股坐在了地上。没办法，爸爸妈妈轮流背上我往前走。终于到了目的地，大家把大衣都脱下来，为了更方便干活。妈妈怕我冷，就把我放在所有人脱下来的大衣堆里围得严严实实。我坐在高高的大衣堆上，只露出一个小脑袋。

　　这个海门坝很重要，是一条主干线，为了引上游辽河的水过来灌溉田地。为什么挖河呢？实际上就是修人工运河。因为整个盘锦都是退海平原，是盐碱地，平时种什么都颗粒无收。所以他们要把上游的水引过来，旱田改水田种水稻。这条主干线非常重要。所有的水都要从这个主干线通过像蜘蛛网一样的灌溉系统分布整个盘锦地区，这些分流会灌溉所有的水田。水坝修好后，每年经过一年的时间，干线的底下留存了很多的泥巴。每年的冬天都要把它们再次清出来，开春这条干线就又可以畅通无阻了。而当时这些活都是"五七战士"、知青和老乡们一起来干的。

　　我坐在大衣堆里远远地看他们干活。他们先拿钎子在地上打洞，往里面放炸药，把冰冻三尺的地先炸开，然后一部分人用刨子刨，把一大块一大块的冻土刨开。另外的人用筒锹用脚使劲插到冰冻的泥土里，一块一块地把它撅出来。然后把挖出来的这些冰冻的大块泥土用独轮车推到大坝的上面，那个坡很陡。我看见哥哥推着一个独轮车猛劲地往上推。身强力壮的是一个人推一辆独轮车。通常这些最重的活是年轻力壮的男劳动力干的。女的在旁边帮忙装车、拉车，或两个人一块推一辆车。二姐帮着另外一个阿姨在前面用一根绳往上拉。

　　爸爸因为是"走资派"，虽然年纪大，但是每次都给派最重的活。即便是在农村劳动的时候，那些造反派还要监管他。我看他一个人吃力地推着独轮车使足了力气往坡上推冻土块。因为是独轮车，他掌握不好平衡，胳膊上又没有那么大的力气，所以常常翻车。开始没人敢去帮他，他就一个人，把冻土块重新装好，再次往上推。后来村里心肠特别好的蔡九海大叔实在看不过去了，过去帮助爸爸，监管人员还不让他帮。蔡大叔根本不理他们，照样帮着爸爸。他是一辈子的贫下中农，他们也拿他没办法。他后来说：

　　"他们都说刘兄是坏人，我看他没坏心眼，没架子，并且实在肯干，不像有些人老偷懒。"

　　爸爸后来常常感慨地跟我说：

　　"闺女，你要记住，像蔡大叔这样的老百姓是最朴实、最善良的，他们的眼睛很亮。"

　　蔡大叔和我爸爸成了好朋友，他们一家都成了我们的好朋友。大叔家的儿子大山子哥哥跟我二姐一个班上学。我姐姐他们都参军了以后，他常常来我家帮着挑水，担起了像儿子一样的责任。我们全家从心底里感激蔡大叔一家人。爸爸从来没有觉得自己有什么特殊的。他一辈子没有架子，跟任何人都平等，所以老乡们都喜欢他。一开始不敢接近他，因为听说他是"反动派""走资派""黑帮"，但是了解他了以后，都把他当了朋友。他们后来就一起抽烟聊天一起干活。

　　中午休息的时候，老乡用大车拉来玉米面饼子和白菜汤，马车上的每

云云、萤萤于 20 世纪 90 年代回盘锦看望蔡九海大叔一家

个桶和盆的外面裹了大棉被保温。大家就坐在冰天雪地里吃几口温热的饭。河道挖好了，大坝建成了，水畅通地经过灌溉系统的各个分流流到一格一格的稻田地里，非常的可观。后来我跟学校的同学一起去学校的自留地里干活，中午休息上到大坝上吃饭很喜欢看那个景色。我们都是自己带了饭，渴了就拿刚吃完饭的铝饭盒到大坝里扪一些水来喝。仔细看看水里还有游动的小虫子。但是没办法太渴了，有虫子也得喝。那时候还是很幸运，没有生太多的病。

我也要搬冻块

一个冬天下来，哥哥的靴子底都给磨破了。村里的大队长、小队长都夸他，说他虽然是城里来的年轻人，但是非常的能干，一定要给他评一等工分。当时是人民公社，所有的活大家分担，能干的给高工分。工分是给劳动的人记的账，到年底看你挣了多少工分，合多少钱，去掉领口粮的钱以后多退少补。一等分是最高的。

"不！"

队长说：

"应该给他特等工分！"

但是到了后来，因为爸爸的"走资派"身份，还是只给了他二等工分。

虽然我在大衣堆里被无数个大衣围着，还是冻得直哆嗦！看到他们大人因为跑上跑下干活热得直出汗，我就从大衣堆里爬了出来。我跑到妈妈跟前说：

"我也要搬冻块！"

妈妈爸爸都乐了：

"好的，你拣小的搬吧。"

我就跟着大家后面拿起一小块的冻土把它搬到坡上去。还真灵，我干了一会儿就不冷了。为了争分夺秒，每天大家都是天不亮就起来。到了地里，刚好天亮。这活一直干到快天黑，再拖着疲惫的身子往家走，到了家已经是黑咕隆咚，全家人累得不亦乐乎。有时候我在回家的路上就睡着了。有时候哥哥姐姐不吃饭就睡下了。尤其是一开始从城里下来的这些艺术家，不习惯干这样的重活。而挖河修坝是非常繁重的劳动。回到家，妈妈心疼爸爸，让爸爸休息。因为爸爸总是被派给最重的活。偶尔有休息的时候，还要常常被批斗。即便"五七战士"都到了农村，没解放的"走资派"，管制的人觉得他们还是要经常被斗一斗的。在他们的眼里阶级斗争并没有结束。妈妈回到家要给全家人煮饭，烧水洗漱。她永远是家里第一个起来，最后一个睡，一辈子都是这样。

"红蓝绿"

这个时候大姐还在昌图下乡做"知识青年"，也就是知青或"小五七"。我们的村里也来了一些知青，他们跟我姐姐一样大，都是十八九岁的年轻人，从城里下乡的知识青年。他们有专门的人管理。妈妈非常心疼他们远离家人，常常多做点吃的给他们。虽然我们家日子也很苦，但毕竟比他们在知青点吃的大锅饭稍微好点。常来我家的几个年轻人中有一个叫宏来意，他最可爱。因为他的眼睛笑眯眯得像一道弯，脸上永远带着调皮的眼神。我也最喜欢他。他有时间就来我家玩，爸爸给他起名"红蓝绿"。他一来爸妈也都开心。爸爸教我们踢鸡毛毽子。爸爸踢得特别好，他可以跨过腿去从左边踢、右边踢，有时候踢得高高的，然后让它落在自己的脑门上，之后再让它落下来接着踢，这毽子从来不沾地。他太棒了！"红蓝绿"和我都跟着学，但是往脑门上这一动作太难了，老接不上。为了接这个毽子，我们的身体做出了各种奇怪姿势，每次都逗得大家哈哈笑。

有一天傍晚我们都到家了，突然传来噩耗，说是两个知青被修大坝的"哑炮"给炸死了。哑炮就是有些炮点完火以后没响，像哑巴。当时装置很落后，就是一根导火线，并且也不长。通常点火的人点完，要及时地跑开。所以一般都是年轻的去点火，因为他们腿脚伶俐，跑得快。但是有时候导火线可能受潮，着得慢点。有时候半路灭了，需要重新点燃。据说那天"红蓝绿"跟另外一个青年点完了火，大家等了有一会儿，没响。他们等不及了，过去看看，刚走到跟前就爆炸了。结果他们被崩得支离破碎。那是我第一次经历一个自己认识的人死亡，并且是几天前还一起吃饭闹着玩的一个可爱的大哥哥。他们被埋在了荒凉的三道梁子上。妈妈、爸爸和我那些天非常忧伤。爸妈替他们的父母悲哀，这么年轻就走了，并且他们的父母都在城里，孩子走了连最后一面都没见到。

五根手指，五条线

就这样时间慢慢地过去，大家也开始习惯了这样的劳动节奏。农村的日子季节性很强，什么季节干什么活，生活以农活为中心。因为季节不等人。学校在农忙的时候都停学，所有人必须帮助一起把农活干完。学校有自己的试验田"自留地"。但冬季挖大坝过后，就要过年了，会稍微闲下来些。

一天傍晚爸爸叫我：

"萤萤，你来，爸爸教你读五线谱好吗？"

"好的！"

我爽快地答应着。

妈妈顺手拿来了柴油灯，把它拧大一点，那微光稍微亮点。"文革"抄家的时候抄走了很多谱子，但是还剩下一小部分，下乡的时候都带了下来。爸爸顺手拿了Paderewski版本的肖邦练习曲。爸爸买的是全套，现在只剩下5本了，其他的都被抄家的时候给毁了。他把它放在炕上的小桌子上，拉着我坐在他的旁边，翻开第一首：

"你知道为什么叫五线谱吗？"

他看着我问。

"因为有 5 条线？"

我斜着眼睛看着他的脸。

"真是爸爸的聪明闺女！"

他眉开眼笑，接着说：

"这是高音谱号，这是低音谱号。"

我心想这谱号长得真漂亮，尤其是那高音谱号，弯弯地绕着圈子。他把左手张开，用右手指着它：

"你看，我们的手就是 5 条线。在高音谱号里，最低这条线上的音，他指了指自己的小拇指，它就是 E（咪）"。

就这样我开始学习五线谱和大小调式、五声音阶、音程、和弦。爸爸在那么艰苦的情况下还是没有忘记教自己的孩子音乐。

萤萤和爸爸刘炽在盘锦三道村

语言中的韵律美

我最喜欢的就是爸爸一边说一边唱。他那"公鸭嗓"非常好听。他说是因为当时在延安的时候一直不停地演唱秧歌剧，把嗓子给唱哑了。他的声音很富有情感的表达，无论什么音乐，只要他唱出来，一定是好听至极。尤其是他举例说明大小调的时候。他教我唱《一条大河波浪宽》（即《我的祖国》）和《风烟滚滚唱英雄》（即《英雄赞歌》）。他特别强调：

"首先，发声要自然，千万不要嗷嗷嗷的。"

他学有些人的西洋唱法，好像嘴里含了一个鸡蛋，什么都说不清。

"但也不要捏着鼻子唱歌，跟有人在屁股后面扎了一锥子似的。"

他模仿一些不太好的民歌唱法的发声法。他每次描述什么都是那么的形象而幽默，逗得我哈哈笑。

"要好好了解歌曲要表达的情感，乐句要连贯而有起伏，有些词要特别注意表达。要按照作曲家的指示去唱。我最不喜欢有些歌唱家乱拐，乱加。可惜《我的祖国》最后录音的时候我不在，不然我不会让你兰英阿姨在'艄公的号子'的号字上加那个过渡的 E（7）音的。以后你唱这首歌可不能随意乱加音，记住了啊！"

我点点头。他又让我唱了两遍，这才满意地点了点头，笑着说：

"真好，闺女！你以后学习任何一首歌，都要好好地大声朗读词，了解它的内部结构。一定要了解语言中的韵律和美，结合音乐中的旋律与和声的美一起把它诠释出来。但是最最重要的是唱歌要大方、朴实，抓住精华，唱出优美和健美，千万不要造作。"

他接着说：

"无论是作曲还是唱歌都是一个道理。我在创作《我的祖国》的时候，把全国最流行的十几首最受老百姓喜爱的歌曲收集来。"

"比如说……"他说着说着就开始唱那些民歌。

"你知道吗？爸爸当时把自己关在了家里，每天来回地唱、吹、唱。后来我在《卢沟问答》里开头的几个音里找到了'种子'。1216 5̇……我把它变成了1265 5̇……这第一个八度的大跳成全了我的'河'字的第二声，也就是扬声。"

他接着说：

"《一条大河》的词不是四四方方的，而是一个五句结构，这也是它的独特之处。可是怎样才能让它对称平衡呢？我是运用了我们中国古诗脚调配的规律，使这五句落成'起承转合'的关系。第四句词（听惯了艄公的号子）不让它舒展，而作为插入的过渡句，把结束感较强的乐句放在第五句的词上（看惯了船上的白帆），而这'船'字停在了降 B 音，也是 F 大调的附属音上，让听众有一个新鲜感、异常感，之后才回到主音。我把大调里的'发'用在了第五句的'船'字上，给了这首歌一个非常独特的转折。"

他说得兴高采烈，我听得似懂非懂。

他接着说：

"之所以人们演唱《一条大河》的时候都觉得它非常上口，是因为我一直在努力学习赵元任先生的语言学强调的中国语言中的美和韵律。我是一定要在音乐中表达出来。这么多年我一直坚持这个原则。所以你唱歌的时候一定要注重表达我们中国语言中特殊的韵律美。"

但是，他停顿了一下。

"有时候为了旋律的美，我也会选择'牺牲一下'四声，比如说：'岸上住'的'岸'就不是完全符合四声的发生规律，本来两个字都是第四声，但是这里的旋律我无法破坏。'听惯了艄公的号子'里的'听'字也不完全符合四声的要求。但是为了旋律的流畅和优美，我还是选择让它们作出了'小小的牺牲'！"

对他来讲这些音符和字句都是有生命的、有个性的，如果不尊重它们的规律和韵律，是要让它们"作出牺牲的"。

"当然了，副歌我用的是进行曲的处理方式，西方的大调和我们中国的五声调式结合在一起是很有意思的。"

他最后加了一句。

大小调

他讲得兴致勃勃，我听得聚精会神。他开始教我唱《英雄赞歌》。

"这首曲子爸爸选择用降 E 大调。这是个比较有英雄气概的调。贝多芬的《第三英雄交响曲》就是用的这个调。但是演唱这首歌曲的时候可是不能唱得硬邦邦的。这里表现的应该是抒情的优美的英雄主义。"

他开始唱 "风烟滚滚唱英雄……"他唱得好美，好抒情啊！他说：

"我对这首歌的首唱、空政文工团女高音的唱法就不是很满意。她那时候可能是唱毛主席诗词歌唱得多了，太豪迈了，根本不适合这首歌所要表达的情意，她太缺少女性的细腻和温柔了。这首歌要唱得优美、健美、抒情，当然不能扭捏造作，但也不能太男性，太阳刚了。"

他接着抒情地唱："四面青山侧耳听，侧耳听……"我入神地听他讲、听他唱，跟着一句一句地学。

"刚才爸爸给你举的例子都是大调的。现在给你介绍一个小调的歌好不好？"

"好啊！"

他把煤油灯往近拉了拉，我把两个胳膊肘子架在炕上的小桌子上，两手托着下巴继续全神贯注地听爸爸讲。他说：

"《让我们荡起双桨》这首曲子是 C 小调的，但是里面我用的是大小调和中国的五声音阶'啦'调的结合，你看这里，我在小调的基调上，第一句用小调的和声，第二句就用大调的色彩，而第四句我让它停留在 C 小调的关系大调的属和弦上，之后副歌马上又把它拉回到小调。"

我听得有点糊涂，他看着我满脸的问号，笑着说：

"以后等你学习过音乐理论就明白了。"

我跟着他学着唱，他唱一句，我唱一句。每次他都眉开眼笑地说：

"真聪明！"

爸爸说：

"你知道吗？这些歌都是大家特别喜欢的。你还没出生的时候，大家就都会唱这些歌了。"他脸上带着一种平静的骄傲。

"是的，你爸爸这些作品大家都爱。"妈妈加了一句。

"你知道吗？你出生那年的五一节，在天安门广场有五千个儿童一起唱这首歌。"

他的眼神好像飞到了另一个时空，有点怀旧的感觉。

"你能想象那个场面吗？ 那么多的孩子们一起唱！"

他停了停，仿佛又看到了那幅激动人心的画面，接着说：

刘炽于 20 世纪 50 年代带三个孩子在北海划船

1994 年萤萤回三道村照的蔡大叔家的水缸，跟以前一样，唯一的改变是不用去河里挑水了

"我最喜欢北京的绿树红墙，北海的白塔映在水里的情景。爸爸那时候周末常带你姐姐哥哥三个去划船。以后爸爸带你去北京，带你去北海划船，好吗？"

"好啊！"

他又回到了我们的土坯草房煤油灯的现实中。就这样，农闲的时候，我慢慢地开始跟爸爸一起，看看不同的乐谱，他教我读谱和一些基本的音乐理论，常常跟我讲些音乐的故事。有的我听懂了，有的我没听懂，但是都记在脑子里。爸爸说：

"等我们的房子盖好了，我们会把钢琴搬回来，你就可以开始学琴了，弹钢琴是做一个音乐家的基础，你一定好好学。先跟你妈学，然后爸爸给你找一个好老师。"

即便是在那个惊慌不定的年代，他还想着我的音乐教育。看完乐谱就该洗脸、洗脚、洗屁股睡觉了。我们家有好多不同的盆，洗脸、洗脚和洗屁股的盆都是分开的。我自己也有自己的几个盆，那时候我们每家都有一口大水缸，是陶的，外面稍稍发青绿色，缸口是棕黄色的。大概到成人的大腿跟那么高。水是要自己从河里用扁担两头挑着两个水桶一担一担挑回来，倒入大水缸里。妈妈在里面撒上白矾净化它，再放到锅里煮开了，灌入暖瓶里慢慢使用。我们都很节约用水，洗脸的水是一定要留着洗脚的，洗屁股的水当然另打了。洗完后，爸爸妈妈每天晚上睡前无论再累也是要看书的。后来报纸来了，他们是一定要看新闻的，哪怕是在煤油灯下。我呢，也早早就养成了睡前看书的习惯。脑子里回响着爸爸教的三首歌曲，我慢慢地进入了梦乡。

疼在我身上

来到乡下，哥哥就一直住在雇农四号大叔家。突然有一天他带回来一只狗。他是从邻村的一个人那弄来的，很可爱。但妈妈很不开心，因为又是一个需要喂养的生命。而妈妈已经常常发愁如何填饱我们的肚子，她把全家的生存重担担在了自己的肩上。刚去农村的时候爸爸妈妈没有了工资，几个月的时间什么钱都没有，只是靠着手里的一点点零钱和大队发的一点白菜和土豆生活。我爸妈多年一直没存过钱，虽然工资很高，但是由于慷慨，每月全部花光。按说工资是应当照发，但由于当时的状态，估计银行的领导也被下放了。其他的"五七战士"也是几个月后才拿到他们的工资。而我爸爸的工资其实是被造反派扣留了。那时候也没人跟他们沟通解释。

"估计我们的工资不会发了。以后怎么生活？"妈妈担心地问。

"只能靠我们自己的双手种地生存，跟农民一样。"爸爸回答。

他们做好了在那里扎根落户的准备，以为不会再发工资了。所以妈妈很不想再多一张吃饭的嘴。

那些没有工资的日子，能有玉米面的饼子吃，就很好了。还有的时候能吃上高粱米水饭。我们在城里的时候没吃过高粱米。东北老乡的习惯是把高粱米煮了后，泡到水里过水后，捞出来吃，叫高粱米水饭。

"妈妈我胃疼！"我跟妈妈说。

这高粱米水饭我们都吃不习惯，有时候很硬，吃多了消化不了。

"妈妈我的胃老泛酸水！"姐姐说。

有的时候我们只有土豆蘸点盐吃，吃了后也会常常胃酸，因为太多的碳水化合物。记得那时候我们的土坯房子角落里堆得都是土豆。

后来妈妈腌了一点黄豆和咸菜，那就是奢侈品了。我们时常会出去挖些"曲末菜"（东北的一种野菜）回来当作蔬菜吃。妈妈和上些玉米面和糠皮，弄在一起是一个菜团子。或者用开水煮一下，拌着吃。那时候偶尔有点粗面，能蒸几个馒头是非常宝贝的。

　　妈妈虽然不太高兴哥哥领回来一只狗，但是也没说什么。她知道哥哥一个人住在四号大叔家估计也很孤独，有个伴儿也好。但是有一次妈妈看见哥哥偷着喂馒头给他的狗，气得用脚踢了狗一下。馒头那时候是非常珍贵的食物，很少。有的时候妈妈能蒸上一锅粗面杂面馒头，放起来我们能吃上一段时间。哥哥非常生气，朝着妈妈说：

　　"你这一脚踢在狗身上，疼在我身上！以后我跟我的狗分我自己那一份粮食。"

　　一转头他带着狗就去了四号大叔家了。妈妈气得无话可说。我们做孩子的哪里体会得到妈妈的担忧啊。有时候，我也会偷偷地把自己的饼子或馒头塞给哥哥，给狗吃。很快这只狗就成了我们家庭的一员。妈妈虽然不喜

刘炽和虎子

欢，但是没办法。哥哥坚持，而我和爸爸都喜欢它。我们给它起了名字叫"虎子"。慢慢地我们才知道它本是一只退休的军犬，是德国黑背（牧羊犬），绝顶的聪明。它看家本事非常的高，看到人，它一点都不汪汪地叫着张扬。它会静静地趴在那儿，用两只眼睛紧紧地盯着你看你要干什么。如果有人要进院，可是要小心，它会一下子扑上去抓住你的裤腿，咬住不放的。

我们很幸运

几个月后所有人的工资发下来的时候，爸爸一多半的工资都被扣压了。因为他头上还"戴着5顶大帽子"：1. 顽固不化地走资本主义道路的"当权派"；2. 1957年的"漏网右派"；3. 死不改悔的资产阶级反动学术权威；4. 辽宁歌剧院黑色染缸的头号掌柜；5. 一贯现行"反革命"。工资由辽歌掌权的造反派"硬骨头"掌握，只给他每月30元的生活费，每个孩子给20元。我们家的生活费基本是靠妈妈一人的工资来承担。但是最困难的时候基本过去了。现在妈妈恢复了工资，虽然没有多余的，但日子也还能过得去。工资复发后，虽然还很困难，但是爸爸妈妈还是坚持给姥姥和奶奶每月寄去生活费。记得爸妈晚上悄悄地商量：

"我们可能不能像以前寄那么多给老人，但是还是每月寄去吧，他们也不容易的。"

除了姥姥和奶奶，还有爸爸妈妈的弟弟妹妹，他们也会常常做些支援。尽管如此，全家基本的生活没有太大的问题了。

爸爸那时候常跟我说：

"你吃饭，吃多少盛多少，盛在碗里的一定要吃完，一粒都不要浪费。看看那些老乡们一辈子都是脸朝地、背朝天，他们苦苦地干了一年的工分也没有多少钱。我们已经很幸运了。应该珍惜，应该知足。"

所以我到如今也还是保持了从不浪费食物的习惯。

　　我最喜欢的当然是夏天玉米下来的时候，每天可以吃到新鲜的玉米。有时候我们煮着吃。但我最喜欢的是烤的，是在锅灶下面煮饭烧败了的柴火堆里烤出来的玉米。妈妈会把整个的玉米带着几层皮一块放到火里。烤好后，把外面的几层皮一剥，里面嫩嫩的。有时候剥完皮，再把它放回去烤一烤，表面稍微有点焦，带点棕黄色，我细心地一行一行地把玉米粒用大拇指剥下来，一溜一溜地吃，特别的香！有时候我和爸爸比赛谁剥下来的玉米溜最长。我通常都打败他！我们也学会了在炉灶里烤土豆吃。尤其是新下来的土豆，烤出来焦黄焦黄的，蘸上盐比蒸的要好吃很多。爸爸最喜欢吃烤土豆。

男子汉

　　"刘大大！欣欣哥哥不舒服了，你快来看看吧！"

　　一天，村里的一个哥哥突然来喊。爸妈、大姐和我一并跑出去，到了外面他们踢球的地方。看到哥哥坐在地上两只手紧紧地捂着小肚子，头上大汗粒子吧嗒吧嗒地往下掉，脸上惨白。妈妈蹲下去问：

　　"怎么搞的，哪疼啊？"

　　旁边的哥哥说：

　　"我们正在踢球呢，他突然就疼成这样了。"

　　哥哥说他右边小肚子特别疼。爸爸让他把手拿开，看了一下位置，抬头问妈妈：

　　"会不会是阑尾炎啊？"

　　妈妈说：

　　"无论如何，赶紧带他去高升吧！"

　　那时候最近的卫生院在离我们村里有 20 里路左右的高升公社。高升还算不上是镇，我们叫公社，都是在盘山县管辖之内。但是高升是附近各个农场的重要生活中心，比一般的村子要大，由比较大的村子发展而成。重要的本地政府机关、卫生院、学校、车站、邮局，还有些商铺子都在公社上。平时打酱油什么的都是爸爸骑自行车去离我们十来里路的三棵树村买。三棵树是向阳农场场部所在地，比我们三道梁子大一点。只有偶尔去 20 多里路的高升公社赶集，买些平时村里买不到的东西。每次赶集都是搭老乡的马车。有一次我还骑着小毛驴去的。

　　妈妈让大姐赶快去哥哥的朋友大黑哥家去叫门。他的父亲是车把式，而大黑哥跟我哥上同一年级，也是好朋友。大黑哥的爸爸赶紧套上车，妈妈和大姐陪着哥哥赶去高升卫生院。那个时候道路上没有路灯，都是黑咕隆咚，一般没有人在黑夜行路，很危险，因为什么都看不到，基本是"瞎子过河"。但是大黑哥的爸爸路很熟，是个赶车的好把式，车赶得飞快。半夜时分赶到了卫生院，被"赤脚医生"诊断为急性阑尾炎。医生说看疼的样子估计是快穿孔了，需要尽快手术。可是卫生院平时就是看个感冒发烧什么的小病，要动手术，连最简单的消毒锅都没有。有人建议送哥哥去离高升 60 多里路的盘山县医院。但是欣欣已经疼得浑身大汗，临近虚脱，不易再坐大车晃荡几十里路到县医院。那时候没有柏油路，都是农村的土路，被雨水冲得坑坑洼洼很颠簸。再加上黑灯瞎火的，必须等到天亮了才能走。他们急忙打电话向县医院求救。第二天一早一辆卡车送来了消毒锅。

　　他们赶紧准备做手术。这里没有传统的麻醉系统和麻醉师。没有麻醉这手术也得做啊，穿孔会有生命危险。那时候他们刚刚开始试验针刺麻醉（针灸麻醉），他也就成

莹莹和妈妈柳春赶集归来

了一个试验品。针刺麻醉是用不同长度的针，通过不同的穴位，用针灸穴位的原理连在一起，起到麻木神经的作用，让病人免去疼痛。妈妈和姐姐在手术室外焦急地等待，只听见欣欣在里面嗷嗷叫：

"你想疼死我啊？怎么不给我打麻药？！×××××"

针刺麻醉效果不好。大姐燕燕趴在门缝里想看看里面的情况，但是什么也看不见。手术进行了 3 个半小时。阑尾手术要把肚皮一层一层地割开，皮、皮下脂肪、肌肉、筋膜，还有腹膜。之后用拉钩拉开到里面去找阑尾。里面时不时传来欣欣的叫喊骂声：

"××××××××……"

他把所有天下难听的话都骂尽了，为了缓解疼痛。四个大小伙子硬按着他把阑尾切除了。最后一层一层地缝也是需要时间的。尤其是这里的医生没有什么经验。因为针刺麻醉效果不好，基本就是生割啊！开刀不打麻药，不知他是怎么挺过来的。手术后，医生跟哥哥说：

"你小子是个男子汉！"

哪把壶不开，提哪把壶

哥哥住院恢复，爸爸、姐姐必须要去地里干活，妈妈每天要去看哥哥给他送些东西吃。那时候医院没有食堂，没有冰箱，吃饭要自己解决。可是那时候唯一的交通工具就是自行车。大队的马车除非有重要的急事可以用，其他的要自己解决。爸爸就赶紧教妈妈骑自行车。爸爸先教她溜车，但是妈妈怎么也搞不好平衡。每次一定会摔倒，有的时候把手和腿都给挫伤了，我们看得很心疼，也觉得很好笑，那右脚怎么也跨不过去。很奇怪，一个舞蹈家，平时身体平衡和协调巨棒的她，不知为什么就是学不会骑自行车。爸爸在一旁扶着她，我呢，跟在后面拉着座位后面的后架子，帮着她保持着平衡。我们两个人扶着她坐好，她开始蹬车，感觉她开始找到平衡的时候，我们慢慢地放开手。每次她歪歪扭扭骑着骑着就朝着路边的一棵树去了，嘴里说着：

"啊呀，我要撞树了，我要撞……"

咣当，就撞上了。后来她毅然决定不学溜车了，直接站着把右脚跨过去，骑在自行车上，生生地骑着就走了。就这样折腾了一下午，她第二天就开始骑自行车去高升了。不知她在这二十来里路上摔过多少次？为了保护做好的饭和菜，临走前都是包了捆了好几层，摔也摔不坏。妈妈为了儿子每天能吃上饭，什么都挡不住她！

那些日子妈妈每天一早煮好大家的饭，然后带上饭送给哥哥，看看他，接着骑回来煮我们要吃的晚饭。那一个来回就是 40 多里坑坑洼洼的土路啊，即便是骑自行车技术很棒的人，也不是一件容易的事。更不用说妈妈的自行车技术是歪歪扭扭地将将能把车骑走罢了。她每天回到家的时候常常是腿上青一块紫一块的，衣服上也都是土，有时候裤子还有窟窿。

有一天爸爸从地里回来得比较早，问我：

"萤萤，妈妈回来了吗？"

"还没有。"

"妈妈最近很辛苦每天给哥哥送饭，咱们今天帮她煮好饭好不好？"

"好啊！"

爸爸去河里挑了两担水，倒进大缸里，撒了少量白帆。接着他用小钢盆，用漂好的水把米淘了 3 遍，在大铁锅里放了点水，把小钢盆放了进去，把大锅盖盖上。我帮着烧火，把饭做了。妈妈终于回来了，一脸的土，估计摔过好几次吧！爸爸特别想让她开心一点，高兴地报告：

"柳春，我们把饭做好了！"

妈妈真的脸上有了半信不信而又带着些感激的笑容：

"那太好了，我们可以早点吃饭。"

爸爸带她到锅台边，兴奋地掀开了锅盖。我也跟在后面，闻到一股较重的烟味从里面飘了出来。妈妈一看就乐了！眯着眼睛看着爸爸说：

"你这米里放水了吗？"

"我锅里放水了啊！"

妈妈笑着说：

"你这个傻瓜，大锅里，米盆里都得放水！"

我一看可不，这小钢盆里的米稍露黄色。锅里的水放得也不足，盆里没放水，米是一粒一粒的，半夹生，根本不成米饭，有点像烤出来的。这时大姐和二姐也回来了。我们大家都开爸爸的玩笑说他只会"理论做饭"。

妈妈说：

"没事的，改天把它们做成酒酿吧。"

我心想，哦，还能做成"酒酿"？

这段故事成了我们家庭生活中的佳话。每次爸爸开始跟朋友聊大天理论烹调的时候，我们就会拿出这段故事来扫他的兴。他也不介意，哈哈一笑说：

"怎么你们又来揭发我啊，怎么哪壶不开，提哪壶呢？"

那时候大家也不知道做了手术后要很快下地走。哥哥在医院躺着恢复。估计那3个半小时的生拉硬割真的伤了元气，刚做完手术不能翻身，他们就把青霉素打在了胳膊上，据说也比较疼。最后他落下了肠粘连，跟妈妈一样。其实妈妈的肠粘连也挺厉害，因为她是在一次去西藏考察的时候，阑尾炎突然犯了，在煤油灯下做的手术。而我呢，是多年后在北京做的阑尾手术，是北京协和医院的主任做的，15分钟就做完了，也是用的针刺麻醉。

东北的烧饭锅

但是这时候的针刺麻醉已经效果很好了。最后缝合的时候打了一点本地麻醉。所以出来的时候没有任何呕吐，并且比那些打了传统麻醉的病人恢复得都快。这都是后话了。

哥哥终于恢复了，妈妈也不用再受自行车的折磨了，一切恢复正常。

琴马行

一波未平一波又来。有一天雨下得蛮大，哥哥被安排跟一个姓蔡的（**新中国成立前是地主**）一起值夜班看护水渠，开闸放水。那时候怕坏人搞破坏，夜里需要有人值班，看闸，定时放水。尤其是雨季更是要及时放水。他值了一夜的班，一大清早回到家。虽然穿了雨衣，但还是浑身湿得透透的。妈妈已经起来赶紧让他换上干衣服，给他倒了热水喝，开始弄早饭给我们吃。饭还没吃，民兵村干部和保卫组不由分说地把哥哥给"逮"走了。说他搞破坏，要审讯他。

原来，头一天夜里他们去开闸放水的时候，两个人冒着大雨，黑咕隆咚地去开水闸阀门，弄错了方向，两个人都没有经验，费了九牛二虎之力，结果把闸口生生地给拧弯了，他们自己还糊里糊涂。来调查的人不问青红皂白，说哥哥是"黑帮"子弟跟"地富反坏右"联合搞破坏，把这件事当成了阶级斗争的新动向。我哥哥不是一个怕事的年轻人。他跟他们讲道理分析解释为什么发生了那件事。村里的几个"五七战士"也帮他说了些好话，觉得他们有欺负"五七战士"子女的倾向。他们终于放了他回家，但是那个姓蔡的地主被"逮"走了。不知他最后的下场是什么，估计很惨。

这件事发生后，爸爸跟妈妈商量：

"咱们想办法让欣欣尽早离开农村吧。他（1970 年）已经高中毕业了，待在农村有什么前途呢？并且这样下去可能会经常惹出问题来的。"

"我同意。但是现在没有什么太多的机会啊。能去哪儿呢？看看能不能送他去当兵吧？"

哥哥呢也毅然决定离开三道村，离开爸爸妈妈，离开家去当兵。爸爸想方设法通过北京的朋友找到了新疆的一个老战友。当时刚好新疆军区文工团招人，而他的小提琴，虽然"文革"一开始就放弃了，因为"走资派"的儿女不能继续学习洋鬼子的乐器，他就开始学习各种民族乐器，但毕竟功底蛮好的，他13岁的时候就参加过辽歌乐队的排练演出。几年过去了，他的琴也还没有完全荒废掉。水闸事件后不到两个月，他就奔去新疆报考文工团。

临走前爸爸说：

"你去新疆，除了好好拉琴，争取机会学习《十二木卡姆》和那里多种民族的民歌，那里的音乐太丰富了。我50年代去的时候受益匪浅，很怀念那个时候。"

爸爸眼里充满了期待和回忆。

"嗯，一定。"哥哥非常肯定地答复爸爸。

那时候爸爸的工资还没有恢复，家里还蛮拮据的。加上每月都给姥姥和奶奶寄钱，没有多余的钱。爸爸妈妈只能给他从盘锦到北京的路费。他带上了自己心爱的小提琴，想搭老乡的大车去离我们60多里路的盘山，可是等了半天，有的不往盘锦走，有的根本不拉人。等了有个把小时，终于碰到了一位热爱音乐的赶车老乡，他把大车停了下来，眯着眼睛看哥哥肩上背着个盒子（提琴盒子），以为是中国的乐器二胡，就说：

"你给我拉胡胡，我就送你到盘山。"

哥哥欣然答应。一路上马蹄声伴着悠扬的琴声，旋律被左晃右晃上下颠簸的大车弄得不成个调调。欣欣的手臂拉酸了，老乡挥舞着长鞭，就这样一番充满了情调的琴马行在盘锦的大地上上演。

欣欣到了北京，去找了爸爸的老朋友曾莹阿姨和刘大礼叔叔。他们慷慨地伸出了援助之手，出钱给欣欣买了火车票，把欣欣送到了西安。西安是爸爸的老家，两个叔叔都在。虽然三叔刘烽（当时是西安市歌舞团的团长）和三婶刘燕萍（陕西省歌舞剧院歌剧团的团长），也都靠边站，被"打倒"了，但毕竟西北这边的认识人多。叔婶们帮着欣欣和堂哥翔翔买了火车票一起去了新疆。到了新疆，爸爸的老战友介绍他们去军区文工团面试，当时就被录取了。就这样，他们哥俩一个拉琴，一个吹单簧管参了军。

　　估计是有人打了小报告，没想到哥哥当兵不到两个月，"五七干校"十六大队知道了"雨夜水闸事件"后，竟然派专人去新疆，要把他押送回农村，接受审讯，说他潜逃。有些人为了搞阶级斗争，为了整人，真是不怕千里万里地花费精力去抓人。怎知军队不吃这一套，军队有自己的法律法规。文工团保护他，不放他回去，那调查的人只好空手回来。但是由于这个调查，军区文工团无法给他转正领取正式的领章帽徽，没办法，哥哥当了几个月的"黑兵"。后来终于转了正，成了正式的军人。他这一走就是 10 年，其间不远千里地回来看过我们两次。

小丸子，还是小馒头

　　大姐在哥哥走前就调回了三道村，终于跟我们全家团聚了。她是 1968 届的高中毕业生，属于第一批知青被下放到辽宁省昌图县。1969 年我们全家下到盘锦后，她跟昌图那边领导说希望调回来跟全家人在一起。领导批准她回来了。哥哥一走，家里像担水这样的重活就落到了大姐的身上。平时云云和我要上学也帮不上什么忙。

　　她那时候也不过才 19 岁，个子高（1 米 75），力气大，又是搞体育的，她比男孩还能干。白天要到地里干活，回到家就接着干活。家里六口人的衣服、床单、枕巾、被套也是她洗。那时候的衣服都是一件一件在搓衣板上搓着洗出来的，然后放到院子里的绳子上晾干。妈妈特别爱干净，有时候还嫌大姐洗得不干净，还要洗第二遍。在搓衣板上有时候她的手都磨出了泡。大冬天也没有热水，每星期都看见她坐在小板凳上，大盆里一堆衣服，她一件一件拿出来，放在搓板上，打上肥皂，搓呀搓的，冻得手红红的。姐姐回来后就开始在大队里干最重的活，她在村里是有名的能干。队长都说要给她特等工分，但是跟哥哥一样，到了最后还是因为爸爸的关系给评了二等工分。

一次过节她帮妈妈做晚饭，做的是酸菜粉丝丸子汤，大家都期待着这顿好吃的。她兴奋地把大锅掀开一看，那丸子长得都跟小馒头那么大。

"哎，怎么回事啊！？"她问道。

"你是不是放了小苏打啊？"妈妈问。

"没有啊，我放的是淀粉啊！只是要把丸子团住啊。"

"哦，我那天清理的时候把淀粉和小苏打的瓶子给换了个位置。"妈妈乐了。

"你换了地方也不告诉我！"

本想也许汤还能喝？她汤里放了好多调料，可是尝了一下什么味儿都没有，还直冒沫子，妈妈告诉她小苏打和酸菜，酸碱中和，就什么味儿都没有了。结果一锅汤全倒厕所了。搞得大家哈哈大笑。爸爸叫她"马大哈"，妈妈说她是"傻大姐"。妈妈赶紧想办法做点别的给我们吃。

"投向修正主义的一颗炮弹"

不过我这个"傻大姐"非常心疼我这个小妹妹。那时候农村每个学期要求每个学生交20斤干草，50斤粪，干草留着冬天喂牲口，粪的用处比较多，一是可以用来堆肥，上庄稼，干粪也可以用来烧火做饭。所以上学的时候，每个学生都是一边背着书包，一边背着粪筐。我小时候人小，个子矮，那粪筐差不多快要拖在地上了，里面装了粪就更沉了。我每天上学边走边捡粪。眼睛老是盯着路上看有没有牛马的粪便。老乡的孩子们非常聪明，他们通常上学也比较晚。我同班的同学通常是9—10岁的孩子，他们对村里的事了如指掌，知道牛、马从哪里过，他们一早就到这些地方把最新鲜的，也是最出分量的粪便都捡走了。而我这个矮小的城里来的孩子根本不知道如何能完成这些任务，完不成在学校里被笑话，常常回家眼泪叭嚓的。姐姐看着我可怜，就帮着我捡粪，割草晒干了，大姐帮我交上去完成任务。

　　我二姐云云和其他"五七战士"的孩子们——伟明、大华、小秋、小慧、贸贸、茜茜、小溪、娃娃他们也是要捡粪的。伟明还记得他们第一次干农活就是冬天到野外拾牛粪。出发前学校还请了公社代表来做总动员，代表是一位满脸皱纹的老太太。但是有点儿口才，她不用文稿，慷慨激昂，像打了鸡血一样。发言大概是 30 分钟，讲的内容记得不大清楚了，口音也听不大懂，但其中有一句话至今却记忆犹新，就是：

　　"只要捡到一块牛粪那就是射向苏修帝国主义的一颗炮弹！"

　　煽情效果不错，学生们都摩拳擦掌，群情激愤。在野外背着长柄柳条筐，拿着差不多和他一样高的铁锹，寻找带有政治色彩的"炮弹"，可是，僧多粥少资源稀缺呀，此刻的"炮弹"就更显得珍贵，眼睛都觉得不够用

刘炽、柳春和三个女儿在三道村家前

了，每当抢到一块，特别满足得意和自豪。收获还算不错，一上午他捡到 5
颗"炮弹"！

一望无际的垄

因为季节不等人。农村里农活第一，上学第二。记得摘棉花的时候很
累。每人一个大围裙围在身前，一共两层，一层紧紧地系在腰上，另一层
松松地系着，这样就形成了一个兜兜，摘下来的棉花就放进去。兜兜满了，
就拿到地头的大车里，倒空，再回去摘。那雪白的棉花软软的抓在手里很
暖和，有时候拿着舍不得放下，摘了一大兜也不沉。但那一垄一垄的庄稼，
好像有一里长，我人小，摘得也慢，每次都落在同学的后面。

掰玉米的时候也是一样，那地垄可长了，好像一望无际。还好一个同
班的小哥哥（上学晚 9 岁才上一年级），他长得高高的、壮壮的，每次很
快就做完了，回过头来就帮我做。他每次都给我一个微笑，我心里很感激。
他还教我找乌玉米来吃。

那时候没有手纸，我们解大便通常都用报纸或草纸擦屁股。我的女同
学教我如何用玉米秆擦屁股。先把一根细一点的玉米秆从中间扒开，然后
把边上锋利的边去掉，不然会把屁股割破的，里面露出软一些的瓤子，用
它来刮掉余下的粪屎，算是"擦了屁股"。在地里干活一整天的时候，这
一招还蛮管用的。

农闲的时候非常开心，我们有很多的时间看书、发呆、做白日梦。过
了一段时间来电了，大家都好兴奋。煤油灯的时代终于过去了。刚来电的
时候，有一位老乡跟小秋她妈说：

"这还得感谢你们'五七大军'哪！否则哪年来电还说不准呢呀！"

中国的老百姓那时候在农村的生活真的很苦。

神奇的力量

每个家里通过那到处漏风的土坯墙，拉进来一条线，挂上了一个电灯泡。屋子里一下子明亮了很多，看书读乐谱更加方便了。最兴奋的是爸爸把我们家苏联产的短波收音机连接好了。我们终于可以开始偷偷地晚上听收音机了。通常都是等到晚上夜深人静了，爸爸说：

"萤萤你过来！"

他把那台短波收音机打开，声音放到很小，他一点一点地拧那个扭，慢慢地找音乐台。我们把耳朵凑近了收音机，生怕别人听到。如果被发现，爸爸又要被批斗了！

有一次三姨妈从北京寄来一斤水果糖，我带到学校去跟小朋友们分着吃，结果有人打小报告。"五七大队"来人拉爸爸去斗了一顿，说是他教唆自己的子女腐败老百姓的孩子。妈妈说：

"你大方慷慨是好事，但是现在别人会误会你爸爸，你还是留着自己吃吧。"

这之后偶尔寄来的糖果，我就自己偷偷地在家里吃了，不再拿到外面去嘚瑟了。很想跟那个帮我的小哥哥分享我的水果糖，但是想了又想，不能给爸爸找麻烦，还是算了吧。

我们开始找音乐台。有一天晚上我们找着找着，突然听到一个童声合唱团天使般的声音飘了进来。那声音轻轻地飘荡在我们的小土屋里，那和声太美了，声音像是从天外飘来的神奇的天使，立刻把我的心神带到了一个美妙的地方。Ave Maria……我和爸爸屏住了呼吸。听完后，收音机里说出了一些外国话。

爸爸说这应该是韩国台：

"他们说的都是前轱辘不转后轱辘转的话。"

逗得我嘿嘿地笑。

"这首曲子是巴赫古诺的《圣母玛利亚》。"他说：

"巴赫先写的这首前奏曲，后来古诺加上了旋律。以后你学琴的时候，爸爸教你这首钢琴曲。"

我神奇地看着爸爸，他怎么什么都知道！？连外国收音机里传出来的音乐他都能叫出名字来。那个声音在我的脑海里环绕了很久很久。有时候睡梦中也听得到它。每次在脑海里听到这个音乐，都会让我心神飘荡。那音乐好像有一种神奇的力量，能把我整个人带到天空里去游荡。

有一天晚上我和妈妈爸爸在房间里各自看着自己的书，突然不知怎么回事，电线突然着起了火。我在炕上眼看着那电线上发起一点小火，然后开始蔓延，火越烧越大。爸爸赶紧站了起来，伸手就要去扑火，让眼疾手快的妈妈一把给拉住了：

"你不要命了！"

妈妈说着拿起了笤帚跑到外屋的水缸那舀了一瓢水，浇在了上面，跑回房间，用笤帚打灭了火。第二天找来了电工重新拉了一条电线进屋。好危险啊！

你别动

水稻的种植春天是从翻地、灌水、育苗、插秧、薅草开始的，之后慢慢等它长高，直到一穗一穗的稻米长成，变得金黄，弯弯地垂向土地，好像要直接扎进去一样。那时候就该割稻子、打稻子、磨米，这才完成从种植到吃大米的整个周期。插秧的时候，所有人都到地里干活，学生也不例外。再说我们学校也有自己的试验田自留地。后来听说这些试验田里师生一起辛苦种出来的稻米被一些老师私分了，让很多"五七战士"的孩子非常愤慨。插秧的时候，那水一般在成人的膝盖下，但是我个子小，弯个腰把手里的秧插到泥土里，屁股基本上是全天浸在水里的，穿的小靴子也是灌满了水。

我最害怕的是每一次插完秧出来腿上都吸满了蚂蟥。它是一种软软的生物，生活在稻田里。它也叫吸血虫，学名水蛭。那时候老乡中传说很久以前有很多人得血吸虫病，说是在稻田里插秧的时候被它咬了后得的这种病。最后这种虫卵在体内繁殖，弄得人肚子大大的，听起来非常恐怖。但是没有人能说清楚是怎么被传染的，是否是被这种水蛭咬过后传染的。所以我每次看到它们吸在我的腿上肉乎乎、黑乎乎的、软软的，吸得紧紧的，怕得要死，怎么弄都弄不出来，吓得我直想哭。旁边的小朋友说：

"你使劲拍大腿就能拍出来！"

我使劲地拍了很久很久，腿和手都拍红了，它们也不出来。后来来了一个老乡大叔，拿了一把镰刀。我也不知道他拿镰刀干吗。

"你别动！"

他说着就用飞快的镰刀在我的腿上很快地从下到上一刮，所有吸血虫被切成了一半，外面的一半掉到了地上，里面的一半慢慢也出来了，鲜血稀里哗啦地流了满腿。我心里扑腾扑腾的。但慢慢地也就习惯了，每次都是去找老乡大叔帮忙把它们刮出来。想起来就很血腥。

今夜无人入睡

我们的生活变得越来越好，这之后"五七战士"的干打垒房子也都盖好了。我们都搬到了新房子，里面都有电灯，每一趟房一共四家。我们家在靠村里的大水泡子最近的地方，有前后院，能自己种菜、养鸡。傍晚的时候我家的猫会到岸边耐心地等待，它趴在那一动不动，眼睛紧盯着水，全神贯注着很长时间。突然以闪电一般的速度，一爪子就抓上来一条鱼！那鱼扑棱扑棱地上下翻滚，为了自己的生命努力地挣脱，但是猫已经用嘴牢牢把它咬住了，叼着跑到一个安静的地方慢慢地美餐。

我们家有三个房间。进门的那间房子是厨房加门厅，里面除了炉灶，也放了些柜子放锅碗瓢盆和餐具，以及洗漱用品、暖瓶等等。从那里进去后有两间屋子，大一点的外屋和小一点的里屋。但是实际是连着的一个大屋子，炕也是连着的，只是中间拉了一个帘子而已。我们的小桌就放在外屋的炕上，客人来了就坐在炕上。底下有一个小圆桌，也有两个凳子，也可以坐人。爸爸就常常坐在那上面写东西。我家存放在学校里的捷克钢琴给搬了回来，一开始就放在外屋炕的对面，还有唱片柜和书柜等也都拿了回来。爸爸妈妈私下托人去申请，慢慢把一些"文革"初期被抄走的，放在没有人过问的杂物房里的落满了灰的唱片、谱子和书，悄悄地要了回来。反正也没人要这些东西，他们也不愿意再管了，就还给了我们。

这下可好了，这些"五七战士"都开始串门了。艺术家就是艺术家，再艰苦的情况下也还是对艺术热衷。那时候村里只有两家有钢琴，杨园叔叔和丁华阿姨家，还有就是我们家。我爸爸那有名的 "刘热闹"又开始"会客"了。丁华阿姨心脏一直不太好，很怕吵，所以我们家自然成了村里的娱乐中心了。

大家搬进了新家都很开心，工资也发了下来，手头也比较宽松了，几乎每天都有叔叔阿姨来我们家唱歌、吃饭、聊天、喝酒。村里有两个不错的歌唱家，一个是女高音章之宝，另一个是我最最钦佩的赵瑞章叔叔。他能唱，还能给自己和他人即兴弹伴奏。他高高的个子，瘦瘦的健康体格。头发微微带弯。风度翩翩，非常的英俊。在不同的时间来的还有杨园叔叔、李兆环叔叔、罗福兰阿姨、朱雅芬阿姨、许直叔叔、白玲阿姨、白居阿姨和洛汀伯伯一家、杨成瑞阿姨、宋保林叔叔、王秋颖叔叔、王一达伯伯等。每次大家一来，爸爸妈妈就赶紧招呼大家屋里坐。

我跟爸爸静静地坐在炕沿上，听赵瑞章叔叔用意大利发声法演唱的抒情男高音，那么清脆、透彻而自然。其他人有围在钢琴左右的，有坐在炕上的、地上小桌旁的。小孩子坐在炕里头。我们有说有笑，有了自己的房子，加上有了音乐，也熟悉了农村的生活，大家都欢天喜地的。

　　我看赵瑞章叔叔的手在钢琴上从左到右不停地滑动，熟练地弹着不同的和声，有时候加上些琶音，让声音更加的丰富，很羡慕他。他唱意大利作曲家普契尼的歌剧选段——《今夜无人入睡》和《女人善变》。唱到有嗨 C 的时候爸爸就给他鼓掌，大家都跟着鼓掌叫好。接着他就唱爸爸的歌剧《阿诗玛》里的唱段《阿诗玛你在哪里》，好抒情，好有戏剧性啊！这是我头一次听到爸爸这部歌剧的唱段，大家听完了都称赞不停。

　　他唱完就给章之宝弹伴奏。她也会唱些西方的歌剧咏叹调，如普契尼的歌剧《波西米亚人》里的《人们叫我咪咪》，托斯卡的咏叹调《为艺术为爱情》等，但是最后是一定会唱《阿诗玛》里的唱段《是什么在窗外叫》和《天上的玉鸟》，这两段咏叹调是阿诗玛想念阿黑时唱的，旋律非常的美。大家都热烈地鼓掌！在那乡村里的简陋土坯房里传出那么美丽的音乐，让所有人心存希望，好像忘却了眼前的苦难，音乐把我们带到了美好、光明的世界。这些唱段大家都记忆犹新。

让一块木头歌唱

　　当年《阿诗玛》上演的时候，大家都兴奋得不得了。在那么困难的时期，能参与演出一部非常美的具有中国特色的新歌剧，大家都很享受。当时的男主角 A 角是赵新，女主角 A 角有顾启兰，B 角是董力，导演是中国歌剧舞剧院的周星华，舞台美术是里工木，杨园是合唱指挥。指挥是俞德秀。这些唱段都是爸爸自己最喜欢的。

　　这部歌剧只演了数场就被叫停了。爸爸被送去搞"四清"数个月。再后来，"文革"开始就被打成了"大毒草"。每次听到这首歌的时候，爸爸的脸上总是显出比较复杂的表情，有些怀旧，有些思念，有些骄傲，有些遗憾。有一次杨园叔叔说：

　　"可惜，我们没有很多人，不然一起唱那些合唱多好啊。特别是小伴

苏联歌唱家夏利亚平剧照（左），黑胶唱片（右）

合唱，猎人合唱。特别有云南的民族风格。"

他转头朝着我爸爸说：

"你还记得排练的时候，合唱队不会一边打着口哨一边唱那合唱吧？教了半天才学会的！"

哈哈，他们一同笑出了声。

他们一边唱一边聊歌剧里的故事和他们最喜爱的歌剧演员及他们的演唱，聊世界上最棒的男高音、女高音。在所有声种里爸爸最喜欢戏剧男高音和抒情女高音，但是每个声种里都有他钦佩的歌唱家。爸爸说他最欣赏的歌唱家之一是苏联的男低音夏利亚平。他拿出夏利亚平唱的《鲍里斯之死》，来自木索尔斯基的歌剧《鲍里斯·古多诺夫》（*Death of Boris from Boris Godunov*）给大家看。

"他唱得极其感人，尤其是他富于表达情感的弱声，紧紧地抓住你。他从来不'乱用'他的声音。我们吃完饭听他最后一张唱片，1936年在日本录制的《沃尔加船夫之歌》（*The Song of the Volga Boatmen*）。那铿锵有力而充满悲怆的声音包含了对船夫的同情之心。据说有一次，"他接着讲，

"夏利亚平跟另外一个歌唱家被邀请在同一个音乐会上演唱。两个人自然有点竞争的强烈感。另外那位歌唱家先唱，雄赳赳气昂昂地唱完了，那雄壮响亮的声音穿透了音乐厅的每个角落，得到了观众的热烈鼓掌。下面到了夏利亚平演唱。观众都在想，他能超过这么棒的声音吗？结果夏里亚平完全用 sotto voce（意大利文意思是弱声）唱的，并且唱得非常的 legato（意大利文'优美连贯'）。他唱的时候，观众静得都能听到呼吸声，他们完全被他征服了！"大家听得聚精会神，连连点头表示佩服。

歌唱家夏利亚平

"我在苏联的时候听到奥伊斯特拉哈拉琴。"

爸爸接着说：

"我当时就想，这位苏联小提琴家能让一块木头歌唱（小提琴是用木头做的），而我们有些歌唱家有时候唱得像一根木头似的。我们的歌唱家们经常傻乎乎地使劲地充大了嗓子大声喊，把自己的嗓子弄得比自己自然的声音大，这样的唱法又难听又不健康，很快就让声带上长了小节。他们老想当戏剧男高音、女高音。有的 vibrato（声音的波浪）基本上是上下小三度嘛，是可以开卡车进去的。"

他逗得大家哈哈笑。

又转调了

爸爸开始给大家放各种唱片，一边放一边讲。那时候都是黑胶唱片，有 78 转的，45 转的，还有 33 1/2 转的。我们家的唱片机是捷克的 Supraphon。

它本身没有喇叭。爸爸把它接到了我们家的苏联的短波收音机上。

爸爸把唱片从柜子里轻轻地拿了出来，先给大家看看外面的彩色包装，读一下上面的曲目、乐队、演唱家、指挥等名字。再把唱片带着它里面一层的包装纸从外面的包装里小心翼翼地取出来。这张纸上通常中间有一个洞，上面露出唱片中间的标签，这些标签有各种颜色的，红色的、黄色的、黑色的、蓝色的、绿色的等，上面印着乐曲、乐队和指挥的名字。他转过头来冲着我说：

"萤萤，你看，放唱片的时候，千万不要图快，不能着急。你一定不要直接把唱片拿出来，一定要带着这层纸一起拿出来，不然很容易磨到唱片。这纹路如果被磨坏了，唱片就没法听了。"

"嗯！"

我点头答应着，仔细地观看他的操作流程。他轻轻地把唱片从这张纸里抽了出来，一边嘱咐着：

刘炽的唱片机

　　"最好不要把你的手指直接按在唱片的纹路上。"

45 转的黑胶唱片

　　他用大拇指和中指拿着唱片的边和最中间一个小洞。这洞就是让唱片放到唱机上时，给那中间一个小小的凸出来的金属圆柱做的。唱片上这个洞刚刚好卡在唱片机上的金属柱子上，这样唱片就平平稳稳地躺在唱机上了。放唱片之前，他先用嘴吹一吹浮灰，从他专门清洁唱片的工具盒里拿出一大块眼镜布来，示意给我：

　　"萤萤，你得顺着唱片的纹路慢慢地擦，一定要很轻很轻！"

　　他一边跟我解释，一边用手轻轻地转着圈地擦那张唱片，把浮灰擦掉。擦好后，把它轻轻地放在唱机上，把左边的速度扭调到 33 1/2，轻轻地拿起唱机的头，把它轻柔地放到唱片的最边上，很快美妙的音乐就从收音机里流淌出来。

　　我比较喜欢 33 1/2 转的唱片，能好好地坐在那听一会儿。78 的唱片转得特别快，很快就要停下来换面，或换唱片。而 45 转比较特殊，中间的孔比较大，需要一个特殊的圆坨放在中间。这样这唱片就不晃荡了。爸爸特别耐心，他对每一张唱片都是小心地爱护，从来都耐心地擦拭它们，听完后小心翼翼地把它们一层层地套好纸套放回去。由于那时候的电压不稳，那唱片时快时慢。爸爸说：

　　"啊，又转调了！"逗得大家嘿嘿地乐出了声。

熨了几张啊？

　　他拿出另一张唱片来，看了后说：

"哎？这张唱片上面的纹路怎么都没了呢？　柳春！"爸爸叫道。他有什么不清楚的事总是要问妈妈的。妈妈在外面的厨房听到了，走进来说：

"哦，怎么啦？"

"这张唱片你动了吗？"

"哦，那些唱片还回来的时候有点撬了，估计是他们不懂得唱片要立着放。我帮你熨了熨。"

爸爸听了哈哈大笑：

"啊呀柳春呐，你把这唱片的纹路都给熨平了，我们听什么啊？！"

我们大家都给逗笑了。妈妈的脸稍稍有点红说：

"啊呀，我忘了，这唱片的纹路。"

"你熨了几张啊？"

妈妈笑着说：

"还好，没来得及熨其他的呢！"

这成了我们家里的又一个逗妈妈的笑话。

他把他最喜爱的一张唱片，一位秘鲁的唱挽歌出身的歌唱家 Yma Sumac（伊玛·苏玛克）在俄罗斯演唱的现场音乐会录音拿了出来。他非常骄傲拥有这张唱片。他常常说：

"这全中国只进口了 3 张。而其中一张在我这里！"

他介绍：

"这位歌唱家本来去俄国巡回演出 2 个星期，结果她在苏联连续演出了 6 个月！因为苏联的观众对她如痴如狂，这是一个多么热爱音乐的民族啊！"

这张唱片我们全家人都能从头跟着唱到尾。爸爸最佩服的是伊玛·苏玛克有 4 个半八度的音域。那是不得了的音域啊。莫扎特的钢琴也不过是 5 个半八度。她的高音像小鸟叫，而低音比男低音还要浑厚，从高音到低音没有任何阻碍或唤声的技巧问题，各个声段衔接得光滑无缝。我小时候被唱片封面 Yma Sumac 的妖娆图像给迷住了。她的眉毛细长，睫毛黑长，嘴唇是鲜红的，指甲尖尖长长的，耳朵上戴着闪亮的钻石耳环，手上还戴了一个特别大的多颗珍珠戒指！而她发出的声音更像是从另一个神秘世界来的。尤其是最后一首唱关于森林的幽灵，那声音简直是不可思议。

爸爸的音乐胃口很广，从来"不挑食"，各式各样的音乐他都喜欢。除了古典音乐、民歌，他也搜集了美国的爵士乐，包括 big band，因为自从在延安跟海伦·斯诺学习踢踏舞，听到一些爵士乐的唱片，他就开始喜爱

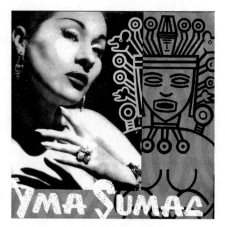

伊玛·苏玛克唱片封面

这种音乐了。他就是这样一个迷音乐迷艺术的人。一天到晚脑子里都是想着音乐，他一生生活在音乐中。妈妈管他叫"作曲呆子"。我就是在爸爸的影响下对世界各地的音乐和文化早早就产生了好奇和极大的兴趣。而我们的家，从 20 世纪 50 年代起就是一个天天充满了音乐、朋友、美丽和欢笑的一个音乐之家。

这是她自己下的蛋

听完了唱片大家开始吃饭。妈妈先拿上来的是炸花生，和一盘她自己泡的四川泡菜。妈妈一直保持家里有她自己泡的泡菜，酸辣的。另外还有妈妈自己腌的咸鸭蛋。那几个喝酒的叔叔们就开始用这些小菜下酒了。之后就是妈妈做的白菜丝拌粉条，清炒自己发的豆芽。后来就上来西红柿炒鸡蛋、蒜炖豆角、炒土豆丝。如果季节好，有青菜。偶尔他们也会杀一只小公鸡做成辣子鸡丁炒青椒等热菜，烧茄子，炖豆腐，或偶尔有红烧肉。但是这样的时刻非常稀有，那个时代没有常常吃肉的。赵瑞章叔叔的爱人是跳舞的小冯阿姨，他们有一个胖胖的儿子，他特别喜欢吃肥肉，可是不知为什么，

他每次吃着吃着一头砸在桌子上就睡着了，有时候直接那脸就落在了盘子里，逗得大家哈哈笑。妈妈炖的红烧肉很有名，这小胖子每次吃完了是一定睡一大觉的，赵瑞章叔叔每次都是抱着他回家。妈妈每次把菜都炒完了，才进来招呼大家，非常骄傲地告诉大家：

"你们尝尝，这是我自己发的豆芽，我种的豆角，那是我种的西红柿，这是我们家自己养的鸡……"

妈妈还没说完，爸爸紧接着插进来说：

"这是柳春自己下的蛋！哈哈哈！"大家哄堂大笑。

有时候妈妈和爸爸说好了有些事不要在大家面前乱说。结果爸爸说着说着就说漏嘴了。妈妈赶紧在桌子底下捅一下他，提醒他。结果他会转过头去问妈妈：

"哎，柳春，你捅我干吗呀？"

弄得妈妈很不好意思。爸爸就是这样，像个大孩子。

音乐是灵魂的语言

折腾了大半天，人都走了后，爸爸跟我说：

"可惜啊，《阿诗玛》歌剧只演了那么几场。这是爸爸写得最美的歌剧了，也是中国目前最美的歌剧了。希望以后还能有机会再把它搬上舞台。也希望你能看到它。"

他转过头去示意妈妈：

"你知道吗？你妈怀着你7个月的时候，作为《阿诗玛》的编导，排练的时候还给顾企兰阿姨做示范从悬崖（搭得很高的台子上）往下跳呢！我还真有点担心，怕把你提早给跳出来呢！"

我看看妈妈，带着惊奇的眼神。

"真的吗？"我问她。

"是啊，那时候好像没觉得有什么危险。那些歌唱家们，唱歌唱得都挺好，但有时候不太知道怎么用他们的身体去表达剧情。"

爸爸跟我说：

"萤萤，音乐是灵魂的语言，是我们心灵不可缺少的营养。而歌剧是非常美的综合艺术，它把音乐、戏剧、舞蹈、美术都融合在一起了。以后我们可以多听些音乐和歌剧。现在钢琴也回来了，你开始跟你妈学琴吧。过段时间，爸爸送你去找朱雅芬阿姨学。她是辽宁歌剧院的钢琴伴奏、上海音乐学院的高才生，琴弹得非常好，人也好。她就住在仙水，我带你去找她。"

"好的。"我点头答应，但听到这位老师这么出色，心里有点紧张，也有点期待。

"但是你不光要好好地学习钢琴和西方古典音乐，更要好好地学习我们的民族民间音乐。你知道为什么吗？"

我看着他满脸的问号。

"因为民族音乐是我们做音乐家的基础。如果没有这个，你就没有了根。爸爸这么多年一直不断地学习，这些音乐给我打下了坚实的基础，也是为什么爸爸能写出人们喜爱的作品的重要原因之一。"

"爸爸因为家穷，小学4年级就辍学了。有幸在西安三仙庙跟老师傅们学了西安鼓乐给我打下了很好的基础。后来爸爸一直搜集和学习各种民间音乐，像陕西的秦腔、碗碗腔、眉户、山西梆子、东北的二人转、内蒙古的长调、新疆的《十二木卡姆》、京戏和全国各地的民歌和戏曲。"

"什么是西安古乐？我们有民歌的唱片吗？"我好奇地问。

"西安古乐是隋唐燕乐流传下来的支系，尤其是在庆贺丰收，乡会庙会的时候常常可以听到。爸爸小时候常常在庙会上演奏，尤其是吹笛子。可惜没有唱片，我们民族民间音乐和戏曲很多都没有录制下来，都是靠老师傅跟弟子口传心授。以后有机会，爸爸带你去西安去听秦腔。"

"噢。"我有点失望。

　　"改天爸爸给你讲一些民歌和它们的语言特征，这些都很有意思。每个地方的民歌都很特别。爸爸脑子里记着有大概 2000 首民歌。"他看到我失望的样子，补了一句。

　　"你能记得那么多啊？"我羡慕得不得了。

　　"这不算什么。这只是我们民族音乐宝藏里的很少一部分。爸爸几十年在全国各地搜集了太多了，可惜那些手稿都失去了，很可惜。"

　　他的脸上露出遗憾和微微的悲伤。我突然想起来在沈阳抄家的时候那一麻袋一麻袋的手稿被抄走的情形，没敢再追问下去，怕惹爸爸伤心。

　　我第二天就开始学琴了。妈妈教我弹最简单的音阶、和弦和琶音。其实呢，早些时候大姐已经教过我手应该怎么放到琴上，圆圆的，好像握着一个鸡蛋。我已经跟她在琴上玩过了，所以琴键感觉一点也不陌生。再说了，爸爸已经都教过我读五线谱，所以看谱也很容易。妈妈拿出一本谱子，上面写着拜耳，说：

柳春弹琴示范给女儿

"你自己试试吧。"

她说着就去忙她的了。那天下午，我一口气就学了 3 首曲子，晚上就给爸爸弹着听。他说：

"真好，闺女，你学得很快啊！我们找时间去拜访朱雅芬阿姨吧。"

指挥唱片里的交响乐

音乐从这个时候开始就成为我生命中最重要的一个组成部分。爸爸开始测试我的听力。拿什么测试呢？任何东西都可以。舅舅这时候已经在大连工学院做工程师了，他当时正在搞玻璃制品研发。他和同事们发明制作出玻璃的高脚杯。他对爸爸和妈妈非常尊敬，是爸爸妈妈多年支持他和我的小姨上学的。他很兴奋，刚制作出来他就托人给爸爸带来了两对。透明闪亮，很漂亮。最重要的是两个杯子一碰的时候会发出清脆的声音，在房间里轻轻地回荡着。每个杯子用筷子，勺子敲出来高低音律和音色都会有所不同。爸爸碰完杯会问我：

"萤萤，这是什么音？"

我马上到钢琴边，用一个指头在一个琴键上弹了一下。果不其然，跟高脚杯发出的音高是一样的。爸爸特别兴奋，说：

"你的耳朵真好！"

我其实自己也不知道是怎么找到的，但是每次都找得挺准。这很快成了我们的小游戏。每次任何一个碗、杯子、盆子，只要能发出声音来的，爸爸都会敲一下，而我的任务就是到钢琴上找到跟它对应的音，爸爸每次脸上都露出满意的笑容。

他跟我说：

"学音乐一定要打好基础。首先要学好钢琴，视唱练耳。然后要学习指挥、作曲和音乐理论。爸爸小时候没有这个条件，都是后来自己去进修慢慢补的。我先教你最基本的指挥吧。"

　　他把他用了多年的指挥棒拿了出来。这是一根漂亮的乌木做的指挥棒。一边是稍微尖一点的头，上面是一个铝合金的金属头。另一边稍微粗一点，四周刻了一些简单的花纹，拿在手里很有分量。他教我如何指挥最基本的3拍和4拍的动作。他一边指挥，一边嘴子唱着2/4、3/4或4/4的音乐作品。我开始只是跟着他一起在空中画圈圈，但慢慢地开始感受到2/4、3/4和4/4的区别了。

　　爸爸说：

　　"好，你已经熟悉了这些节奏的本质，来，试试指挥一下真正的音乐吧。"

　　说着他去拿了一个板凳，让我站在上面。说：

　　"指挥乐队你必须要站得高点，能看得到整个乐队才行！你看你的左边是第一小提琴和第二小提琴，再往右是中提琴，最右边是大提琴。弦乐后面一排是木管，最后是铜管和打击乐，当然了，大包贝斯（低音提琴）在大提琴的后面。有时候竖琴或钢琴在左边靠后。"

　　他说得有鼻子有眼的，好像看到乐队就在眼前。我听得半清楚半糊涂。然后他去拿来了一张唱片，放到了唱机上。

　　"现在你可以开始指挥交响乐了。我们先从2/4拍开始。这个最简单了。你听，这是比才的《卡门序曲》。就像爸爸刚刚教你的，第一拍手往外甩，第二拍手往里甩。就这样重复就可以了。"

　　我跟着爸爸的手势开始指挥唱片里的交响乐序曲。那曲子一开始很欢快，但是过了一会儿就有了变化。我看着爸爸不光是一个动作，跟着音乐

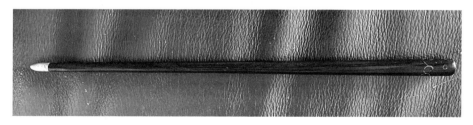

父亲用过的指挥棒

的变化，他的手势也有很多的变化。抒情的旋律出来的时候，手的动作会比较柔软。到渐强的部分，他会用到整个胳膊，甚至身体的上身，动作从小到大，好像把乐队的声音用他的手势和身体调动了起来，表达了出来。好棒啊！他好像对这部作品特别熟悉，从头跟着唱到尾。我心想，以后我也要像爸爸一样知道这么多的音乐。

《卡门序曲》成了我学习指挥和音乐基础的一个重要的曲目。其中有2/4拍、3/4拍的，有4/4拍的部分，但是每一个同样节奏的部分音乐个性都不一样。爸爸解释说比才用了很多不用的吉卜赛音乐元素，民歌和舞蹈的元素，并且他运用得那么好。爸爸很喜欢那些间奏曲，其中第四幕之前的间奏曲是他的最爱，它是3/8拍的，但是每三拍听起来像是一拍。他说：

"这指挥是要指出每小节一拍的感觉。但是最有意思的是双簧管进来的时候是在第二拍开始的，跟弦乐和竖琴在底下的三拍节奏形成了一个很有意思的节奏上的对话。"

他说着说着，就开始唱间奏曲一开始的部分，手一边指挥三拍，嘴里开始唱双簧管和短笛的旋律对话，听起来还真的挺复杂的。他说：

"你试试？想要指挥，你必须有这个能力把所有乐队的部分都能够弄清楚，有能力告诉乐队的每个声部什么时候进来。不然乐队会乱套的！"

我试着听了两遍唱片后，也跟爸爸一样开始一边唱一边指挥。结果第一次试就成功地把这段拿下来了。爸爸兴奋得不得了，哈哈笑着说：

"真是爸爸的聪明闺女！我有很多'大作曲家'朋友们都拿不下来这一段呢！我教了他们好多次，他们都不能边指挥边唱下来！"他说：

"你需要锻炼脑袋同时指挥你的两只手做不同的姿势。"

说着他把一只手放在头上，另一只手放在胸前，头上的手拍着脑袋，胸前的手画着圈，接着把两只手的动作很快地调换过来。爸爸乐呵呵地说：

"你试试？"

我试着弄了一下，调换的时候找了半天才慢慢搞定。乐得我和他一起哈哈大笑。

音乐之旅

爸爸不光教我学习指挥，还教我学习看总谱。我学习的第一个交响乐总谱就是他最喜爱的曲目之一：斯维塔纳的《我的祖国》组曲里的《沃尔塔瓦》。爸爸跟我说：

"我50年代去捷克的时候，朋友们带我去过沃尔塔瓦河。那是一个清晨，微微的雾气在静静的河上漂浮，城市还没有苏醒，就是在那里，我真正体验到斯维塔纳组曲里描述的场景。"

他掀开乐谱放在小炕桌上，然后去拿一张唱片出来。那个组曲一共有好几张唱片。他一辈子都很钟爱吹中国的笛子，对长笛也是非常的喜爱。他跟我说：

"你看这首曲子的配器一开始多简单。它只用了长笛、竖琴和小提琴。"

我一看真是的，总谱上那么多乐器，都是休止符。只有长笛的流动音符，好像水在流动，加上偶尔的竖琴和小提琴的pizzicato（弹拨）的点缀，听起来好像是滴水的声音。但慢慢斯维塔纳加了单簧管，然后是整个弦乐部分进来，音符描述水流越来越多，越来越快。这时候那歌唱的主旋律出来了，好美啊！！！

我们一边看着总谱一边听着唱片。他一边分析着斯维塔纳配器的一些特点，他说：

"你听，它每一段用不同的乐器、色彩、节奏来描述自然的情景。你几乎听到看到那点滴水流，随着流淌的河流，经过不同的场景，听到乡村婚礼的热闹和那些在欢乐中跳舞的人们。那月光下仙女在两岸大自然中的神舞，水流最后汇聚成为巨大宽旷的河流奔向大海。"

爸爸谈到他的欧洲之行，所见所闻，每次都是格外兴奋。跟他一起听这部作品那种兴奋感至今留在我的心中。我心想，如果有一天能去欧洲看

捷克沃尔塔瓦河

看多好啊。

　　我们常常听的作品还有西贝廖斯的《芬兰迪亚》，柴可夫斯基的《四季》和第四、第六交响曲，德沃夏克的《自新大陆》交响乐和《斯拉夫舞曲》，布拉姆斯的《匈牙利舞曲》和李斯特的《匈牙利狂想曲》，莫扎特的小提琴奏鸣曲，巴托克、爱奈斯库、肖斯塔科维奇、普罗科菲耶夫的各种乐曲，很多歌剧，以及各国的民歌等等。爸爸喜欢的很多作曲家是因为他们能够把古典西方音乐的创作手法与自己民族音乐结合创作出来具有独特色彩的音乐作品。这些丰富的音乐风格和色彩给我留下了深刻的印象，也带我常常到世界各地精神旅游。

　　爸爸不光跟我分享音乐，凡是喜欢音乐的小朋友来我家他都愿意分享。大华哥哥特别喜欢音乐，他已经开始学钢琴。一次他来我家的时候弹了一曲给爸爸听，爸爸说：

　　"啊，你弹得不错啊！"

大华哥哥那时候常来我家听音乐，他很愿意跟爸爸聊音乐。时过50年，他还清晰地记得儿时在我家听的唱片：

"我到你家跟你爸爸一起听贝多芬交响曲，其中有贝多芬第三《英雄》，第五《命运》，第六《田园》，第九《合唱》交响曲，还有他的《艾格蒙特序曲》《莱奥诺拉序曲》，他的钢琴协奏曲《皇帝》，拉赫玛尼诺夫的第二和第三钢琴协奏曲，他的《帕格尼尼主题幻想曲》。还有帕尼尼的小提琴协奏曲，圣桑的小提琴协奏曲，拉罗的小提琴协奏曲，贝多芬的钢琴奏鸣曲，其中包括《热情》《月光》等等，那是我在农村过得最最快乐的时光。"

我呢如果在家，每次无论谁来听音乐我都会跟着一起听的，而每次都会有新的收获。

伦勃朗和留白

爸爸妈妈每天无论再累，晚上睡前是一定要看书的。我也早早就养成了这个习惯。爸爸很早就介绍我看希腊神话和法国喜剧。我特别喜欢那两部法国喜剧，实际上是两个戏剧脚本，里面都是各个角色之间的对话。这两部戏剧都是法国戏剧家博马舍（Beaumarchais）写的，一部是《塞维利亚理发师》，另一部是《费加罗的婚礼》。爸爸跟我说：

"这两部戏剧里的故事和人物是联系在一起的。"

这两个故事都特别好笑，特别是《费加罗的婚礼》。爸爸说：

"莫扎特把它写成了歌剧。里面费加罗的一个唱段很滑稽：'我做一个仆人多不容易，那些贵族姥爷这个叫我费加罗，那个也叫费加罗过来做这做那。'"

爸爸一边说，一边唱了起来："费加罗，费加罗，费加罗……"那声音上上下下高高低低的，真的把我给逗乐了！爸爸拿起一张唱片，放了这段唱段，正如他所说的风趣得不得了。

"萤萤，你过来，我们一起欣赏一下伦勃朗的油画好不？"

我心想：伦勃朗是谁啊？但是任何跟爸爸一起做的事我都开心。所以就爽快地答应："好嘞！"

他拿来一本小画册，上面写着伦勃朗。爸爸把它慢慢地翻开，说：

"这是我给你妈妈买的画册。你知道吗？她虽然是舞蹈家，但很喜欢画画的。"

其实妈妈原来并没有想当舞蹈家，她从小最喜欢画画。但她是一个非常成功的舞蹈编导。从东方歌舞团离休后，她终于如愿以偿地拿起画笔开始学习绘画，几年后在北京、美国参加画展，她的作品被美国的一家美术馆收藏，也被美国和欧洲的中国画爱好者和收藏家们收藏。爸爸知道她喜欢绘画，"文革"前常常给她买些画册。《伦勃朗》就是其中一本。他跟我介绍道：

"伦勃朗是 17 世纪荷兰最有名的画家之一，也是荷兰黄金时代的代表画家之一。他的画风很广泛。他画肖像、风景、宗教色彩的，神话和历史性题材的，动物的都有。"

爸爸给我看他的多幅自画像，说：

"你看伦勃朗有意思吧，他把自己当作了模特。其实，很多艺术家都会在自己作品里出现，比如说美国的电影导演 Alfred Hitchcock，林农伯伯，他们每次拍电影都会找一个不起眼的小角色自己去演，这些角色都是一晃而过的，大家都不会太注意，但是他们自己很开心。"

我看着爸爸觉得他这么的了不起，他怎么什么都知道呢！？

伦勃朗的自画像

"你看伦勃朗用光用得多好啊！"

他一边说，一边指着一张肖像的脸，那位女士脸是那么的柔润、细腻、白皙。他说：

"你看这光是从哪里来的？那是从左上方照射过来的。你知道西方油画跟我们中国画有很多差别，能告诉我其中一个吗？"

我看了又看，摇了摇头，我真的想不出来。他说：

"你看油画的每一寸画布上都有颜色，而我们的中国画是讲究'留白'的。以后爸爸带你去北京的美术馆看中国画去。"

"好啊！什么时候去呢？"我问。

他突然回到了现实中，想了想，说：

"一有机会我们就去。"

那次的看画让我心里深深地记住了中国画"留白"的这个特点。爸爸交友甚广，那个时代很多画家、电影戏剧导演、诗人作家都是他的朋友。

无花果

我跟着爸爸和妈妈一起去陕西看奶奶，头一次见到了画家石鲁伯伯。我们那一次坐火车在沟帮子倒车已经是半夜三更。那是冬天，我们穿得很多。没找到合适的旅馆，我们带着行李在站台上歇息，站台上黑不溜秋的。那时候为了省电，只有火车进站的时候才会开灯。我靠着爸爸妈妈小小地睡了一会儿。站台上满满的都是等着转车的人。他们都是大包小卷的，椅在自己的行李上半睡半醒的。火车来了，大家蜂拥而上，去抢座位。我们因为临时决定去西安，没能事先买到卧铺，所以也要去抢座。我们正在人群的后面找机会，突然爸爸拉我到旁边的一个车厢。因为他看到一个人很快上了车，从车厢里面把窗子拉开了，把他的孩子从窗子里拉了进去。他向那位叔叔招了招手，指了指我说：

"帮个忙吧！"

爸爸把我举了起来，那个叔叔顺手把我从窗户拉进了火车里。

"谢谢。帮我们占个座吧！"爸爸冲着我说。

我进去后，马上把自己的帽子、围巾和手套摘了下来，放到了自己旁边的座位上。妈妈爸爸上来找到了我，我们安全了，不用站着去西安了。

到了西安先去看奶奶。她老人家得了食道癌，正在做化疗。奶奶人很干净简洁，穿得很朴素。本身是大家闺秀，但是因为家境破落，最后下嫁给我爷爷做续弦。爷爷原来是银行的一个小职员，后来被车撞了后，腿瘸了，被银行解雇，奶奶就靠给别人洗衣服做些杂务支撑着全家的生活。她人很安静，话不多。爸爸跟我解释说：

"化疗很疼，很痛苦，但你看奶奶她很坚强。"

我从来没听奶奶抱怨过疼。奶奶家我印象最深的是院子里那棵无花果树。那树上结的果不多，也就五六颗，但是我特别期待它们的成熟。因为我很喜欢无花果的味道。所以我每天都去看那青绿的无花果什么时候变色。好像等了很久，它才开始慢慢变微紫色。有一天奶奶终于说：

"萤萤，你去把那个熟了的无花果摘下来吧。"

奶奶洗完了它，把它轻轻地切开四瓣，给了我一小瓣，给我的堂姐玲玲一瓣，真好吃！从那以后，我每天盼着其他那几颗无花果能早点熟。

不能偏食

到了陕西是闲不着的。首先去看三叔刘烽和三婶刘燕萍。还有堂姐、堂妹、堂弟。去了三叔家一定有好吃的。三婶刘燕萍是陕北人，她做的揪片是最棒的。爸爸妈妈来了，他们做了一桌子好吃的，有羊肉泡馍、稠酒、荞麦饸饹、揪片，当然少不了油泼辣子。

妈妈看着我咕嘟咕嘟地喝稠酒，说：

萤萤（后排左一）、妈妈柳春和堂姐妹堂弟

　　"萤萤，别喝太多稠酒，很容易醉的。"

　　我才不管呢，那么甜甜的、香香的、白白的稠酒多好喝啊。接着是看我堂妹小三儿（**大名雪酥**）弹钢琴。她那时候才 6 岁。她很骄傲，像一个小公主。三叔把一个小板凳放到了她的脚下，因为她个头小还够不着踏板。她 3 岁就开始学琴，这时候已经可以弹小奏鸣曲了。我看她骄傲地坐在那儿，小手在钢琴上跑来跑去的好流畅，让我很羡慕。我那时才刚刚学琴不久，心想自己学琴晚了。打定主意，这次回家后要好好练琴，一定要赶上她。

　　过了两天我们去看爸爸的好朋友们。首先去的就是石鲁伯伯家。他是中国著名画家，与赵望云创立长安画派，擅长人物、山水、花鸟。每次爸爸跟这些画家书法家聚会，大家都是要现场书写作画的。那天他当场画了一幅小红鹿，送给了妈妈。妈妈好开心！爸爸跟很多画家都是朋友，如黄苗子和玉峰，李可染都是他的朋友。画家黄永玉伯伯送给了爸爸妈妈一幅他著名的猫头鹰，一直挂在北京的家里。

　　爸爸对画家和绘画很感兴趣，对所有艺术形式都喜欢，都有探索和学习。

他一直跟我说：

"当艺术家不能偏食，要什么都吃，基础要打好，要广泛学习各种艺术形式。要想做一个真正的音乐家，不是只学习音乐就行了的。"

爸爸上次说的中国画的特点"留白"，我一看真是的，中国画的宣纸上很多地方都是白的。不像西方的油画色彩是满满的。并且中国画好像是一层一层平面重叠起来的，但是看起来又是立体的。西安一行我很开心。

但那也是最后一次看奶奶。她已经是癌症晚期了，吃不下什么东西，每次只能吃一小碗富强粉细面条。两个月后，她老人家就走了。

爸爸赶去陕西为她送行，回来后跟妈妈说：

"我拿了妈妈这副眼镜做纪念。"

他拿着那副老人家用过了多年的眼镜，看了又看，眼中浮现着一股忧伤。他接着说：

"老人家其他的东西我先让天英（姑姑）挑，她生活最困难，需要什

刘炽（左三）解放后回陕西看望父母兄弟

么先拿，之后刘烽和刘炜可以随意拿。我们什么都不需要。这副眼镜是妈妈每天戴的，我希望拿它做纪念。"

妈妈看着爸爸带着温柔的眼神点头认同。

话还没说完，怎么记啊？

秋收来了，学校停了学。先是去割稻子，然后要打稻子。那是非常累的活。稻田里这个时候一片金黄，稻米沉沉的坠在稻秆上，弯弯的好像累得要睡着了一样。人们做了分工，有人专门割稻子，后面一个人跟着用两根稻草把一小堆稻子捆成一捆一捆地放在地上。有人专门把这些捆好的稻子扛到一个打稻场。在那里有好多人一起开始把打稻机开动。有人专门把一捆一捆的稻子解开，陆续地送进打稻机里，另一边是一个大箩筐，一粒一粒的稻子就这样落进了箩筐里。另外有人用麻袋开始装，一麻袋一麻袋的稻子就这样被搬到仓库里等着给大家分发。打稻子的时候，那打稻机轰轰隆隆的声音蛮大。各种稻草粒和稻草结到处飞扬。热热腾腾的，沸沸扬扬的像是一场稻草战。另外的人再把打完稻子的稻草捆起来，一摞一摞地堆成一座座稻草垛。这些草垛也是我们后来常常去玩捉迷藏的地方。

我最喜欢的环节是最后一道工序，大家分了稻子后，拿去脱壳。那稻子从机器的一边进去，另一边出来的就是白花花的新大米。盘锦的新大米特别香甜，煮出来油亮亮筋道道的，尤其是刚刚打出来的大米，怎么吃都好吃，怎么吃都吃不够。

但这美妙的时刻很快被打断了。"五七战士"们被集中去干校政治学习。当时盘锦的干校有三个地方，分别是孙家总干校、朱家干校、胡家干校。我们待得时间最长的是朱家干校，开大会接受批判时，要去孙家干校，胡家干校是离三道梁子最近的。在干校男女是分开住的，都是大通铺。所以我们不跟爸爸住一起。在那里他也是常常被批斗的对象。大家批判所谓的"大毒草"，批判各种文学作品、音乐作品，中国的外国的都批。无标题音乐也是他们的批判对象。有人问：

"现在中央在讨论无标题音乐的阶级性。我们是不是也讨论一下小调的协奏曲有没有政治倾向？"

他们开批斗会，妈妈手里不闲着，她给我们织毛衣、手套、围巾、袜子等，因为她从来都认为这些会是浪费时间，讨论的话题也是毫无意义，但又不能说什么，她宁愿做点实际的事。

这些"五七战士"除了批斗会学习会，也做很多的实验。在那里他们养了所谓的千斤猪，一个新品种，白白的，大得有点像小牛。那时候才知道猪是非常干净的一种动物。如果在圈里给它们足够的空间，它们拉屎在一个地方，吃食是一个地方，是分开的。在这些实验田里，是一个猪一个圈。干净，特大。很多实验，我还小不是特别清楚具体的项目，但是听他们说用什么树根、高粱秆等发酵，然后在缸里试验各种温度，检查有没有转氨酶什么的。为了让猪食更有营养，他们在食料里掺和了骨粉、贝壳粉或豆饼，这样养猪长得快。其实这豆饼非常香，不光猪喜欢吃，我也喜欢吃。掰下来一小块嚼着吃就很好吃，很香。因为是黄豆做的，里面没有任何添加，也非常健康。那时候没有任何零食，这豆饼就成了我最喜欢的零食。妈妈回来后也照样给我们家的鸡、鸭、鹅、猪的食物里掺和了这些自然添加物。妈妈后来试着用豆饼做了豆瓣酱给我们吃，好吃极了。

其实开会也不是完全没趣。有一次，他们让大家发言，还专门有人记录。一开始还没人说话的时候，突然有人放了一个屁，但是放到一半的时候有点不好意思，就又给憋回去了。有人讽刺地说：

"这不是有人发言了吗？赶紧记录吧。"

那记录的也没落后半拍说：

"这话还没说完，我怎么记啊？"哈哈！

他们开各种会的时候，我就跟另外几个小孩子——茂茂、茜茜、娃娃等一起玩。茂茂是唯一一个男孩子，从小就喜欢鼓捣车，他有时候用推土的

萤萤和小朋友孙晓兰

小车推着这些女孩子，反正也没事干。一大早起来，有时候我会发现自己的头和脚调个了，不知什么时候头到了炕底，脚落在了枕头上。还有一次妈妈叫醒我，因为我晚上睡觉不老实，不知什么时候掉到了地上。她笑着说：

"你怎么这么不老实，睡觉也翻跟头！"

晚上睡觉前，妈妈总是叮嘱我要尿干净了，免得半夜起夜要到外面去，黑咕隆咚的很不方便。这大通铺根本没什么所谓的私人空间。每个人的炕边地下自己放了小便盆，一个白色的小圆盆，上面盖了一个盖子。如果实在憋不住，就方便一下。但是那么多人，总是觉得不太方便。我每天晚上睡前必须上几次厕所的习惯就是这个时候养成的，老感觉上不干净。几十年后的现在即便厕所就在身边，也还是摆脱不掉这个习惯。

我们去干校的这段时间，大姐燕燕被送去盘山集训。1971年辽宁省举办了青年排球邀请赛，分营口和铁岭两个赛区，燕燕代表盘锦队参加了营口赛区的比赛。妈妈爸爸带着我去了干校，云云自己在家看家。她一个人住在那趟房子的一头，另一头是陈静书，也是一个人在家。二姐云云从小就胆小，一个人在家晚上黑黑的，还蛮害怕的。还好，她跟陈静书一个班上学，她们白天上学，放学后就要喂鸡、鸭、鹅、狗、猪。两个女孩子互相陪伴着很快度过了孤独的日子。我们回到家，大家都很开心，尤其是二姐。我呢，特别高兴能吃到妈妈去年冬天腌的各种小菜。

Bolero 是什么?

我和爸爸重新开始听各种唱片。晚上读书，他教我下中国象棋和国际象棋。有时候他带我去其他叔叔阿姨家吃饭聊天。我又开始去朱雅芬老师家上钢琴课。我已经可以弹一些简单但好听的曲目了，比如《少女的祈祷》，还有克雷门提的小奏鸣曲。

这段时间爸爸特别地给我听些室内乐作品，我很喜欢的是莫扎特的小提琴奏鸣曲。那张唱片上的小提琴家非常英俊，他卷卷的头发，高高的鼻子，全神贯注的神情至今仍留在我的脑海里。那位女钢琴家长长的头发，漂亮的眼神，更是让我喜欢。F 大调奏鸣曲一共三个乐章，我的最爱是第二乐章，主题变奏曲。爸爸说：

"萤萤好好听这首曲子，这个奏鸣曲的结构很不同一般，第二乐章用主题变奏曲，而第三乐章用小步舞曲。"

跟平时小奏鸣曲各个乐章曲式的用法显然不同。其实那时候我还不知道这些曲式结构是什么意思呢。第二乐章好美，而除了主题外，那些变奏每一个都充满了变化，但是又跟那主题相关联，非常优雅动听。

接下来我们听拉威尔的 Tzigane。爸爸说：

"这首曲子是根据吉卜赛人的音乐写的，是专门给一位著名的匈牙利小提琴大师写的。这里的小提琴技巧非常精悍，难度极高，不是什么人都能拉的。而拉威尔的配器技巧更是了不起！"

"什么是配器？"我问。

爸爸说："配器，就是在作曲的时候如何编排配置运用管弦乐队里的各种乐器。"

他接着说：

"拉威尔对交响乐队各个乐器的色彩和性能了如指掌。他的配器色彩独特，可能跟他特别喜欢世界各地的音乐色彩有关。他的 Bolero 写得简直是太棒了。这首曲子我在延安的时候在海伦·斯诺那就听过很多遍。现在想起来，我小时候不光是受中国音乐的熏陶，虽然延安只有那几张外国音乐唱片，但是那时候爸爸就被它们敲开了音乐想象力！这个我要感谢海伦·斯诺！"

"Bolero 是什么？"我好奇地问。

"它是一种西班牙的舞蹈。"

他接着说：

"拉威尔为苏联作家莫索尔斯基的图画展览会的配器也很了不起。当然了，他为芭蕾舞《达芙妮和克洛伊》(*Daphnis et Chloe*)写的音乐那太美了。改天我们一起听。等你长大了可以试试他的钢琴协奏曲，那里面还有爵士乐的元素呢。"

"好的。"我听得有点玄乎，这么多曲子，只能等着爸爸慢慢跟我说。

他拿出一张唱片来说：

"我们听一首独特的曲子吧！"

说着他拿出罗马尼亚作家艾奈斯库的第一首《罗马尼亚狂想曲》唱片，说：

"我很喜欢这些狂想曲，尤其是李斯特的匈牙利狂想曲和这首罗马尼亚狂想曲，它们充满了幻想，作曲家完全自由发挥，不受任何拘束！当然，曲式结构是一定要有的。自由发挥不等于乱来。"

那唱片一开始，单簧管一出来，跟双簧管的对话，马上就把我的注意力给抓住了。那异国情调中充满了舞姿的曲调，一会儿快，一会儿慢，让我心旷神怡。

爸爸说：

"你听他用传统的管弦乐队跟罗马尼亚的民间色彩结合得多好啊，这样的和声色彩和节奏的运用你在莫扎特和贝多芬的作品里是听不到的！"

他越说越投入，我呢也是越听越兴奋。这音乐太生动了！最后的长笛，短笛的追逐，把乐曲推到高潮，我都想跳起来了！

爸爸问我：

"你听到这里面吉卜赛音乐的元素了吗？你能听到乡村舞蹈里那些人在欢快地跺脚吗？"哈哈哈，爸爸说着笑着。其实我没听出来，但是我心想，下次好好听，看能不能听出来。

爸爸说："下次我们听他第二首《罗马尼亚狂想曲》。"

这些音乐把我从东北的一个小土坯房里，穿过大陆海洋带到了不同的文化时空里去了。我的脑海里闪现出各种不同的民族服装，色彩和声像。我多么渴望有一天能去这些地方看看呐。

炕上弹琴

可是这一段欢乐的时光不久就被雨季给中断了。那些天不停地下雨，一连串下了两个多星期。而这些匆匆忙忙盖起来的干打垒土坯房哪里经得住！那时候爸爸常说：

"外面下大雨，里面下小雨，外面不下了，里面还滴答。"

那段时间家里所有的锅碗瓢盆都用上接漏雨，地上摆得到处都是。进屋要很小心，迈步要看着地上，进屋都得像跳房子一样，躲着这些瓢盆走，不要踩翻了，不然地下会更加泥泞。外屋锅灶那地上很泥泞，妈妈有时候穿着雨靴做饭，如果那边屋顶漏得厉害，爸爸或姐姐会帮着妈妈打着雨伞炒菜做饭，看起来很可笑。

钢琴没办法放在地上了，太潮湿了，所以它被搬到了炕上。我就高高在上地坐在炕上练琴。

屋里漏雨实在是太厉害了，所有的锅碗瓢盆都用上了，也还不够。爸

萤萤在炕上弹琴

爸想办法去找了两大块军队用的大雨布。找来了大钉子，把它的四个角钉到了土坯房的四个角落的木头檩子上了。外屋一个，里屋一个。这样从房间各个角落滴下来的雨水都落到这块大雨布里了。爸爸看着雨布对妈妈说：

"这办法真好，终于把锅碗瓢盆都给解放了。"

雨水越积越多，雨布像一个大兜兜，中间兜着一大兜雨水，沉甸甸的。妈妈时不时地拿一个大点的盆，站在雨布的一个边上，爸爸或姐姐去雨布的中间把雨水用双手托起来，我帮着在雨布的一边的中间部分用手把它拉下来，对着盆把水给倒出来。还真需要至少三个人来完成这个动作。大家都松了一口气，又一个困难顺利地解决了。至少我们居住的部分和屋里的地不会像以前那么湿乎乎的。但是外屋锅灶的部分没办法，所以妈妈还是要常常穿上雨鞋，打着雨伞做饭。

咱家有壁毯了！

一天我正在炕上练琴，突然从北墙那边传出轰隆的一声响，吓了我一跳。我侧眼望去，一道一尺左右的缝在墙的中间横着露了出来，是北墙塌落了一截儿，上面一半还悬在那儿，可以直接看到外面的天空和不断飘落的雨滴。我赶紧停下来，刚要喊妈妈，接着就听到轰隆——砰通——噼啪——这下可好，北墙全部倒塌，跟着它的倒塌，"砰"的一声响，一个暖瓶被砸爆了，还有哗啦啦玻璃破碎的声音。我一看是唱片柜子上的玻璃拉门给砸碎了。外面的雨顺着风斜斜歪歪地飘了进来，雨下得还蛮大。妈妈当时正在做晚饭，闻声从外屋跑了进来。看到我坐在炕上的表情，再看看北墙倒塌的惨象，无奈地笑出了声。

怎么办？很快爸爸收工回来，帮着一起先把那些塌下来的土、破碎的玻璃、爆炸的暖瓶清掉。他们一边清洁，妈妈一边说：

"好可惜，这唱片柜的玻璃门从北京折腾到沈阳，再折腾到乡下都没碎，被这墙给打碎了。"

爸爸安慰妈妈说：

"还好你们都没伤着，再说了旧的不去新的不来。"

平时我们都坐在后墙边上吃饭，很可能被伤到，这实在是幸运。老乡和几位"五七战士"闻声赶来帮忙。不知是从谁家拿来了一块雨布钉在了两边的木头柱子上，临时把北边的雨给遮住了，少许的雨还是会时不时地溜进来，但是好多了。老乡说，这墙也得等雨停了以后才能再砌。就这样，我们眼巴巴地等着雨停。

可能是老天爷眷顾我们吧，过了两天雨就停了。雨一停，第一件事就是做土坯。几个老乡过来帮助我们抓紧把一些甘草麦秸跟泥巴掺和在一起，把这些混合泥巴放进一个木头做的土坯框框里，把多余的泥巴抹掉，然后一块一块地整整齐齐地一溜一溜地放在地上，让它们在太阳下晒干了，好用来砌墙。这土坯就是没进窑烧过的土砖。那时候附近没有烧砖的窑，所以土坯就是唯一的材料。过了几天这土坯还没完全干，大家就开始把北墙给砌了起来，说是很快又要下雨。一定得赶在雨前把墙砌好。大家把土坯墙搭好后，在缝里和墙外又抹上了一层厚厚的泥巴。

因为雨季还没过，为了保护还没干的墙不再被可能来的雨打湿，他们拿来了大雨布，从外面和里面都给它遮上了。当时因为很急，那些和泥的麦草里面可能还有一些麦粒和草籽，加上塑料布和房间里的热气，跟暖房的效果差不多，两个星期后整面墙上长出绿绿的一层麦草来。爸爸笑呵呵地说：

"咱家有壁毯了！"

他就是这样永远能在最不幸的事情里找到幽默，所以我们家里永远都有欢声笑语。

其实墙倒塌也不只我们一家。我们家的墙倒塌一是因为连雨天，二是因为妈妈为了给我们用兔毛织毛衣、围巾、手套、袜子，家里养了22只安哥拉长毛兔，但是这些兔子在后墙掏了个洞。墙塌了后，妈妈就把兔子放到外面的鸡笼里一起养了，免得它们再打洞。小秋家的四面墙，三面墙都倒塌过，修过三次。她妈妈杨程瑞阿姨发现，来干活的人和泥的时候放了很少的秸秆，土凝固不住，导致墙的倒塌。她猜是他们那个队来干活的老乡很喜欢吃她做的饭，所以可能还很愿意墙常常倒一下呢，哈哈！"五七战士"恢复发工资后毕竟生活平时比老乡要好很多。老乡们一年也赚不了几百块钱，都是靠自己那公分发下来的粮食和自家那点自留地里种的菜过活。她后来自己监督着他们一定要在泥里掺和足够的麦秸和干草，砌墙的时候她也是一直盯着，后来墙就不倒塌了。

塌墙不是唯一的问题，这土坯房还真是很危险。一天清晨，我们睡着睡着，突然"咔嚓"一声，一根檩子折了，其中一头掉下来，落在离我大姐的头也就是两寸左右的距离。吓得爸爸妈妈第二天赶紧请来了信得过的老乡木匠彻底地检查了一遍房梁和檩子。住在另一个大队的刘萤叔叔也遇

柳春（右一）和妹妹及云云、萤萤（左二）

到了同样的问题，他还记得：

　　"'五七战士'下乡，造反派也跟着一起下乡，当时一个姓高的是很活跃的造反派，非要'五七战士'到生产队抓阶级斗争，得罪了老农，所以老乡们以为'五七'战士都这个德行，不给选最好的木头做檩子。很多'五七战士'后墙塌方，我的没塌，是我留个心眼儿没上当。不知为什么我们队的那个老赵木匠盯上我了，我在新房仔细查看，居然在房梁头有一处暗裂纹，若断了非砸出人命不可，马上用柱子顶上。悬不？"

　　每年雨季的时候，还有一件事非常令人紧张，就是防洪护坝。爸爸妈妈有时候被叫出去很晚也不回来。听他们说是有洪水。每年有那么一两个星期，老是防洪告急。消息传来的时候常常说那洪水已经淹过了副坝，离主坝还不到一寸多高了，听起来很可怕。因为河道没有及时清理，河道的最低点比附近城市的头还要高，一旦决堤，附近多个县城村庄都会被彻底淹没。所以要保住大坝是很重要的抗洪任务。不光是"五七战士"和知青，有时候还有解放军战士都要一起来防洪作战。我小时候每年很怕听到发洪水的事，老觉得那辽河大坝要塌下来，会把我们都冲走。脑子里想起那大坝决堤，吓得常常不敢睡觉。家家在院子外边垒个小墙，用沙包沙袋搭出一米多高的小墙。如果水来了，出去的时候或者串门去的时候都要划船的。

雨季一过，雨布解决了漏雨的挑战，钢琴就又可以放到地上了，每次都要麻烦几个老乡来帮忙把这个宝贝抬下炕。还好以后不用抬来抬去了，我们又可以开始音乐沙龙了。那时候我表姐秀洁从大连来看我们。有时候老姨也来看我们，炕上也需要更多的地方住人。

种菜抱窝狂

为了能让全家生活得更好，妈妈把她所有的精力、智慧和创意都放到了家里的生活上了。妈妈本是个艺术家，到乡下种地本来就是个彻头彻尾的外行。但是生活环境逼迫，如果不自己动手就要挨饿。而妈妈是一个真正的中国传统观念上的贤妻良母，她非常坚强，一辈子怀着自我牺牲的信念，一直承担着让全家人吃好过好的责任。刚到农村的时候，连鸡蛋都很少见，她就自己不吃，偶尔赶集买回来的鸡蛋都留给爸爸和我们吃。

他们当时都以为自己这辈子会生死在农村了。她就从什么都不会，边学边做，最后结合科学方法，她的菜园子里茄子、黄瓜、丝瓜比别人长得大、长，豆角、土豆、豌豆、西红柿都比别人结得多。这也是她那时生活中的唯一寄托。我们家的园子后来成了村里的样板。老乡们都羡慕地过来向她请教为什么她种的各种瓜长得那么大、那么多。为了能吃上新鲜蛋，她开始抱窝养鸡、鸭、鹅，养猪、兔。我们家最多的时候养了24只鸡，15只鸭子，2只鹅，6只猫（一只母猫生了5只小猫，其中一只是个小哑巴，叫不出声），22只安哥拉长毛兔，8只狗（虎子后来生了7只小狗），一头猪。

抱窝就是用鸡蛋、鸭蛋、鹅蛋孵小鸡、小鸭、小鹅等等。抱窝的时候特别有意思。我们家外屋炕上常常有一个大筐，在那个筐里妈妈放了些干草和一些蛋，上面端端正正地趴着一只老母鸡。它好像知道自己的使命，非常的耐心，一趴就是20天左右。除了吃食，它就趴在那。它时常用嘴把身下的那些鸡蛋、鸭蛋、鹅蛋往自己身下拢一拢。10天左右的时候，妈妈会把几个鸡蛋拿出来在灯下面照一下，看看里面有没有动静。20天左右，那些小鸡小鸭自己开始从壳里面啄开，爬出来，开始叽叽喳喳地叫。我伸手抓来一个茸乎乎的，热乎乎的，好可爱。妈妈拿来一个大纸盒箱子，把它们都放进去，上面开着口。乡亲们和那些"五七战士"也都来我家选几个小鸡、小鸭、小鹅拿回去养。剩下的就交给了鸡妈妈。她带着小鸡、小鸭、小鹅院子里到处找小虫子吃。那些小鸭、小鹅跟着鸡妈妈后面跑来跑去特别可爱。鸭子长大些后就被放到河泡子里去吃喝玩乐了。

妈妈永远都不闲着，一天到晚忙啊忙的。我们都要帮妈妈梳兔子毛，然后把它们捻成线，缠成一个个的线团。妈妈就用这些兔毛线针织成了各种物件。它们是纯安哥拉长毛兔兔毛线，非常柔软，保暖！

孵出来的小鸡

柳春在种地

所有人都佩服她的能干。并且都干得有点狂了，比内行还内行，但却是个假内行！所以爸爸半开玩笑地说她不务正业，不搞舞蹈，反而搞这些。他其实是非常佩服妈妈的创意和辛苦，把全家的生活搞得那么好，并且丰富多彩。他给她作了三句半打油诗：

全能假内行

种菜抱窝狂

费了不少劲

瞎忙！

可当时哪有机会搞什么舞蹈啊！老农说可惜她是"飞鸽牌"的（当时流行的两个牌子的自行车牌：飞鸽和永久），意思是说她早晚要回城：

"如果是'永久牌'的就好了，我们就选你当队长带着我们干。"乡亲们跟我妈妈说。

因为当时有一个队长不好好干，老偷着去喝酒打牌。

跟在我的后面吧

自从兔子挖洞导致墙的倒塌，妈妈把兔子和鸡放在了一个笼子里，说："鸡兔同笼不得鸡瘟。"

后来村里真的发生鸡瘟，我们家的鸡就没瘟。她还时常给它们的食里加些大蒜。我姥姥家在大连养鸡就是这样，食里一定常放大蒜，说是免去瘟疫。家里的鸡鸭鹅喂得好，尤其是鸭子和鹅，人家村里的老乡养的鸡鸭都不自己喂，都是放出去让它们去野地和河泡子里去找食吃（其实这是健康的生态养殖）。但是我们家的这群鸡鸭鹅是在家里吃饱了跑出去玩的。但是它们很听话，晚上的时候妈妈出去叫：

"鸭鸭鸭鸭鸭鸭……"

它们听着我们的叫喊，就排着队回家来了。它们听得懂、记得住自家人的声音，也认识家，非常的聪明。

妈妈姐姐她们每天喂鸡鸭野菜，还有自家种的菜，吃不了就剁了喂鸡

柳春和萤萤喂鸡

喂鸭喂鹅。里面还加玉米面和骨粉，还有青蛙的上半身，青蛙的腿留着给人吃。当时很残酷，我至今还记得他们剁青蛙的样子。有的被剁了半截，还在爬！

那青蛙是怎么抓来的呢？其实是有老乡大叔的帮忙。通常姐姐和我去路旁的水沟里抓青蛙。一位老乡大叔赶着马车路过的时候，看见我们在抓，就问：

"你们干什么呢？"他听了我们的回答后，说：

"这还不容易吗？你们跟在我的后面吧。"

说着，他坐在车上一路走，一路用鞭子，啪唧啪唧，把路边他看得见的青蛙抽晕了，我们在后面跟着捡到袋子里就行了。那时候的生态平衡非常好，有很多青蛙。还有另外一种抓青蛙的办法，是雨后的晚上我们拿着手电筒听到青蛙的呱呱叫声，就用手电筒照。只要一照到它，它就一动不动地盯着光看。我们悄悄地走到它跟前，一抓就抓起来放到袋子里。现在想起来真的是不应该啊！

那时候没有生态环保的意识，今天的我们是一定不能再这样摧残杀害这些在生态平衡中起着决定性作用的生物了！

"吃不够"

由于妈妈的努力，我们慢慢地完全是自给自足了。鸡蛋、鸭蛋、鹅蛋都吃不完，妈妈腌了好几坛子咸蛋。腌好后煮出来早餐吃，里面有油油的蛋黄。我们家还有一头猪，它的名字叫"吃不够"。它真的吃不够。主要的喂养是靠着我二姐每天给它剁很多菜帮子。二姐云云放学回来的主要任务是每天妈妈做饭时候，她帮着扇火，晚饭后给"吃不够"剁一大堆剥下来的白菜帮子，掺和上糠，一大盆。它特别能吃，吭哧吭哧地一吃就是一大盆。吃完了，好像还没吃饱，眯着眼睛看着姐姐。我们剩下的饭菜有时候就给它再填填缝。

二姐那时候特别迷唱样板戏。她最迷的就是《红灯记》里的铁梅。那时候有八大样板戏，京剧《智取威虎山》《海港》《红灯记》《沙家浜》《奇袭白虎团》，芭蕾舞剧《红色娘子军》《白毛女》，交响音乐《沙家浜》。一次她一边帮着妈妈扇火，一边唱着：

"我家的表叔，数不清，没有大事，不登门……"扇了一会儿火已经旺了，妈妈说：

"行了云云，不用扇了。"

"嗯！"

她嘴里答应着，拿着扇子离开了炉灶，嘴里还唱着 "没有大事，不登门……"手里还不停地扇着。爸爸冲着我笑笑，用嘴努着示意我看二姐那边。然后笑着问：

"云云，你扇什么呢？"我们都哈哈大笑，逗得二姐脸有点红。

"吃不够"那一年从一头小猪长成了一头两百多斤的大猪。长大了也

刘炽、柳春和女儿燕燕、云云、萤萤

是它生命的尽头了。过年的时候他们把它给杀了，结果是一头豆猪。也就是它身上长了米森子，学名叫绦虫。爸爸说如果人吃了也会得这种病。听说那绦虫进入了人的血管，会慢慢把血管堵住，慢慢病人会窒息而死，很可怕。老乡们说他们不怕，这么肥的猪，一巴掌厚的膘，谁不要呢？他们劝爸爸说至少这肥肉可以炼成猪油，油滋了可以炒菜吃，一定没问题的。那时候很困难，平时的菜里很少有油水。但是爸爸坚持说不行。把"吃不够"给深埋了，不许任何人吃它，碰它。一年的辛苦，一年的期待，就这样被深深地埋葬了。妈妈本来还想把大部分腌成咸肉晒干挂起来，这样一年的肉就差不多够了，但没办法只能重新来过。

而我从小就不喜欢吃肉，又特别喜欢动物，所以很伤感，为什么要杀它？但是那时候这种杀鸡、杀鸭、杀猪的事虽然不常发生，也还是偶尔会发生的。不像现在，每个人每天每顿都想吃动物的肉，所以全球每天有巨量的屠杀行为。那时候只有逢年过节的时候，或者有客人来的时候，才会杀鸡杀猪。一次我看见爸爸杀了一只鸭子，把头剁掉了，剁完后就放了手，结果那只无头的鸭子还在院子里按照平时的路线走了半圈，我到如今还记得那个场景，非常可怜。但最让我受不了的是杀死的鸡或鸭，被滚开的水烫了后的味道。烫它因为要把那皮烫松了，更容易把所有的毛都拔出来，但那个开水烫死鸡的味，让我至今想起来都恶心至极。

欠 揍

我小时候不喜欢吃肉，喜欢吃咸菜是很著名的。刚去农村的时候本来吃得就很贫乏，爸爸担心我营养不良，有一次逼着我吃了一点肥肉。为了能让我吃得下，他把肉夹在了两片馒头里。我吃了一口，就恶心地给吐出来了。妈妈说情：

"算了吧，刘炽。她实在吃不下去，就不要逼她了！"

　　爸爸算是放了我。但是妈妈心疼我，早上让我去鸡笼子里把新鲜鸡蛋捡回来。然后给我摊我最喜欢的鸡蛋饼。她自己舍不得吃，但常常给我弄着吃。有时候她用鸡蛋和黄瓜丁做蛋炒饭给我，就是为了保证我的营养。

　　我小时候有个习惯是晚上洗完脚，愿意坐在床上"串胡同"，就是用手指在每个脚趾缝间串来串去。有时候爸爸过来拿起我的小脚丫闻闻，咬一口，逗得我哈哈笑。他说：

　　"啊呀，你这个丫头脚是酸的！"

　　我小时候高兴与否都摆在脸上，并且玩的时候输不起，如果输了，或不高兴，一切都表现在脸上。这时候爸爸就逗我：

　　"你为什么又摆着个臭脸啊？"

　　根据这些观察，爸爸给我又写了三句半的打油诗：

　　脚酸脸又臭，

　　咸菜吃不够，

　　给肉她不吃，

　　欠揍！

　　爸爸永远都能很快地抓住一件事的重点和一个人的特性，并且用非常幽默的方式总结出来，表达得特别透彻。

臭味相投

　　我跟爸爸有很多相像之处，有点"臭味相投"。记得有一天他不知在什么地方搞来一大块奶酪。他把我叫了过去一起品尝这个稀奇的食物。我一看，他拿着一个圆咕隆咚的红色的球球。估计这应该是荷兰的那种叫作Gouda或Edam的奶酪。他拿了一把刀来，把外面这层红色的蜡皮剥开，里面是乳黄色的奶酪，味道很重，估计是比较陈年的奶酪。爸爸一脸的兴奋，好像口水都要流出来了似的。他切了一片，放到嘴里，发出"嗯——嗯——"

的满意声音，脸上露出了享受的表情。他切了一片递给我。眼睛紧紧地盯着我，看我什么反应。这是我头一次吃这种奶酪，真的是很好吃啊！

我说："好吃！"

他满意地点了点头。问妈妈：

"柳春，你要不要尝一尝？"

妈妈说：

"不用了！这东西闻起来像一只3个月没洗过的臭脚。"

爸爸有时候很懒，不爱洗脚。每次都是妈妈把洗脚水给他端过去他才洗。所以她幽默地影射着他这个坏习惯，把爸爸和我都给逗乐了。但是爸爸很高兴我也喜欢这种"臭味"。他很开心有一个臭味相投的小女儿陪着他欣赏这些奇怪的食物。那块奶酪我们没舍得一次吃掉，每一次都只切几小片品尝一下，他很想让这个稀有的享受尽量延长。

爸爸说：

"欧洲有各式各样味道的奶酪，有软的、有硬的，有新鲜的、有陈年的，有温和的、有味道极强的，还有很臭的奶酪。我在捷克、匈牙利和苏联品尝过一些。以后有机会，爸爸带你一起去欧洲好好地品尝一下好不？"

"嗯！"我兴奋得直点头。

爸爸跟别人不一样，他有他享受生活的独特风格。有一天他骑车带着我一起去三棵树那个大一点的村打酱油，买些生活必需品。快到的时候开始下雨了。看着人们一个一个匆匆忙忙地往家赶，把头盖起来，开始跑去避雨。我问爸爸：

"咱们要不要去避避雨？"

"闺女，我们才不避雨呢，这雨多好了，走我们大踏步前进，享受这雨。"

说着说着他推着车居然走到路的当中去，一边跳着扭着往前走。我也紧跟着爸爸开始了我们的雨中行！老乡们都看着这一老一小，带着不可思议的眼神。他就是这样一个大孩子，一辈子保持着童心，一个不受拘束和不拘小节的自由精神主义者。

抽烟又喝酒，混蛋

　　爸爸观察力很强。他知道妈妈整天忙忙碌碌，干了很多的活，承担着全家的生活重任。而他农闲的时候更喜欢跟朋友聊天，海阔天空地谈天南海北、音乐、文化历史。所以他给自己的打油诗其实更加的确切：

能干他不干

在家吃闲饭

抽烟又喝酒

混蛋！

　　那时候，我们几个孩子也常常做些不为人知的"小坏事"。妈妈不知道的是，云云和燕燕还有我常常趁着妈妈不注意就把那院子里开始长出来的小茄包、小黄瓜、小水萝卜给偷着吃了。我最喜欢的是那小茄子包，甜甜的好好吃。我们整天盼着那西红柿慢慢地变黄、变橘，最后变红，摘下来拌着吃或炒鸡蛋。那菇娘（学名醋栗）一出来结很多的果，黄黄的漂亮极了，香甜鲜甜的。我们会把它拿来，用手把它慢慢地捏软，用小针把头上扎一个小眼，慢慢把里面的籽一点点地从口上挤出来，这需要极大的耐心。这被掏空了的菇娘就变成了一个小乐器，我们放在嘴里把空气挤出来的时候它会发出声音，好像小口琴一样非常的好玩好听。云云和燕燕她们还偷吃妈妈晒得半干的地瓜干。云云偷着把妈妈做的米酒，刚刚出来一点水儿（米酒）就给偷着撇着喝了。有时候妈妈说：

　　"奇怪啊，这米酒怎么这么久还不出水呢？"

　　我看着云云和燕燕在那里偷着乐呢，本想告诉妈妈，但是想了想不能背叛姐姐们。

　　我们家的猫生了一窝小猫5只，它们好可爱，棕、黑、黄、白在每个小猫身上的比例都不同。它们茸乎乎的慢慢地睁开了眼睛。它们就住在我

萤萤和猫妈妈

们的炕上，很快它们就爬来爬去了。再过了几个星期，它们就开始乱跑乱跳。为了让它们更安全，我们在炕边筑上了一道用纸盒的纸和枕头搭的高墙。爸爸找来一个乒乓球，扔到了里面。一场世界足球锦标赛开始了。它们跑来跳去地追逐这个球，有时候跳得高高的，打着把式翻着跟头，太精彩了。

爸爸说：

"这可是比世界足球锦标赛还棒啊！"

"我们会经过一段不稳定的气流，请大家系好安全带，请不要使用洗手间。"

随着广播，飞机开始有些颠簸，我感觉有点不太轻松。但是看到服务员还是照常在机舱里走来走去，我也慢慢地平复下来，回到我的回忆中去了。

没把门儿的嘴

村里的生活很平凡，时间慢慢地过去。有一天爸爸瘸着拐着地回到家。我跟妈妈不知出了什么事，赶紧上前扶住他，让他坐下。

他说："不能坐。"

妈妈问："为什么不能坐？"

爸爸说："屁股被打烂啦。"

妈妈赶紧让他把裤子脱下来，一看屁股和大腿部分都被打烂了。赶紧让他趴下，让姐姐拿来热水和干净毛巾，赶快帮他洗，他一滴眼泪都没掉。但是每次碰到破烂的肉，他都会发出"呵嘶呵嘶"的声音，我看他疼得直流汗，赶紧给他用毛巾擦一擦。妈妈拿来红药水、紫药水轻轻地慢慢地给他上上。她一脸的悲伤，又无奈又心疼地问他：

"他们为什么又打你，是不是又是你那张没把门儿的嘴？刘炽啊，刘炽，你什么时候能长点记性呢？！"

妈妈猜得没错。因为爸爸在几个他认为还算不错的人面前说了关于江青的话。别人都不敢说，他聊天的时候话赶话，说江青在上海的时候就怎样怎样，去了延安又怎样怎样。这可不得了，有人打了小报告给十六大队。他的罪行是"污蔑"江青同志和"攻击伟大领袖毛主席"！

其实这样的事也不是第一次了。爸爸在 1966 年"文革"一开始的时候，就当着沈阳音乐学院领导的面，在公开场合说"音乐学院的学生一定要认真学习民歌，光唱毛主席语录歌是学不好音乐的"。那个时候，除了赞扬和奉承，谁还敢说毛主席语录歌的问题？爸爸很快就被揪斗为"走资本主义道路的当权派"，而这些话也成了他的一大罪状。其实他只是鼓励学生努力学习各种民族民间音乐，打好音乐基础，不要赶政治时髦。但那时候这样的罪行是有可能坐牢的。

自从"文革"初期东北文艺界首先拉出两株"大毒草"——《兵临城下》和《阿诗玛》后（两首音乐都是爸爸写的），他就成了全国和辽宁艺术界的眼中钉。这些"走资派"被监督得很厉害，他们在乡下也没放过这些"牛鬼蛇神"。这次打得很重。他们在厚皮带上钉了一些小钉子，抽打他，结果是皮开肉绽。爸爸两个月不能躺着睡觉，只能趴着。平时也不方便坐着，只能歪在那。

慢慢地，他屁股上的伤开始愈合，但还是不太敢直接坐下去。一次小秋来找我玩，看到爸爸，这时候他已经基本恢复了，可以稍稍坐一会儿。看他斜着歪着的样子，她觉得奇怪，问：

"刘大大，你为什么歪着坐呢？"

爸爸面带微笑回答：

"哎呀，这屁股给打烂了，不能用了。"

把小秋逗得哈哈笑。他就是这样，居然能把这么严重的一件事用他特有的幽默描述了出来。

给县长都不换喽

其实在农村的时间他们对爸爸的批斗和折磨一直没停过，但是爸爸好像还是保持着乐观，还是能够享受生活的乐趣。他的心很大。西安市歌舞团安排三叔刘烽去大连出差，顺路带着我的堂姐翔妹和堂妹雪甦一起从西安，经北京、营口、沟帮子来农村看我们。三叔记得特别清楚：

"……那时候我见他推着个自行车，后面夹着一个行李，每到一个公社就说：'我是刘炽……正被巡回批斗呢。'但他回家以后赶紧把茶一泡，该喝酒喝酒，该听音乐听音乐。那时候他把所有的家当都搬下去了，连钢琴、留声机都搬下去了。我到那的时候，白天我陪他听音乐，待会儿他到时间就推个自行车去挨巡回批斗去了，批斗完回来，我们就继续喝酒听音乐。

刘烽（前排左三）来盘锦看哥哥刘炽（左一）

他就这么个个性。"

三叔来了，那肯定是有好吃的了。爸爸很喜欢吃，虽然吃得不复杂，但是要求很特别。他是陕西人，所以面食和油泼辣子是一天都离不开的。他有时候出去的时候自己会带着一小盒油泼辣子。妈妈每天都换着样儿地给他做面条、麻食子、揪片、饺子、馄饨、包子、烙饼等。最重要的是面条煮得要很硬、要筋道、有嚼头，再加上油泼辣子那就绝了。那天的晚餐妈妈做了很多的菜招待三叔和堂姐堂妹。我和堂姐翔妹在旁边的大泡子里游完泳，回家看到一桌丰盛的晚餐特别开心。三姨和老姨也来了，一大家人其乐融融。

我们自己菜园子里的菜很丰富。妈妈做了一大桌，最后上来的是陕西的揪片。爸爸在他那一碗揪片上加上一大勺刚出锅的油泼辣子、一点酱油，还加了一点盐，碗里是通红的，看了有点害怕。但我每次都问爸爸：

"爸，我尝一口行吗？"

他每次都高兴地把碗递过来。嘶啦嘶啦，好辣啊！但不知为什么他每次拌得可好吃了，只是太辣，所以我会从他的碗里弄出一些，放到我碗里，然后再加些白的揪片。他吃了两口满意地说：

"哎，今天给县长都不换咯。"

妈妈那天的烧茄子有点咸，爸爸尝了一口，对我说：

"闺女，出去看看是不是有一个卖盐的被你妈给打死了？"

逗得我们哈哈大笑。他平时吃米饭要吃硬的，要一粒一粒的。并且特喜欢吃锅巴。吃饭的最后一碗，一定是泡锅巴加油泼辣子。他在农村时还跟我们房东大叔的儿子女儿一起抢锅巴吃。但如果饭软了，他就会说：

"哎呀！我的牙今天又退休了。"

爸爸是自由精神主义者，很不愿意被所谓的传统和规矩所拘束，对自己的子女也基本是"放养"的。从小

萤萤（右）和堂姐翔妹

他就让我尝试所有的东西。有一次，一个朋友特地从四川带给他特辣的朝天椒。那朝天椒，小小的，看来也没那么可怕。他打开玻璃罐，一连串吃了三个。我问他辣吗？他说：

"还行，你尝尝？"

说着他用筷子从玻璃罐里夹出一个，我张开了嘴，他直接放了进去。我学着跟他一样咬了两口，可好，它好像一颗炸弹在我嘴里爆炸了一样，很痛，我直流眼泪。辣得我喝了一大缸子水，一碗醋，又吃了一个大馒头，还是辣得不能说话！我很后悔又上他的当了。我老不长记性，还记得6岁的时候他让我尝尝他的白酒，结果也是辣得我咳了半天，半天说不出话来。他有时候喜欢小小的恶作剧一下。

有一次爸爸看见一群孩子在玩，他把他们都叫过来说：

"你们会不会唱《让我们荡起双桨》这首歌？"

翔妹、萤萤（左二）、雪甦和三姨柳毅、老姨柳玉芝

"会啊！"孩子们都争先恐后地回答。

"我给你们一个挑战，如果你们任何一个能唱这首歌的时候，一个音都唱不准，我就给你们所有人买酸奶！"

唱几个音不准很容易，但是把每个音都唱不准，真难！

我是"肤轻松"

爸爸的爱玩是出了名的。他不仅仅对艺术是热情投入，并且他特别会享受生活。他的兴趣极其广泛，踢毽子、跳跳踏舞、交际舞、跳绳、吹笛子、吹口琴、打麻将、打牌九、下围棋、打扑克、下象棋。他生活上我行我素，按自己的性子干，不愿意受约束。他常常跟朋友说：

"我是'肤轻松'（夫轻松，当时一种比较流行的药），不像你们是气管炎（妻管严）。"

妈妈是比较宠着他的。朋友们都知道她一辈子伺候着爸爸，以他为中心。她虽然自己才艺非凡，但是一辈子心甘情愿地生活在爸爸的背后。在农村那段时间特别是了不起。每天妈妈也在地里干活，回来不光是做饭，除了把全家的生活搞得特别好，每天晚上是把洗脚水都给爸爸端过去的。

妈妈是一个性格秉直、大气、善良，但是思虑较多的人，她的担忧常常弄得她晚上失眠。她非常羡慕爸爸的"没肝没肺，能吃能睡"，但是更欣赏他的才能和他那纯真的精神。所以妈妈一辈子都是把爸爸和孩子们放到第一位，甘愿做大家的"百人奴"。她把我们的生活照顾得无微不至，一辈子都是这样。妈妈后来悄悄跟我说：

"你爸爸就是一个作曲'呆子'。"其实她爱的正是这个"呆子"。

妈妈也很心疼我，常说：

"这几个孩子里，你过的好日子最少，你吃的苦最多！"

农村的日子虽然艰苦，可对一个孩子来说，一直能每天陪伴在那么乐观、幽默、博学的父亲和勤劳、有创意、热爱每分每秒的母亲身边，我并没有觉得苦。

音乐和画面

爸爸特别爱打乒乓球，打起来不要命。他创作《英雄儿女》电影音乐的时候，时间很紧迫，但他竟然还在那里打乒乓球呢。导演武兆堤已经急得跟热锅上的蚂蚁似的，催着他抓紧完成。爸爸边打边说：

"放心吧，我误不了你的事！"

其实爸爸钻研起来非常认真。他研究民歌、戏曲和各类音乐是从延安开始就有名的。他的弟弟刘烽非常了解他：

《英雄儿女》剧照

　　"他平常在生活中经常要把画面变成音乐，他听见音乐的时候要求自己看到画面。他听东西听得多，在我们搞音乐的里头，他的唱片最多，古典的现代的他都听，兼容并蓄，他听到的还能把许多都背下来。"

　　爸爸就是这样完成着对音乐的积累。白天他玩，晚上他把门一关，上面写上"请勿打扰"，他一气呵成，熬夜把《英雄儿女》的音乐完成了。别人看起来觉得他很神奇，其实他是"生活在音乐中的人"。他虽然在打球，但是脑子里不停地在创作。爸爸跟我说：

　　"他们老看我在玩，还没看我努力学习积累的时候呢！再说了，我玩的时候，脑子里在作曲，等坐下来的时候，音乐已经都创作好了，只需要把谱子写下来而已。"

　　他有点像莫扎特、贝多芬等作曲家，他们是可以在自己的脑子里听得到音乐的，不需要外部乐器的帮助。所以他写作的时候非常安静。

　　爸爸常说："我写作的时候，你们大家可以在周围敲锣打鼓，大声喧哗，就是不能有旋律的声音，不可以唱歌，不可以弹琴。因为旋律会打扰我听到自己脑子里的旋律。"

埂上行

有一天，爸爸说：

"萤萤，我已经跟朱雅芬阿姨联系上了，她说可以接受你做学生。我带你去她那里学琴吧。"

我既兴奋又有点紧张。爸爸说：

"你要努力学习，朱雅芬阿姨是上海音乐学院毕业的钢琴家，'文革'前是我们辽宁歌剧院最棒的钢琴家，她的钢琴弹得特别好。爸爸的《阿诗玛》歌剧刚写出来，总谱还没出来，就把简谱发给了歌队，是朱雅芬阿姨即兴弹伴奏给他们排练的。"

就这样，找了一个休息日，爸爸妈妈带着我去了离三道梁子有十几里路的仙水。一路上我们从一个村到另一个村，有时候步行，有时候能搭上老乡的马车一段。几小时后，我们终于到了朱老师家。朱老师非常和蔼可亲，讲话文质彬彬稍微带着一点上海口音。家里有跟我同岁的小兰，还有比我们大几岁的小春哥哥和他们的奶奶。她的丈夫许直叔叔是名指挥家，可惜1957 年就被打成了"右派"，一直"靠边站"。她满脸笑容地迎接我们。朱老师说：

"欢迎老首长来我家。"

爸爸说：

"都啥时候了还叫我首长。我已经被打倒了，连脚掌都不如，哪里还是什么'手掌'，哈哈。"

许直叔叔给大家沏了茶，请大家坐到炕上，待我们像远来的贵客一样招待着。

朱老师开始给我上课。她说：

"弹钢琴基础一定要打好，我们先学习音阶和琶音、练习曲和小奏鸣曲。"

　　除了上课，我记忆最深刻的是奶奶煮的鱼汤。那鲫鱼汤不知是怎么煮出来的，白白的像牛奶一样，太好喝了！从那时候开始我们两家就常来常往。路再远，也值得。那时候没有很规律地定时上课。有时间就去上课。爸爸妈妈忙的时候，大姐燕燕骑自行车带着我去上课。她有时候也跟朱老师上课。后来大华哥哥也跟着大姐一起去朱老师家上课。他们骑自行车技术还不错，抄小路在稻田埂上骑还很快。有时候需要抬着车走过一些特别窄的田埂。但是偶尔不小心也会掉到稻田里，弄得湿漉漉的一身泥巴。不是有首曲子叫《垄上行》吗？像里面所说的那样：

　　有的时候是你骑车，有的时候是车骑你。光着脚蹚河跨水沟，弄不好摔到水沟里上来变成泥鳅。

　　村与村之间没有直线距离，不可能飞过去，所以都是在田埂大坝上行。有一段还要把自行车扛在肩膀上。一大早出去，上完课马上往回骑，黑天才到家。

他的心跟美那么贴近

　　时过几十年，朱雅芬老师对我爸爸依然是由衷地赞美：

　　"那时候没想太多，大家都特别纯真，没有复杂的想法。你爸爸很单纯的，跟我们的关系，是很自然的感情流露，没有想将来一定怎样。我们能走在一起，也就是在那个时候才可能亲近地接触得到。我来你们家做客，你妈妈很热情，做得一手好菜。你爸爸是很难得的一个人，他的表达是从内心发出的一种感情。那时候有最自然的珍贵的感情关系。你爸爸平时看起来稀里糊涂，但他是一个大音乐家，有时候像小孩一样的简单。"

　　"他人心肠特别好。'文革'前我牙不好，1957 年许直叔叔被打成'右派'，后来我们的日子并不好过。可能是吃得比较差，吃不饱，营养不良，牙坏了，经常疼，并且有的脱落了。你爸爸有一次排练的时候看到我牙疼，关心地问我怎么回事。我跟他简单地说了情况。他那个时候是我们的首长，领导。在我很困难的情况下，他给我特批了一点大米和白面给我补充营养，虽然不多，但他很有人情味地对我这样一个普通演员的关心，让我觉得很温暖，很感动，我一辈子记得。"

　　"他的歌剧《阿诗玛》非常的美，他在那个时代，在那种情况下还能写出发自内心的美的音乐，真的了不起！他没有考虑这个音乐能不能被演唱演奏，是心里的自然流露。有的人在最难的时候可能离美的东西远了，但他不是。我觉得有些环境可能不见得让人能从心里一直感受到美的东西。但是我可以从他的音乐里感受到他的心里跟美那么贴近。《阿诗玛》刚出来，总谱还没出来呢，歌队排练的时候我当时用的是简谱，即兴伴奏排练。虽然我的即兴并不是很好，但是我可以感受得到那音乐实在太美了！那音乐是发自内心地流露。他的每一个作品都不一样。没有固定的格式化，都

20 世纪 90 年代萤萤在伊斯曼音乐学院读博士时再次见到朱老师

是从心里出来的。在那种困难的情况下他的心里还有音乐，并能写出美丽的旋律，他的内心是多么的美啊。他是一个什么样的可亲可爱的人啊！活生生的一个音乐家。如果不是那个年代，恐怕我们也没有机会这么近距离地认识他这样一位了不起的音乐家。"

画路标

在仙水村除了朱老师家，还有爸爸妈妈的朋友万赖天伯伯和白玲阿姨。万赖天是中国著名的话剧、电影导演，曾任第三届全国人民代表大会代表、中国戏剧家协会辽宁分会主席、辽宁省文联副主席、辽宁省政协委员常委等职务。他先后担任东北人民艺术剧院及辽宁人民艺术剧院导演，导过很多部电影、电视剧。

他们邀请我们第二天去他们家吃饭。白玲阿姨很优雅漂亮，说话细声细语的。万赖天伯伯留了大胡子，看起来让人觉得有点害怕。爸爸说"文革"时他的身体被折腾得一直不太好，很少出来走动。大姐燕燕"文革"之前在辽艺大院的时候，跟他们的儿子万迅生一起长大，非常要好。我还以为他可能成为我的大姐夫呢。"文革"开始后迅生哥哥有机会留在沈阳的工厂工作，并没有跟他爸爸妈妈一起下乡。而我姐姐一直在乡下，后来去参军，这段可能的姻缘也就不了了之了。他们家在仙水养了一只白色的大狼狗，很是英俊漂亮。爸爸妈妈决定找机会带我们家的虎子来相个亲，让它们生出漂亮的小狼狗来。但我很难想象白色的大狼狗和德国牧羊犬交配能生出什么样的狗来？就这样，我们常常穿梭在三道梁子和仙水的田埂、大坝和小土路间。脑海里一直回响着美妙的音乐。

自从上次在仙水白玲阿姨家见到了那只大白狼狗，爸爸一直想着给虎子交配。再去上课的时候我们就带着虎子一起去了。我看虎子一路上还挺忙，不停地闻这闻那，常常找一棵路旁的树，抬起后腿来尿出一点尿浇在树根上。

我问爸爸：

"它怎么今天这么多尿啊，是不是出来前喝多了？"

爸爸乐了：

"它这是画路标呢。"

"画路标？"

"它把自己的味道一路上撒在这些路边的树上，回家的时候可以找得到路。"

"哦！我们不是说好了，过几天来接它回家吗？它不用画路标啊。"

"是的，这是狗狗的习惯。"

我上完了课跟爸爸把虎子领去见大白狼狗。很多小朋友都怕狗，但我从来不怕狗。每次见到狗，它们都对我很好，我好像很有"狗缘"。大白狼狗也很友好。爸爸说：

"看来它们互相还蛮有兴趣的。"

说好了，让虎子在那多待几天。我们在那待了 2 天，我上了几节课，又在朱老师家和白玲阿姨家吃了很多好吃的。那天中午天气已经开始变得很冷。爸爸说可能要变天，我们赶紧去跟虎子说了再见，它那恋恋不舍的眼神让我好不舍得。但是爸爸说不知道它们配上没有，得让它再多待几天，我们就上路了。我们很幸运，紧赶慢赶地在天黑前回到了三道村的家。那鹅毛大雪在我们回到家的时候已经开始大片地从天上飘了下来。吃完晚饭的时候，我和妈妈出去解手，那地上已经有了一尺厚的雪，白白的，好漂亮。我蹲下去屁股碰到了凉凉的雪，呜呜，还蛮爽快的。白白的鹅毛大雪轻轻地飘啊飘的，有的飘到了我的头上，我伸手去抓，但是没抓住，它们很狡猾地飘出了我的"魔掌"。天空里闪烁的星星照在大地上一片银色的光辉，寂静的夜晚太美了。

我们洗漱好后，都开始躺在炕上看书，这时已经是晚上 11 点多了。突然听到隐约的扒门声音。

妈妈问爸爸：

"不会是虎子吧？"

"不太可能，虎子在仙水，我们走的时候，它跟大白狼狗拴在一起的。"

"你听，还有狗狗哼唧的声音。"

说着妈妈就起身去开门，我好奇地跟在她后面，那哼唧和扒门的声音也更加清晰。门刚开了一个缝，虎子就用力推开了它，冲了上来，扑上去，站着拥抱着舔妈妈的脸。接着就过来舔我的脸，好像日久不见了亲人的那种热情！妈妈好感动，马上去拿了白馒头来给它吃。那是第一次妈妈主动给虎子拿白馒头吃。她看着虎子吃，一边嘴里唠叨着：

"你是怎么找到家的啊？！这大雪纷飞的，即便是你那路标也应该是被这大雪埋没了。"

我和爸爸更是惊奇得不得了。它太聪明了，挣脱了拴着它的绳子，在大雪纷飞的黑夜中，十几里路，它一路奔回了家。我们赶紧帮它擦身，它湿得透透的。怕它着凉，我给她盖上了我的一件毛围巾。

爸爸说：

"这么快它就跑了回来，也不知配上没有？"

一桶螃蟹

那时候东北的冬天冷得能"冻掉下巴"。有时候冻得我都不敢吸气，生怕冷空气进到鼻子里，混上里面的湿气会把鼻子给冻住了。早上起来房檐上常常挂着一溜一溜的冰溜子，长长短短参差不齐，在阳光中闪烁着，有时候在里面看得到彩虹。大地上覆盖着厚厚的白雪，把冬天那干枯的世界覆盖上一层洁净的白毯。清晨寂静得能听到自己呼吸的声音。放眼看去，小村里那一座座土坯房显得美丽洁净，只看得到每家房上烟筒里冒出来的炊烟，简直是一个童话的世界。这雪慢慢地随着那刺骨的寒风飘走了，又露出棕色干枯的土地。就这样一冬天这白色世界和棕色的世界在不停地交织着、转换着。

无论天气如何，我们家的客人还是不断。常来的有爸爸非常欣赏的王秋颖叔叔。他从 1943 年第一次登上舞台，先后在 86 部话剧、电影中成功扮演了 86 个角色。在话剧舞台上，他塑造了众多生动的舞台形象，在《日出》里演李石清、《边外村》中饰演耿五老爷子、外国经典话剧《吝啬鬼》中的阿巴公、《为了革命》中的罗曼诺夫斯基；他还成功塑造了大量的银幕形象，《甲午风云》中的李鸿章、《兵临城下》中的胡高参、《花好月圆》中的范登高等。王秋颖叔叔喜欢喝点小酒。他每次来了，妈妈是一定要炸花生米，有时候还炸点虾片，还有她自己腌的咸鸭蛋、泡菜和小咸菜等。我最喜欢他那雄厚的声音。

爸爸说：

"你秋颖叔叔很了不起，以后带你去看他演的《兵临城下》中的胡高参和《甲午风云》里的李鸿章。他那眼神、表情，绝了，那才叫一流的演技！"

"别说我了，你那段大提琴独奏曲我最欣赏了！"（《兵临城下》里的一段插曲）就这样，他们一边叙旧一边喝酒。

"你知道林农怎样了？"（林农是《兵临城下》的导演）

"没什么消息，估计日子好过不了！"

我多么想看这些电影啊。爸爸常常跟王秋颖、杨园、刘萤、李国宾等几个叔叔一起喝个酒，吃点饭。有时候我们也会去秋颖叔叔家坐一坐。除了讲笑话，他们聊这聊那的。一次刘萤叔叔说：

"前些日子那姓高的造反派，看我家杀猪，他非要吃猪肝。逼得我没办法！我知道我被监管的身份，就谎说没有酒，他非坚持。后来你记得我拉上你，咱们三人同饮，谁料居然有人捅到十六大队。"

当时在高升有个十六大队办公室，专门整治辽革站以外的人，尤其是当权派。十六大队是一个姓王的管的。他是辽大毕业后分派到省文化厅的，赶上了"文革"，当了文化厅辽革站的头头，后为十六大队的专案大队长。而姓高的经常向姓王的汇报。

爸爸平静地回答：

"记得。为这种事他们斗过我，高也用拳头打过我，说是阶级斗争还没有结束。"他接着说：

"你知道吗？没下乡前，在辽艺大院里我突然听到身后有人喊'刘院长'，吓我一跳，都这时候了是谁还敢叫我'院长'，是他老婆，她说：'咱们下乡在一个大队，我现在欠人家钱，有好几份，我想向你借钱，把账还上，欠你一份儿，下乡之后再还你。'我当时就答应了。说：'可以啊，柳春的工资现在管全家的生活，我的工资全都在专案组手里，你们需要多少钱跟专案组说一声就行了。'"哈哈哈，他们一同大笑。

刘萤接着说：

"你记得那个被调歌剧院当导演的吧，真坑人！演一个人物都没整明白，还当导演去摆弄一群人，真是悲剧。因为他是党员，用众人的青春培植一个蠢材，歌剧事业能不走下坡路吗？嗨，也就在这随意说说罢了，这些话放在1957年就是'右派'了。"

爸爸说：

"其实这些事都不是个人的问题，而是我们的系统和文化的问题。系统不允许让真正有才能的人发挥才智，无能的人掌权，最后形成的是一桶螃蟹的效应。"

"一桶螃蟹？"

"是啊，你抓着我的腿，我捏着你的胳膊，他夹着我的脖子，谁也别想往前走一步！"哈哈哈。

就这样他们在土坯矮房里常常小小地穷欢乐一下。这些小小的穷欢乐给了他们一些小小的安慰。

北斗星

"你们到外面去待一会儿。"

一天傍晚妈妈对我们说。我刺溜就跑出去啦，我知道她要干什么。这是我夏天最讨厌的时刻。太阳刚刚落下，夜晚还没有来临。她把所有的窗子和门都关上了。拿出那个喷雾器，开始喷啊喷的。直到满屋子里一股呛鼻子味，在外面都能闻得到。她每天晚上睡觉前都打"滴滴涕"，为了消灭掉藏在房间里的蚊子。那时候生态环境比较好，蚊子虫子比较多。除了蚊虫，炕上跳蚤也多。现在想起来比较可怕。不光我们的肺里不知道吸了多少"滴滴涕"，还有蚊子、虫子是生态平衡和生态健康的基础，很多鸟类和两栖动物都依赖这些昆虫生存。而我们用的那些极其有害的化学喷雾既伤害了我们，也杀死了无数的昆虫！

妈妈在长长的炕席底下和边上也都撒了666粉，为了赶走跳蚤。我每次都是捂着鼻子进门，呛得不得了，没办法只能忍着躺下看书，直到慢慢习惯了那股刺鼻的味道。

我和爸爸在外面等待的时候，他常常点上一根烟，那烟头在一片漆黑中时不时微微发亮。黑夜里空气中散发着各种混杂植物的味道。不远处有青蛙在叫，身边也会有几只蚊子飞来飞去找它们下一顿晚餐。我心想，家里的猫可能又去河边钓鱼去啦。那天空里的星星非常的明亮，爸爸指着天上的一堆星星问我：

"你知道那是什么吗？那是银河系。"

我一眼望去，看见好多星星聚集在一起真的有点像一条星河。他又指着另外一颗更加明亮的星星：

"你知道它的名字吗？它是北斗星。你知道怎么在天空里找到它吗？"

接着他拿起我的手，指着几颗星星，跟我说：

"你首先要找到那几颗星星形成的勺子形，然后再从勺子头上的两个星星垂直向上，大概四倍距离的地方就能找到北斗星了。我们在野战部队行军的时候都是靠着它才知道往哪里走。"

我觉得那天空好神奇啊！而爸爸更神奇。

能看懂多少就看懂多少

终于可以回屋了。我想起睡前要做学校的作业，心里有点踌躇，那作文题目好没意思，怎么写呢？我懒惰地半跪半坐在炕上的小桌上写作文。爸爸从炕边走过，过来用手摸摸我的头，耐心地说：

"你看你，又趴在那！你那眼睛离作业本那么近，好像要吃纸似的，那脸都快到纸下面去了。"

他描述得挺贴近我的状态，逗得我乐了。

"赶紧坐好，坐正了！"他最后加了一句。

爸爸坐在了地上的小圆桌旁边，那上面放了他的五线谱，准备写点东西。谱子上的小节线在头一天晚上已经画好。谱纸旁边放了一桶削好的铅笔，每一个铅笔头都是尖尖的，整齐漂亮，铅笔在桶里散着，像一朵盛开的鲜花。就这样我写我的作业，妈妈坐在炕沿上织着毛衣，爸爸开始写作。

写完了，我把书本和作业本还有铅笔往旁边一推，就准备去看我的书了。爸爸一看我这样，就叫我：

"萤萤，爸爸昨天说什么来着？"

好吧，我有点不情愿地把书和本都整理好，放回到书包里去了。

"爸，我明天再削铅笔不行吗？"

说着我瞥了一眼妈妈，看她能不能帮我说说情，她朝着爸爸努了努嘴，意思说：听你爸的。爸爸说：

"不行，现在就准备好，要养成好习惯。"

我只好拿来小刀，耐心地一点点把铅笔给削尖了，放回铅笔盒里，放到书包里。不知道爸爸怎么这么有耐心，每天写完谱，无论多晚，他会一根一根地把一大把铅笔都削好，五线谱上的小节线都画好了，所有东西整整齐齐地放好了，才去睡觉。他说这样第二天开始工作的时候就不必被琐碎的事打扰自己的创作思路了。

所有都收拾好了，妈妈跟我一起洗漱后，终于可以躺在炕上看书了。那时候，每天晚上睡觉前都是我们看书的时间。有时候爸爸妈妈看到半夜，我也跟着看到半夜。我的头几本书包括美国作家海明威的《老人与海》（*张爱玲翻译的*），法国作家巴尔扎克的《人间喜剧》里的一些故事，都是傅雷翻译的，其中有《欧也妮·葛朗台》《高老头》《贝姨》《邦斯舅舅》《夏培尔上校》等。法国作家罗曼·罗兰的《约翰·克里斯朵夫》和《母与子》，德国作家歌德的《少年维特之烦恼》，这也是爸爸年轻时很喜欢的一部作品。苏联作家莱蒙托夫的《当代英雄》，屠格涅夫的《父与子》，普希金的《高加索的俘虏》《叶普盖尼·奥涅金》《上尉的女儿》，爱尔兰女作家伏尼契的《牛虻》等。

爸爸"文革"前买了莎士比亚全集。"文革"期间都被抄走，但后来还回来的还不少，里面有《哈姆雷特》《李尔王》《奥赛罗》《罗密欧和朱丽叶》和十四行诗。还有英国女作家勃朗特的《呼啸山庄》等。其中有几本书里有些缺页，估计是抄家的时候被撕掉了。但是整个故事还是能连到一起的。爸爸妈妈看完的书，我就拿来看。他们不光不阻止我，爸爸还经常鼓励我：

"你能看懂多少都可以，慢慢看吧。"

我看巴尔扎克作品的时候，爸爸跟我解释说：

"《人间喜剧》描述了当时法国社会各个阶层的各种景象，是一部文学巨作。傅雷先生是我们国家最棒的法文翻译家，你要好好地读，注意读这些作家是如何描述当时的社会情境的，耐心地读那些细腻的描述。不要图快，不要光读故事。"

爸爸很了解我看书快、喜欢故事情节的坏习惯，常常把那些比较细腻的描述匆匆地就翻页过去了。其实那时候有很多书可以看。除了我们自家的书，有一阵子，说是江青要求知识分子看一些"大毒草"，为了能更好地批判它们，知识分子们被要求看这些西方古典文学，主要是为了能够分析批判他们为什么是"大毒草"，"毒"在什么地方。其中有法国作家司汤达的《红与黑》等。爸爸看完了后晚上悄悄地跟妈妈说：

"其实，这小说写得很好啊，反映了当时法国社会的不平等，对于连的遭遇描述得很让人同情，那文笔也非常的美。"

"嗯，你在家里说可以，可千万不要出去乱说啊，不然又遭殃了。千万管住你的嘴啊！"

当时批判"大毒草"不局限于这些文学作品，有些人在讨论关于无标题音乐的阶级性和政治倾向什么的，妈妈很怕爸爸在这些批判会上又说漏了嘴，招来毒打。

眼巴巴地看着她走了

表姐秀洁来了，我特别高兴。自从"文革"初期在大连见面后，就一直没见到她。她老叫我"小臭莹莹"。她来了，有人陪我玩了。家里又多了一个劳动力。平时大姐、爸爸、妈妈都去地里劳动，我一个人放学回家等他们从地里回来，有时候还挺寂寞的。她来了每天去老秦叔叔家取来爸爸妈妈订的各种报纸，有《人民日报》《参考消息》《文汇报》等一大摞。爸爸妈妈每天是一定看新闻的。但是那只是官方的新闻，很多其他的消息，"真正的新闻"都是通过人传人，小道传来的。但爸爸说必须要每天看参考消息，因为那里有国际新闻。

1971 年 1 月云云高中毕业（不知为什么冬天毕业）。接下来的几个月她跟其他人一样开始去地里劳动。那时她 18 岁。她从小就身体不好，爸爸妈妈很担心她能否承担去地里干活的生活。像她这样的"黑帮"子弟，待在农村能有什么前途呢？那时候没有大学可以上，所有的大专院校全关闭了。爸爸妈妈商量，想办法让她也去当兵，在那里也可能学到一些技能。但是这样的机会也不是一下子就找得到的。他们商量先把二姐送去老家陕西，在那等机会。她去了就住在了三叔刘烽家。

云云毕业证

　　几个月后，甘肃省19军宣传队来陕西招文艺兵。宣传队最早一批文艺兵都是唱样板戏的。他们想改成歌舞团，特地来西安三叔三婶那里招学员班的年轻人。三叔当时是陕西省歌舞团的团长，三婶是陕西省歌舞剧院的院长。"文革"开始的时候陕西搞三结合。三叔和三婶一开始作为"当权派""反动学术权威"被打倒了，由工农兵来管理艺术团体。过了一段时间觉得工农兵实在是不懂如何管理文艺单位，就解放了他们，跟工农兵结合在一起管理文艺团体。招兵的人来三叔家，三叔让他们也顺便考一下我二姐。

　　"你唱首歌，跳个舞，弹了一首钢琴曲吧。"

　　他们觉得她还蛮有文艺才能的，就同意接受她当兵进宣传队了，但是有一个要求：

　　"你得改学手风琴，因为下部队不能带着一架沉重的钢琴。在宣传队，我们需要一专多能的人。"

　　二姐需要帮着歌队练声，拉手风琴伴奏各种小品，参加舞剧的群舞，还时不时地帮着敲小锣等等。她在甘肃张掖安顿下来，爸爸妈妈也就放心了。她时常写信回家说学习手风琴，在宣传队里干得还蛮有兴趣，她最想干的就是文艺。后来宣传队不知为什么解散了，她被分配到了医院当通讯兵，接电话什么的。她走之前我们一起照了相留念。她去了不久给我们寄来她穿军装照的照片，好神气。

　　她走的时候大家都依依不舍。特别是跟她同班的同学——凝文军和蔡

云云

九海大叔的儿子大山子哥哥。但是他们也都很羡慕她。那个年代能从村里出去是一件不容易的事。大山子哥好像是爸爸的干儿子一样。他一直对我二姐可好了。二姐走的时候，他来送别，我可以看得出，他眼神里的恋恋不舍。他心里明白我二姐这一走，恐怕很难再见到。但他什么都没说，眼巴巴地看着她走了，而她这一走就是好几年，中间回来过一次到三棵树看我们。全家

1978年恢复政策爸爸被调回北京，她幸运地复员回到了北京。多年后我和二姐再次回到三道村，我跟大山子哥坐在他们家的门槛上看着西北方飘来的

多年后萤萤、云云回盘山三道村与大山子合影

20 世纪 90 年代萤萤去看望蔡九海大叔大婶

20 世纪 90 年代萤萤回三道村

黑色云彩，那风里带着雨的预告，他的眼神里稍稍带着旧时的忧伤，跟我说：

"如果你们一直待在村里，大伯肯定会把你二姐许给我。"

"大手掌"

有一天来了一封信，爸爸特别高兴：

"这是程云伯伯来的信，你知道吗，他现在是大首长了。我们一起给他写封回信好吗？"

"写什么呢？我不认识他啊！"

爸爸递给我一张白纸：

"你把手放在上面，用铅笔按照手形在上面画出轮廓，然后写上'大手掌'三个字。"

我觉得这样写信真好玩。我画好后爸爸加到他的信里一起给程云伯伯寄去。

程云是爸爸从延安时期起一辈子的好朋友，在最困难的时候他们也没有忘记对方。他们一起经历过延安整风。他比我爸爸大一岁，才华横溢，既是作曲家，又是诗人作家，还是一位特殊的书法家。他1953年后历任中南人民艺术剧院副院长、艺委会主席，中南音乐专科学校校长，武汉人民艺术剧院院长，武汉市委宣传部副部长，湖北省文联第二、三届副主席，武汉市文联第二、三届主席，中国音乐家协会第三、四届民族音乐委员会副主任，音协武汉分会主席。1955年加入中国作家协会，著有众多的著作。

他们两个不分你我。程云在北京作曲作不出来的时候来找爸爸帮忙：

"柳春啊，今晚呢，麻烦你到大娘房间去睡，我睡在刘炽的床上。他得替我把一首曲子写好，我明天早上起来要交稿，之后他才能睡觉！"

就这样，爸爸熬夜帮他写好了曲子，他交稿还得了奖！这都是旧事了。我家里现在还挂着他写的，更确切地说应该是画的象形的花鸟虫鱼，还有

多年后莹莹与王昆、程云合影

跟我母亲合作在她的梅花上写的《风雨送春归》一诗。

他对我父亲的才能从延安的时候起就钦佩至极。他给我父亲的题语是"燃烧的火，奔腾的河，人民的心声，刘炽的歌"。而我父亲称他为大才子。

"你以后要跟程云伯伯学习中国诗歌和诗词。这里面学问大得很呢。他有很多故事，我还记得他最早给我讲过的一个故事。"他接着说：

"很久前，有一个穷秀才去参加科举考试，路过一家酒家歇息，看上酒家的姑娘，那姑娘好像也对这秀才有好意。秀才向她父亲请婚，说等考上了状元一定回来请她做状元夫人。她父亲说这可要看你的才能如何。我怎么知道你能中得上状元呢？你先来即兴作个对联吧。这才子看了看周围，看到这酒家也很简单，没什么奢侈品。桌子上放着一盏油灯里面一根白色捻子泡在油里，头上一点红彤彤的火。他的上联就出来了：银蛇过海头顶一轮红日。接着他看见墙上挂着一杆秤，上面斑斑点点地标记着衡量的尺寸。接着他想出了下联：金龙卧壁身披万点金星。"

"你看这么简单的场景，他都能作出这么漂亮的对联。"

我觉得很神奇，真的，我怎么想不出来这些漂亮的对联？

我最喜欢爸爸讲这些故事了，就坐在炕上静静地听。他说：

"古代有文化的人是琴棋书画都要学习的，是全面发展的人。音乐和作诗都是很重要的才能，跟欧洲文艺复兴时代全才发展的'文艺复兴人'是同样的概念。"

泻药，补药，膏药

接下来爸爸讲了一个比较长的故事，这里面充满了对诗歌的深度理解，而又饱含了风趣和幽默：

有一个富人家的孩子被送去上私塾，但是他不好好学习，留下的书背不下来。结果被罚，留在学校继续背书。他背着背着就开始开小差了。那时已经接近傍晚，天色开始暗下来，他呢，诗兴大发。拿起毛笔正在想写点什么，突然看到一只硬壳虫从外面飞进房间，在里面打转转，发出"呜呜"的声音。在房间里飞转了几圈后，突然撞到墙上，扑拉一下子掉到了地上，他走近一看黑不溜秋得像一小堆炭。于是他的第一句诗出来了——"呜碰扑拉炭"。

接着一只猫追着一只耗子进来了，猫追逐着耗子跑来跑去，最后终于抓到了耗子。猫去抓耗子的时候发出了"呋吱"的声音。抓到后开始吃耗子，发出咬嚼耗子的声音"疙匝"的声音，看起来很享受，他想象好像跟自己吃糖一样的香。于是他写下第二句——"呋吱疙匝糖"。

他妈妈在家里等不到他，有点担心，就来私塾找他，在窗外往里看，灯光太暗看不清楚，就用小手指在嘴里舔了一点唾沫，在窗户纸上点了一个小孔，趴着往里窥探（古时候的窗子是纸糊的）。他从屋里面看到妈妈的眼睛在窗户纸上透过来，像一个小小的绿豆。于是他写下了第三句——

"母窥窗绿豆"。他妈妈跟老师说了情，把他带回家。他回去看到丫鬟们在泡脚，那裹着的小脚在热水里泡着红不刺啦得有点像水里漂着的姜子。于是他写下"丫洗水漂姜"。

吃过饭，他妈妈叫他接着背书，他看到房檐前飞回来一对鸽子，是他用120块大洋买的。于是第五句——"檐前飞百二"出来了。他看着看着突然一阵风刮过来，把他正在读的一摞纸刮得在炉灶附近乱飘。于是第六句诗——"炉头走万张"写了下来。

这时候他二哥回来了，腰上缠着两块白色的玉石，虽然很漂亮，但是他知道那是假的。于是他写下第七句——"况（二兄）腰二白假"。这时候他的内人（那时候年轻的富人家孩子很早就给许配了内人）从他面前走过，头上戴了一个黄色的花，还散发着一股香气。于是第八句诗也问世了——"肉（内人）顶一黄香"。

这诗写完了，他很兴奋，揣在袖子里，满怀自信地第二天就去镇上逛街去了。走着走着，他突然看见一个铺子。上面写着"为诗看病"四个字。他很好奇，就进去问那个老先生：

"您给诗看病是怎么个看法呢？"

老先生说：

"通常啊这诗有吃泻药的，有吃补药的。"

"哦，那你跟我说说。"

"你看这首诗就需要吃点补药：'久旱逢甘雨，他乡遇故知，洞房花烛夜，金榜题名时。'这第一句'久旱逢甘雨'，这8个月也是久旱，两年也是久旱，描述不够强烈。如果加一个'十年'在前面就能表达出干旱的程度。那这句就变成'十年久旱逢甘雨'。第二句是'他乡遇故知'，这10里路是他乡，50里路也是他乡，不够劲。但如果加一个'万里'在前面那就增加了这他乡的真正意义，所以第二句是'万里他乡遇故知'。第三句'洞房花烛夜'是很特殊，但是基本上每个人一次吧，有的人还不止一次。但如果加上'和尚'那才能表达出这花烛夜的稀有呢。所以第三句应该是'和尚洞房花烛夜'。

第四句'金榜题名时'是很值得庆幸，但是如果一个聪明人加上努力都是可以在金榜上提名的。所以并不稀罕。但是如果加上'白丁'那多给劲啊，一个白丁能在金榜上提名，了不起。所以第四句应该是'白丁金榜题名时'。你看这补药一吃，这首诗的意义更加非凡。'十年久旱逢甘雨，万里他乡遇故知，和尚洞房花烛夜，白丁金榜题名时。'"

书生说：

"嗯，这还真是有点道理。那吃泻药怎么吃呢？"

老先生说：

"你看这首著名的诗：'清明时节雨纷纷，路上行人欲断魂，借问酒家何处有，牧童遥指杏花村。'它很有名吧，但是如果吃点泻药会更好。你看第一句'清明时节雨纷纷'，这清明本来就是一个时节，所以这两个字根本不需要。所以应该去掉。第二句'路上行人欲断魂'，这不是废话吗？还能在炕上行人吗？所以路上两个字是多余的。第三句'借问酒家何处有'，你问就问呗，借什么呀？所以'酒家何处有？'就行了。第四句'牧童遥指杏花村'，非得牧童啊？别人不能指吗？所以'遥指杏花村'就结了。所以你看这诗吃了泻药后更加简洁。'清明雨纷纷，行人欲断魂，酒家何处有，遥指杏花村。'"

这书生听了后很兴奋，立刻从袖子里把自己写的那首诗拿了出来，说：

"老先生，请您指导一下，我这首诗应该吃什么药？"

老先生把诗好好地读了两遍："呜碰扑拉炭，呋吱疙匝糖，母窥窗绿豆，丫洗水漂姜，檐前飞百二，炉头走万张，况腰二白假，肉顶一黄香。"

书生等不及地问：

"先生您觉得我这诗是该吃泻药还是补药呢？"

老先生慢慢地抬起头来说：

"这样吧，我给你两块膏药，你嘴上贴一块，屁股上贴一块，有话少说，有屁少放！"

爸爸说着哈哈地大笑了起来。我和妈妈都笑得不可开交了！

拿到什么读什么

"玩笑归玩笑。我跟很多搞创作的叔叔们都讲这个故事，告诫他们写作要有标准，不能啰唆，表达要准确，不然就要吃'泻药'。但也不能不表达充分，不然要吃'补药'。还有的人真的没什么好说的，就不要自作多情，说废话。那时候就需要两副膏药了，哈哈。"

"你现在还小，但要多读些唐诗、宋词和元曲。将来你的中文再好些，也要好好地读《史记》《诗经》《三国志》《春秋》《资治通鉴》等古典文学作品。做一个艺术家要有根，我们的根就是我们的文化和文学。可惜爸爸这里没有中国音乐的唱片。将来我带你去听各种戏曲吧。"

"嗯！"

"我们中国人有很了不起的悲剧故事。从戏剧角度上大起大落，悲壮得惊人。将来爸爸还计划写几部歌剧，《孟姜女哭长城》《赵氏孤儿》《桃花扇》《劈山救母》等。我们中国的戏剧比起西方的歌剧故事，像《阿依达》《奥赛罗》《黑桃皇后》等一点都不逊色。有时候故事想象力更加的大胆。《孟姜女哭长城》里除了有极度的烂漫主义色彩，还有现实和虚无的幻想大胆结合。比如在故事的最后把海龙王也加了进来。这些都是难得的戏剧表达机会，你能想象用各种歌剧手段演出来会多棒吗？"

他的声音里和脸上都带着兴奋。我对他的问题一点都答不上来，只是眼睛关注地看着爸爸脸上认真的表情，听着他讲，心想这些故事我还都没看过呢。其实我看他不是要我回答，而是跟我分享他对创作的一些多年的思考。他接着说：

"你也要好好地多读几遍曹雪芹的《红楼梦》。这故事里的人物关系错综复杂程度不是一次就可以读懂的。另外里面有很多诗词对联等等很有学问的。我们有很多红学专家专门研究这部著作。我也希望以后有机会能把这部作品写成歌剧。"

我认真地听爸爸讲，听懂的没听懂的都记在了心里。他在我的心里种下了很多好奇和学习文化、艺术、音乐和戏剧的种子。

就这样我开始一边读西方古典文学作品，一边读中国诗歌。我开始养成同时看几本书的习惯，穿插着看，觉得很有意思。它们让我在不同的文化星空里穿梭，让我的想象力飞速发展。有时候我被罗曼·罗兰的《克里斯托夫》和巴尔扎克的《人间喜剧》、希腊悲剧带到了另一个文化世界，或者被《红楼梦》带到了大观园。爸爸说得很对，《红楼梦》一开始很难读懂，很难进入到那个梦幻世界里去。我花了很多时间了解每一个人物角色的个性，和他们之间的错综复杂的关系，里面的诗歌和对联最让我羡慕得不得了。那些人这么地有文化，能写出那么美的对联。《三国演义》《水浒传》和《西游记》比较容易读。爸爸的引导让我开始对书产生了极大的兴趣。他说：

"你读吧，读不懂也要读，以后慢慢地就懂了。"

我开始什么都读，除了中国作家的还有苏联作家、美国作家、欧洲作家的作品，包括普希金、托尔斯泰、斯坦尼斯拉夫斯基、巴尔扎克、歌德、罗曼·罗兰，希腊悲剧、法国喜剧，能拿到什么就读什么。

河神救了我？

这个夏天过得极快。有一天我的两个小朋友小秋和小慧还有几个孩子一起商量去河里游泳。我那时候还没学会游泳，只能在河边比较浅的地方扑腾扑腾"打狗刨"。也就是两只胳膊乱划拉，两只脚不停地在后面扑腾，像小狗一样。小秋是孩子头，因为她最大。她比我大3岁，小慧比我大2岁。我呢很愿意跟着她们玩。她跟小慧商量说我们去一个河流比较窄的地方，这样比较安全方便。就这样一行几个人，走了一段时间，找到了一个能比较方便下到河里的地方。大家换了泳衣，就进到了河里。我在河边上玩，小秋和小慧来来回回地游过去对面，再游回来。她们说为了将来横渡大泡子做准备。我看着很羡慕，也很想去对面。就问小秋：

"那河中间深不深啊？"

小秋游到了河道中间，站了起来。我一看就到她的胸前那么深。心想，真的不太深。就问她：

"我搭你的肩膀打狗刨过去可以吗？"

"行啊。"

就这样她慢慢走着，我双手搭着她的肩膀往对面游。我很开心终于能去河对面了。走到一多半的时候，突然她脚下一歪滑倒了，我的手从她肩上滑了下来。我突然感觉全身往下沉，水在我旁边呼隆隆地响，眼前冒着水泡，我双手双脚快速地乱爬乱舞，感觉整个身体不着边不着地，嘴里不断地喝水，那时间好像很长，我扑腾来扑腾去很绝望，以为要被淹死了，突然感觉脚下踩到了一个人的肩膀，把我从水里托了上来。我踉跄了几步站稳了。一看那水就在我的腰部，其实真的不深。后来有人说是河神救了我。

萤萤和小朋友茜茜

但是我已经被吓得哆哆嗦嗦。上岸后好久说不出话，咳嗽了半天才把一些河水咳了出来。大家都过来安慰我，也都有点后怕。他们陪我在岸上坐了好一会儿。我责怪地问小秋：

"你怎么把我给扔了？"

她委屈地说：

"我不是有意的，是脚下踩到了一个坑或石头滑倒的。"

大家决定我们提前结束，早点回家。但我们商量不告诉大人，不然他们不会让我们出来游泳了。这次的经历让我很多年怕水。直到现在，我游泳还是需要戴上泳镜才敢到深水区游，到海里更是需要穿上安全背心才有安全感。但我没有放弃学游泳。可是进步很慢，这一夏天基本上还是在岸边"打狗刨"。

陷　阱

秋天终于来了，大地变得金黄，空气里散发着各种味道。庄稼割完后稻子、高粱、豆子、玉米、麦子和蔬菜等农作物，散发出各自的气味。中秋是我最喜欢的一个季节。这时候河里的螃蟹很多，并且都是满满的黄。可是抓螃蟹不容易。

有一天一个阿姨来了。

"哎，柳春，我们找到了一个聪明的办法钓螃蟹！我们在河边架一个深深的大桶，桶上绑着一根长长的木头板，一头架在桶的中间，另一头伸到河里，在桶上面绑着一个很亮的大电筒。螃蟹跟很多动物一样，被光吸引，就从河里慢慢地从木板上冲着光亮往上爬。爬到了木板的头，就掉进了大桶里，再也爬不出去了。"

"管用吗？"

"管用！我们已经试过了。它们排着队一个跟着一个地往上爬。这样几个小时，就有很多螃蟹掉进了这个陷阱。"

那些叔叔阿姨们夜里轮班换电筒和装满了螃蟹的桶，拿回来每家都能分得到。有了螃蟹，妈妈把它们蒸着、煮着、炒着给我们吃。我们比看谁吃得多吃得快。妈妈教我把整个的蟹腿一边掰开，另一边稍

蝉蛹

微掰开一点，然后一拉，全部的蟹腿就出来了。太享受了！吃完了那双手油油的沾满了蟹黄。通常她会准备很多的姜丝和醋。为什么要跟生姜一起吃呢？按照中国人的传统，万物有阴阳两性，人的身体要保持阴阳平衡才能不得病。比如我们认为荔枝很热（属阳性），吃多了会流鼻血。螃蟹是阴性食物，比较凉，配上了姜（属阳性比较暖），这样平衡了就不会得病。吃完了的贝壳砸碎了喂鸡鸭鹅猪，一点都不浪费。

秋天除了吃螃蟹，还有一样东西也是非常稀奇。一天，一位叔叔给我们拿来了蝉蛹，说是高蛋白，吃一个比吃一个鸡蛋还营养。那是一种深棕色的像橄榄形状的虫子身上有一道一道的纹路，看起来有点可怕。妈妈把它们用葱姜蒜炒了，放了少许酱油和醋。

"柳春，你也尝尝。"

爸爸吃得很开心。我呢，尝了尝，觉得一般。我更喜欢吃那河螃蟹。后来螃蟹吃完了，大家还是想吃，妈妈就给我们做"赛螃蟹"，就是把鸡蛋炒出来，放上点吃螃蟹的时候蘸的佐料、生姜和醋，浇到炒蛋上，还真有点螃蟹味。吃螃蟹的时候，妈妈还会给我们做一种"外焦里嫩"的半烫面的饼，基本是半炸出来的，妈妈炒菜有点"喝油"的倾向。但是我和爸爸都喜欢。

"给县长都不换了！"妈妈听到这话就像听到了音乐一样做得更欢实。

过了一段时间，不知是哪位叔叔拿来了一种特别小的螃蟹，只比大拇

指指甲大一点。妈妈就把它们腌好了，然后炸出来，酥酥的全部都可以吃。

"这个我可以吃，不用吐壳，也不麻烦。"爸爸很开心。

小红球，小白球

中秋前我们都要帮助妈妈做些必吃的食物，汤圆是必需的。妈妈把红豆煮好后，我们捞出来放到一个小盆里，用擀面杖的头把它们捣碎，之后再用勺子把最小的块块也碾碎，拌上糖就变成了红豆沙了。有时候妈妈在里面加点猪油。其实我更喜欢不带猪油的那种。

"你们把红豆沙团成一个一个小球放在盘子里。"

妈妈手把手教我们。那深红色的小球球摆了一盘子很漂亮，有时候我忍不住偷吃一个。

柳春喂鸡

"刘炽，你把那个筐箩拿过来，把糯米面放一层在底下，把这些小球球放进去摇一摇。"

那个筐箩成了做汤圆的小摇篮，爸爸成了摇篮管家。每个小球上都粘上了米粉。厚度不够的时候，妈妈让我们把微白的小球再拿出来撒点水上去，再放回去滚。直到一个个小红球变成了小白球。这些小白球煮出来软软的，加上妈妈做的酒酿，有时候还在里面打上蛋花，再放点糖，太好吃了！

我要提意见！

秀洁表姐来后，爸爸妈妈商量想把她介绍给他们的好友洛汀伯伯和白菊阿姨的儿子洛小铎，觉得他们俩会挺合适的。我喜欢小铎哥哥。去高升赶集的时候去他们家吃饭的时候会常常见到他。洛汀伯伯导演了大量的京剧、评剧、话剧。他曾任延安鲁艺教员、东北鲁艺戏剧系主任。所以爸爸和他在延安的时候就是朋友。新中国成立后，他历任辽宁人民艺术剧院副院长、院长，辽宁省文化厅副厅长，中国文联委员，辽宁省文联副主席，中国剧协辽宁分会主席。他导演的话剧《前进再前进》1956年获第一届全国话剧会演导演二等奖。洛汀伯伯一辈子投身于艺术创作、投身于剧院的管理，在他的倡导、主持下，辽艺创办了演员学校，为自己培养后备力量，同时，积极主张创建辽宁儿童剧院，从辽艺调去骨干充实了辽宁儿艺，为儿童艺术的发展扩展了天地。跟我父亲一样，洛汀伯伯在"文革"期间饱受迫害，他的身体健康受到严重摧残。

爸爸很敬重这位老朋友的品格。在"文革"险恶的环境中，他的"高帽子"不比我爸爸的少。那时他被扣了"文艺黑线急先锋""漏网大右派""反动学术权威""网罗牛鬼蛇神、残渣余孽，复辟资本主义"等罪名，遭到了极残酷的迫害。但他从未屈从于淫威，不肯低下那颗高傲的头颅。有时候被殴打得死去活来，但未曾掉过一滴眼泪。有一次被打后，他高声吼道：

"我要提意见！"

然后手指凶手吼道：

"你是个党员，打人是错误的。"

他在无数次被批斗时，从未揭发过他人，总是把"罪过"揽到自己身上。爸爸佩服他的坚强。1969年，他同白菊阿姨和全家人也被下放到盘锦，在高升公社二台子大队，离我们20几里路。老百姓很快发现他是位可敬的老革命，于是对他加以保护和照顾，跟蔡九海大叔照顾我爸爸一样。可是上边有人仍不放过他，跟我父亲一样，他背着行囊，在冰天雪地里到处接受贫下中农的"巡回批斗"。

蹩脚书法

其实在下乡前他们就在辽歌辽艺的批斗大会上一起被批斗过无数次。"文革"初期有一次，在台上声嘶力竭的发言和台下如狼似虎的叫嚣时，爸爸竟有心低头弯腰欣赏自己的名字被倒写并打上了红叉的蹩脚书法，并悄悄地对旁边跪着的洛汀说：

"唉，这时候要是有人给咱照一张相留下来该多好。"

洛汀气得急忙捅捅爸爸说：

"这都啥时候了，你还乱说！"

爸爸就是这样一个充满着幽默和顽童心理的人。他到了那个时候还能有心"不正经"。这也是洛汀伯伯喜欢爸爸的原因之一，就是他人格上的纯真，艺术上的才华，以及性格上的童真。洛汀伯伯说：

"嗨，刘炽啊，有时候真拿你没办法！"

每次我们去高升赶集时一定要去看洛汀伯伯和白菊阿姨的，并且一定会一起吃上一顿饭。那时候也能看到小玲姐姐、炳奎大哥、小忠和小铎哥哥。我印象最深的就是洛汀伯伯的开怀大笑。他笑的时候你可以感受得到他性格的透彻，那笑声是从心底发出来的，笑声中毫无保留，眼睛里发出透明的光亮。他人不高，头发总是短短的，好像向上竖着长的。爸爸来了一定是要吃辣的。而洛汀伯伯一吃辣的，满头满脸就流汗，他会不停地擦。但是他跟爸爸一聊起来有说不完的话。他们聊戏剧、歌剧、历史、中国艺术发展道路等等话题。现在想起来他们作为艺术家很了不起，在那个时候都不知道自己还有没有可能再次回到艺术岗位上，却还在讨论中国艺术发展的道路。当然有爸爸在的地方他们是一定会夹杂着讲各种笑话的。

　　妈妈，白菊阿姨还有我们大家都快乐地听着他们哈哈笑。我看秀洁姐和小铎哥哥好像很合得来。谁能跟秀洁姐合不来呢？她高高的个子，漂亮，勤快，性格温和，话也不多。小铎哥哥是个比较爽快的大哥哥。他长得像洛汀伯伯，个子也不高，好像是一个模子刻出来的。他会做菜，人很聪明，也很能干。我们来的时候，他也忙前忙后地做好多好吃的。所以我很喜欢赶集，可以买很多平时我们在村里买不到的东西，还可以在洛汀伯伯家吃好吃的，见到这些哥哥姐姐们。

不太优雅的琴声

　　这个时候还有另外一个伯伯偶尔来我家探望，他就是王一达伯伯。他和爸爸也是延安时期就认识的老朋友，他比我爸爸大两岁。他的父亲是冯玉祥第二集团军的一个少将副军长。后来被当时黎元洪北京政府授予陆军少将加中将衔。他父亲在北京置有多处宅子，生长家境十分阔绰。他说得一口好英文。但他去了延安后那么多年从来没抱怨过生活艰苦。1946年他调任中国人民解放军晋绥军区平剧院任副院长，后来做驻保加利亚大使馆文化参赞。1962年后任辽宁青年实验戏曲剧院第一副院长兼艺委会主席。1980年从北京京剧院调入中国京剧院任副院长，1985年改任中国京剧院顾问。

　　他和夫人任均两人在延安时期就已经是有名的话剧京剧演员了。他跟我父亲是同路人，非常合得来，因为他也是一个"敢说敢做，不怕得罪人"的性格。他说了人，把人得罪了，过后该用人家，他还用，还信任人家。他从来是对事不对人"（摘自任均《我这90年》）。一达伯伯跟我爸爸的友谊在"文革"期间更加加深。他也是"文革"一开始就被"揪"出来的"牛鬼蛇神"，整天被关押，被批斗的对象。他们都被关起来的时候，红卫兵专门为这些"牛鬼蛇神"创作了歌曲叫《牛鬼蛇神歌》。这首歌在全国流行，凡是"牛鬼蛇神们"必须学唱它：

"我是牛鬼蛇神，我是牛鬼蛇神，我有罪，我有罪……"

当"红卫兵知道刘炽是搞音乐的，是作曲家，就让他教'牛鬼蛇神'们唱这首歌。都会唱了，就让他天天指挥着'牛鬼蛇神'唱。一达会唱这个歌，就是那时候跟刘炽学的"。（摘自任均《我这 90 年》）

后来大家都被关到东北局"牛棚"里劳动改造，那 27 个半老头里就有爸爸，一达伯伯和洛汀伯伯。他们见到后互相拱手连说："难得难得。"很难想象一群艺术家整天被逼迫唱这种歌是一种什么样的精神折磨，更不知道一个人要有什么样的精神支柱才能不被彻底地打垮。

王一达伯伯一个人插队落户到了另一个大队。他在"文革"时期乡下这段时间多半是一个人在东北度过的，很孤独。

他夫人任均阿姨那时候在北京工作，后来也被下放到北京附近农场的"五七干校"了。他们的子女也都被送到不同的地方。到了后来他们的女儿津津姐离开兵团，才来到一达伯伯附近的村庄插了队，这样他才有了个伴。每次一达伯伯来看爸爸的时候，爸爸总是跟妈妈说：

"柳春，多做点好吃的，犒劳一下一达，他一个人真的不容易。"

妈妈就着手做一桌好吃的。爸爸跟一达伯伯是无话不说的。尤其会说到在延安的时候江青的一些事。一达伯伯操着一口京腔说：

"在延安时没多少人喜欢她。人家本来有说有笑的，她一来，把大家的兴致一扫而光。我和任均结婚她还代表毛主席来祝贺。"

他们也会聊些"文革"开始的时候的一些可笑的事。一达伯伯说：

"你记得吗？他们斗我们的时候，要表达我们被打倒的情况，把名字倒着写，可是我的名字王一达，只有达字可以倒着写，其他王和一字正着写倒着写都一样。我看他们愁那样子，忍不住笑了，结果他们骂我猖狂。我应该改名为王一中就更好了，他们就一个字都倒不过去了，看他们怎么办！"哈哈。

"是啊，我当时跟洛汀说如果能跟那蹩脚的'书法'照张相就好了，

多年后萤萤、云云和王一达、任均合影（在火车上遇到）

洛汀跟我急了，说都啥时候了，没正经的！"哈哈哈。

　　他们多半的时候在怀旧，谈到原来那些好作品都不让演了，有多可惜。他们谈到《李慧娘》《桃花扇》《阿诗玛》等等，沉浸在过去的艺术创作当中，我想这也是他们自我安慰的一种办法吧！

　　有一次一达伯伯带着津津姐来之前爸爸异想天开地想出了一个好主意。他说：

　　"天气这么好，我们要坐在外面吃饭，你给大家多弹几首钢琴曲子。"

　　我们一起把家里的桌子和板凳从又小又矮的土坯房里搬到了外面，放在了附近的一个大树下。那棵树绿叶茂盛，树下很阴凉。他们来了，爸爸请老乡来把钢琴也搬了出去放在了大树下，让我给大家弹钢琴。我那还不太优雅的琴声在小土坯房前面的大树下飘荡着，我把学会的曲子都弹了一遍，一曲接着一曲。大家坐在蓝天白云下，树荫河泡子边，乡间旷野中尽情享受着音乐的美妙。我觉得在大自然中弹琴，感觉太奇妙了。我问爸爸：

"以后能不能干脆把琴放在外面？"

"不行啊闺女，下雨怎么办？"

酸菜和咸鸭蛋

秋收以后，为了准备过冬，我们要挖地窖。地窖就是冬天的储藏室。基本是在地里挖一个深深的大洞，里面用一些木头搭一些简单的架子支撑。出口的地方比较小，但是进去后，里面还蛮大的。爸爸妈妈做了一个木梯子，放到地窖的口上，整个冬天可以沿着梯子下到地窖里去取各种储藏的菜。这是天然的冰箱。地窖挖好之后，我们去老乡的地里买上几百斤萝卜、白菜、土豆，用大车全部拉回家里，大部分放到地窖里。这些就是我们一冬天的蔬菜了。在天开始冷的时候再陆续买一些老乡做的新鲜豆腐，放到地窖里。冬天就可以吃到冻豆腐了。如果能买到梨和苹果，那就可以吃冻梨冻苹果了。这地窖弄好后，蔬菜上面都盖上棉被或毯子，上面要封口。妈妈用木头和芦苇编了一个厚厚的盖子，盖上去，上面再加上一床旧的厚棉被，保温。

妈妈会腌一大缸酸菜：

"燕燕、秀洁，你们把这菜帮子给我去掉。萤萤去帮妈妈把水烧开。"

我们帮她把一颗颗白菜洗干净，切成四瓣，但是不全切开，她说要连着，所以那白菜还是一个整个的。

"你们把每一棵白菜在开水里过一下。这样做出来不会发霉腐烂。"

另一边我和爸爸已经准备好了一大锅已经烧开了的开水正在放凉，里面放了盐、花椒和大料。

"来，帮我把所有这些料放进大缸里，但是首先要把大缸彻底地用开水消毒。"

"燕燕，你去河里再挑几桶水来。"

妈妈指挥着她的大劳力们。之后妈妈把这些白菜一个一个摆进去，一行一行的，一层一层地摆在大缸里。摆得差不多了，妈妈把那凉好的凉开水倒进了大缸，刚刚好腌过了白菜。然后她在上面放上一块煮过的石头，压在白菜上。妈妈把一顶大锅盖盖到了大缸上，封了起来。

"好了，我们就等着吃酸菜了！"

我们也都松了一口气，终于解放了。

妈妈秋天也会做很多大酱块。这个程序也很复杂，需要把豆子或豆饼煮熟，让它们发酵，再做成四方的酱块，放在外面晒干，需要的时候取来一小块，加水搅和成酱用。妈妈也会储藏一些豆饼。虽然老乡说这都是喂牲口吃的，但是我们很喜欢。所以妈妈会留一些给我们慢慢吃。

她还会腌两坛子咸鸭蛋，腌各式各样的咸菜。我们家有各种大大小小的缸、坛子、罐子，也会晒些地瓜干。妈妈虽然是非常好的编导舞蹈家，但是在农村这段时间里没什么艺术性的工作做，她把自己一切的创造力都放到了把全家的生活搞好上面了，别的她也不想考虑。

炖冻豆腐

那是一个人与土地非常亲近，人与自然比较平衡，人与动物没有太多隔阂的时空。那时的生活比较健康、简单、很少浪费。肉不是大批量从工厂里生产出来的，不是裹着塑料从商场里买来的。肉是自己花费了数多个月甚至一年的辛苦喂养出来的动物身上出来的，菜是辛辛苦苦一个季节每天浇水施肥种出来的，都是看着它们日日长大的。鸡蛋鸭蛋是自己辛苦养的鸡鸭偶尔下的。我们没有奢望要每天每顿都有这些美味。我们都很珍惜自己辛劳的果实。肉不是每天吃，或常常吃，而是偶尔吃。一年每家最多也就杀一次猪。我记得姥姥常说的一句话是：

"美味不可多用。"

冬天来了，每次妈妈做炖冻豆腐，爸爸就会把那个绕口令跟我说一遍：

"你会炖我的炖冻豆腐，你来炖我的炖冻豆腐，你不会炖我的炖冻豆腐，你别炖、乱炖、炖坏了我的炖冻豆腐。"

接着他又跟我说起另外一个绕口令：

"吃葡萄不吐葡萄皮，不吃葡萄倒吐葡萄皮。萤萤，看你能说几遍不出差错。要越说越快才行哦！"

我们跟着爸爸重复地说这些绕口令，比比看谁能说得最快、最多次不出错。常常说着说着，那舌头就跑调了，说得乱七八糟逗得大家哈哈笑！

冰窟窿

冬天大泡子边上大柳树的柳条还垂在那里，但是枝干上光溜溜的一片叶子也没有。泡子上冰冻有一米多厚，想去泡子对面的叔叔阿姨家串门不用绕道了，直接从冰上走过去就可以了。这个时候吃水更加艰难。老乡们在泡子上不同的地方凿了大洞，那洞口一般有不到一米宽的直径。这些大洞叫"冰窟窿"。那泡子上有好几个。他们凿冰窟窿的时候，我好奇地过去看，那冰至少有一米多厚。慢慢地，那洞口就结了一层薄薄的冰。每家要到这冰洞里用水桶把水捞出来，再用扁担担回家。在冰上担着两桶水走路还真不容易。看着爸爸、姐姐有时候走不好，滑倒了弄得满身都是水，很滑稽的样子。有时候他们也会把一桶水放在带轱辘的冰车上推到岸边，然后再担回家。这样就免去了很多"事故"。

有时候冰窟窿里有鱼出来透气，有些老乡就凿更多的冰窟窿"钓鱼"。那鱼有的还蛮大，活蹦乱跳的。有一次我还蹲下去趴在刚刚凿好的冰窟窿边等鱼出来，跟我家的猫一样。看着看着，真的有鱼出来了。我用手去捞，鱼很滑，也很聪明，马上就游走了。旁边的老乡用带着小网的杆子把它一捞就捞上来了，送给了我。我兴高采烈地把它拿回了家。妈妈把它清蒸了，非常好吃。但是刺很多，妈妈不介意，她是大连人，从小就会吃鱼，她可以把带刺的鱼一边把鱼肉在嘴里分开，另一边把刺吐了出来，好像很容易的样子。但是爸爸、大姐和我都不会吐刺。

我呢刚刚开始学。每次吃鱼，爸爸、大姐和我其中一个总会把刺扎在嗓子眼里。这之后那吃鱼的享受全部给破坏了。接着是一连串的解救方法：

"来先喝一碗醋，应该能把那鱼刺软化。"这办法一点用都没有。

不行的时候就要：

"干吃一个馒头。把鱼刺给压下去吧。"这也没用。

妈妈每次看着我们又觉得可笑，又觉得可怜，这一群傻蛋，怎么也学不会在她看来这么简单自然的鱼刺分割法。

"呐，这个给你。"

后来再有难得吃鱼的机会，妈妈会把鱼肉扒出来再给爸爸。她就是这样，虽然自己最喜欢吃"臭鱼烂虾"，但是从来都是把别人放在前面。爸爸知道妈妈最喜欢吃这些海鲜：

"哎呀，柳春，你不用忙了，你吃吧，我对这些鱼啊虾的真的无所谓。"

仰八叉

爸爸妈妈决定教我学滑冰。妈妈把她原来的一双棕色的花样滑冰的冰鞋找了出来，让我穿上，可是有点大，脚在里面直晃荡。妈妈找来几双厚厚的袜子让我穿上，我的脚被裹得厚厚的终于填满了鞋，并且热乎乎的。妈妈帮我把鞋带系得紧紧地，脚跟鞋变成了一体。妈妈特地嘱咐我不要崴了脚腕。爸爸妈妈扶着我慢慢地走到了冰上，一上去站不稳，很快就摔了一个"仰八叉"。爸爸妈妈紧紧地扶着我，我左晃右晃慢慢找到了自己的中心点。他们跟在旁边，我慢慢地往前滑。

妈妈说：

"萤萤，你膝盖要弯着，不能放直。不然很容易摔跤的。"

我慢慢地可以自己掌握平衡了。

爸爸在旁边说：

"嗯，不错，就这样。"

他们慢慢地放开了手。可惜刚一松手，我即刻就又栽了一个跟头，摔在冰上逗得我们三个哈哈大笑。

爸妈把我扶起来，说：

"没事的，再来！"

就这样我慢慢脱离了爸妈的双手自己滑了。妈妈嘱咐：

"萤萤，要小心看着前面，不

萤萤和爸爸妈妈学滑冰

要光顾着脚下，不要掉到冰窟窿里！"

听妈妈说前段时间有个老乡的孩子在冰上玩的时候不小心掉到冰窟窿里给淹死了。那段时间我每天去练习滑冰，滑完冰再回家练钢琴。

命 大

冬天我们又被送去干校集中学习，剩下大姐燕燕一个人在家。她白天去地里干活，回家后喂鸡喂鸭喂猪。那年辽河油田来招工，通知她去检查身体。她很兴奋地去做了检查。她很想从农村走出去，心想哪怕当个工人也比整天去地里干活有意思啊，至少能学个技能。结果有些"五七战士"去提意见，说：

"刘燕燕她爸爸是'走资派'，凭什么'走资派'的孩子比我们的孩子更有资格当工人？"

结果她被挤下来。之后一股火攻上了心头，她感觉脑袋里、耳朵里疼得受不了。当时很快就要过年了，她一个人疼得哭。住我们家隔壁的韩风岚阿姨来了，看着燕燕疼得哭成那样，赶紧给在干校的妈妈打了电话，妈妈匆忙赶了回来，带着燕燕去大荒农场的一个卫生所看一下。说是急性中耳炎，穿孔了，赶紧请医生给她打了消炎药，这才止住了剧痛。可怜的燕燕很气馁，明明是可以有机会从村里走出去，但是由于爸爸的身份没办法。这种机会那时候怎么可以给像我们这样家庭出来的孩子呢。

祸不单行。姐姐好了后不久，我开始发高烧不退，并且吃不下任何东西。先开始是吃什么吐什么，后来连一口水都存不住。刚刚喝一口水，哇的一声就像喷气似的喷得到处都是。妈妈爸爸急得不可开交，以为我得了重感冒。吃了退烧药、消炎药，都不管用。当时一位叔叔来家里说有个办法能帮着退烧，全身涂上酒精，帮着散热。就这样妈妈帮我全身不停地用棉球擦酒精退烧。那酒精擦到身上有点辣乎乎的，但是很快会凉快一点，但是我还是止不住烧。我感觉头疼得好像要爆炸一样，浑身烧得红彤彤的。由于几天无法进食喝水，我开始有脱水的现象，后来就开始昏迷不醒了……

不知过了多久，我醒来的时候已经是初春，刚刚下了一场小雨。我第一眼看见的就是妈妈疼爱我的双眼。我可以看得出爸爸妈妈看到我醒来好高兴，脸上露出了宽慰的表情，说我"命大"。我看见爸爸也在身旁，就放下了心。爸爸温柔地问：

"你能坐起来吗？"

"可以啊。"

我一看胳膊上还打着吊针，上面挂了好几瓶不同颜色的药。妈妈扶我坐了起来，我往窗外一看，细雨绵绵。爸爸说：

"你知道吗？春雨贵如油，今年应该是个好年头。"

后来他们告诉我，在我昏迷之后，他们赶紧找马车连夜送我去了高升医疗站，夜行20多里路。跟哥哥的情况差不多。医生说看症状很像当时流行的一种日本亚急性脑炎，但是很难确诊。如果想确诊，必须做穿刺。医生解释说：

"穿刺就是在脑室里或脊椎里抽出一些液体，做化验。你们要不要做？

"但是我必须说清楚：第一，我们这种医疗条件下，没有专家医生做穿刺，如果做不好可能会导致她瘫痪。以前有过这样的案例。第二，这种穿刺不能在这儿做，需要把孩子送到盘山县医院，有大概几十里路。"

那时候村与村之间都是田间小路或土路，需要很长的时间才能到。加上我昏迷不醒，已经很危险。医生说：

"很巧，刚刚有一个小孩的父母为他们的孩子买来了可以治脑炎的抗生素，这种抗生素在乡下非常难弄到，但是那孩子已经退烧了，并不是脑炎，也就不需要给他打抗生素了。你们很快做个决定要不要先做穿刺。"

妈妈爸爸商量后决定不做穿刺，直接用抗生素治疗，就这样救了我一命。算是我命大，保住了小命。但是这之后的多年我常常会头疼得要爆裂一样，估计是留下的后遗症。

牧神午后

退烧后，我一天比一天强壮起来。又过了几天，我可以自己下地走动了。爸爸妈妈就带我回家了。回到家还是比较虚弱，爸爸妈妈就没强迫我每天练琴。我呢除了看书，就是跟着爸爸听音乐。那段时间爸爸给我听几首"叙事性比较强"的曲子。挪威作曲家格里格的《皮尔金特组曲》，苏联作曲家柴可夫斯基的《四季》，法国作曲家德彪西的《大海》和捷克作曲家德沃夏克的《自新大陆》交响曲等。爸爸给我讲每首曲子里的不同音乐语言和色彩所表述的故事。我特别喜欢皮尔金特的故事，这个组曲是格里格为伊布森（Ibsen）的戏剧创作的音乐。爸爸说：

"你仔细听在皮尔金特周游世界的时候格里格给每个地方用不同的乐器配得不同色彩。"

我最感动的是索尔维格唱的那首歌。她对皮尔金特忠贞不渝，在心中一直守护着他的灵魂，等着他回来，今生或来世。那首旋律美得让人窒息。我和爸爸一样对旋律非常敏感。那首旋律给我留下了极深的印象。另外一首柴可夫斯基的《四季》，我首先记住的就是里面的船歌。爸爸后来找到了钢琴谱给我，我学习弹整个的组曲。

爸爸还花了很多个晚上给我听德彪西的《大海》和《牧神午后》及德沃夏克的《自新大陆》交响曲。我们反复地听，他一段一段地给我讲每个乐章的感受。有意思的是爸爸非常怕水，他说他自己是个"旱鸭子"。虽然我们家离水泡子那么近，他一次都没去游过泳，最多就是挽着裤腿站在水泡子里一会儿便出来了。他说水一过膝盖，他会觉得头昏。但是他给我讲大海的感觉和乐器的搭配和色彩，好像他对大海有好多亲身体验似的。爸爸尤其给我讲到德沃夏克很了不起，能运用美国黑人灵歌，还有他对管弦乐队色彩的搭配和运用。

海伦和埃德加·斯诺合影（美国杨百翰大学 Harold B. Lee 图书馆 L. Tom Perry 特别收藏特别授权）

德彪西的《牧神午后》是他十几岁的时候，在延安海伦·斯诺（埃德加·斯诺的夫人）那里听到过的第一批西方音乐。爸爸说：

"我在那之前只听过我们中国的音乐。这些新的音乐色彩和风格对我作为音乐家的成长有着启发性的作用。那时候延安只有一架破旧的小留声机，还是海伦·斯诺从奥特·布罗恩和乔治·哈特姆那儿借到的宝贝。她那儿只有那么几张唱片，其中包括《多风暴的天气》《浓烟迷眼》《鲍莱罗》《说你的爱情》《大约八点三刻》，还有就是《牧神午后》。但是我们来回地听，怎么听都听不厌。"

爸爸的眼里闪烁着神奇的光，好像在很远的时光里，有些怀旧，但又好像那情景就在眼前：

"这首《牧神午后》把我带到了一个神仙的境界，德彪西那全音音阶和和声，印象派的配器，那混合的色彩朦朦胧胧，飘忽不定，幽静的意境，真让我陶醉！或者也可能是海伦给我们吃的巧克力？"哈哈哈。

我们听了多遍后，我基本能理解爸爸讲的，并且已经可以差不多记住基本的主旋律了。爸爸一边夸奖我一边逗我说：

"你的音乐记忆力真好，幸好你刚得过大脑炎，不然还不知道要聪明到什么程度呢！改天我们一起看印象派的油画，非常美，你看了后就会明白，这《牧神午后》里的音乐色彩跟那个时期的画一样有那么多的色彩混在一起。"

天才少年

海伦·斯诺在她的《七十年代西行漫记》一书里记录过这段经历。她当时是在延安为她丈夫埃德加·斯诺的书《西行漫记》补充写作材料。她是一个身材高大、漂亮豪爽的美国人。就是那个时候她和爸爸成了忘年交。

她是 1937 年春去延安做实地考察。一次她去人民抗日剧社采访，看到站在门口迎候她的是两个小演员，一个是爸爸，一个是王文祥。海伦·斯

刘炽在延安

刘炽（前排中间）

海伦·斯诺在中国（美国杨百翰大学 Harold B. Lee 图书馆 L. Tom Perry 特别收藏特别授权）

诺的一头金发压在红军的八角帽里，身着红军的服装英姿飒爽，一双蓝眼睛里热情洋溢。虽然那时爸爸第一次接触外国人，但他并不怯生。

"欢迎，欢迎！"爸爸便拉着客人的手进了剧社副主任温涛的办公室。

爸爸蹦蹦跳跳地忙开了，给海伦·斯诺递上了一杯咖啡。这是温涛在天主教神父的空屋里发现的一大袋咖啡豆，便用原始的方法烤干磨碎。在当时的延安用咖啡款待客人是很珍贵的。温涛向海伦·斯诺介绍了爸爸：

"他是我们舞蹈班的副班长，歌咏队的小指挥。"

爸爸因为幼年家庭生活贫苦，生得比较矮小瘦弱，在海伦这个美国人的眼里像个八九岁的孩子（其实他那时已经16岁）。她觉得不可思议，这么个小不点竟成了剧团的主角？但一看到爸爸那无拘无束而又纯朴机灵的眼神，便喜欢上这个活泼聪颖的男孩。打那以后，他们便结成了忘年交。海伦住在外交大院，就在剧社的对面，爸爸便成了那里的常客。

海伦·斯诺在她的《七十年代西行漫记》中描述爸爸："从小爱钻戏园子，有时候唱一段秦腔，让她感到新鲜；他在一二·一二剧团曾学会吹口琴，有时候吹一曲《双音齐下》或《土耳其进行曲》，她感到非常悦耳；看到爸爸的模仿能力强，有时候来几声小贩的叫卖，把海伦笑得前仰后合。爸爸的灵动和聪颖给一个生活在延安那个特殊年代的外国人增加了很多欢乐和情趣，海伦把爸爸和王文祥看作是'我夏天的小爱人'。"

海伦对爸爸他们的演出感到关切，她常去观看。爸爸在《叮咛舞》《音乐活报》《机器活报》中担任领舞。应该说，这些舞蹈是简单朴素的，但对

刘炽（左一），海伦·斯诺为人民抗日歌舞班拍摄的照片

孩子剧团演出照片（刘炽后排左三）

于海伦来说却很新颖。她称爸爸是"少年天才"。她还给这些节目摄下了一张张照片，珍藏了那难得的记忆。海伦在书中记述了爸爸他们的紧张生活。"他们几乎是隔一夜演一次戏，很迟才睡觉，整个下午要预演。他们的演剧、歌唱和舞蹈的节目单似乎是无穷无尽的。"而不管多忙，爸爸和王文祥总是去看海伦，每星期不少于一次。6月底，剧团去陕北巡回演出，一去就是一个多月。海伦在若干年后的《七十年代西行漫记》中还追述了当年与爸爸的谈话内容，"他的剧团步行巡回演出，六周之内，为七个县的群众演出了三十一场"，她对他们这些小伙伴充满了关爱和赞叹。

踢踢踏踏

一回延安，爸爸就心急火燎地去看海伦，想着听唱片、吃巧克力。听唱片是每次必有的课目。唱片就那么五六张，海伦都听腻了，而爸爸感到新奇，想象力大开放，对他来讲这里面有着无穷无尽的养分，好像被领进了一片新的音乐天地，喜欢得要命。

刘炽（左一）

爸爸一直做领舞，他从听外国音乐想到了外国舞蹈：

"海伦，你能教我美国式的舞蹈吗？"

这可叫海伦为难了，但是她不愿意打击孩子好学的热情，硬是搜肠刮肚想到了曾一度当作一种运动而试学的踢踏舞。她把这踢踏舞跟她模糊记得的孩子时代的舞蹈功课凑合起来教爸爸和王文祥。

"来，我们跟着这唱片《大约八

点三刻》的节奏一起跳吧。"

　　他们勤奋地练习起来，像是着了魔，满头的汗水也顾不上擦。跳踢踏舞有一定的难度，当年海伦在运动课上不知练了多少次，而爸爸不久就学会了，海伦十分惊叹爸爸的聪颖。

　　休息的时候，爸爸便拉着海伦：

　　"我教你唱秦腔《张生戏莺莺》好不好？"

　　海伦饶有兴味，一句一句认真地学着，有时荒腔走了调，她自己不由得哈哈大笑，把爸爸他们逗乐了。爸爸和王文祥学会了踢踏舞，就去教歌舞班的小伙伴：

　　"等我们练好了后，咱们演一场踢踏舞，让延安人民也开开眼界。"

　　演出那天，爸爸特意请海伦前往观看。跳踢踏舞须特制的舞鞋，他们哪里有？一年才发一双布鞋，平时一般人都穿草鞋。而延安的舞台又是土台子，他们则因陋就简借来了几块门板放在台上，想以此增加点演出效果。演出时大家还挺精神，那舞步也让观众感到新奇有趣，可就是踏不出踢踢踏踏的清脆的声响。爸爸十分着急，跳舞时则更加用力。谁知台面不平，门板不稳，摔了个四仰八叉。台下的人哄堂大笑，海伦都笑出了泪水。

　　后来进城后爸爸特地去买了正经的跳踢踏舞的鞋，他后来教我跳的时候穿的就是它，我把它保留至今。

　　爸爸从延安时期还是个孩子时就开始有了自己独特的性格特征和风格。他精神自由，想象力丰富，愿意学，愿意尝试新的东西。自从听到这些不同的音乐，接触到从德彪西、拉威尔、爵士乐、踢踏舞后，更是对世界音乐文化充满了好奇。给他一辈子不断地广泛追求和学习新文化，艺术和音乐

刘炽的踢踏舞鞋

打下了坚实的基础。

　　海伦完成了采访任务要离开延安，而爸爸他们去外地演出了，很可惜未能道别，她未免有些惘然。然而她深记着她和爸爸最后一次见面的情景：

　　"他由于唱得太多，嗓子都几乎哑了，医生不许他唱歌，以便让他休息。"她把对爸爸深深的印象珍藏进她的书的一章里：

　　"他真是一个少年天才，戏院的一个受人欢迎的演员。他会模仿无论什么……他机敏的才智几乎是不可思议的。这是时常使我惊异的地方……刘炽已有了主角的倾向。"

　　爸爸演出归来，便去外交大院，可海伦已离去了。他的外国大朋友，

海伦·斯诺在延安（美国杨百翰大学 Harold B. Lee 图书馆 L. Tom Perry 特别收藏特别授权）

像慈母，是老师，却未能送别，他很怅然，什么时候才能重逢呢？

　　其实爸爸不知道的是在他跟我回忆这些故事的时候，在 1972 年至 1973 年间，海伦来华两个月，但那时没有电视和现代通信设备，爸爸根本就不知道她来中国。这时他正遭受"文革"劫难，错失了再次见面的机会。我替他感到无比的遗憾。多年后爸爸给这位幼年时的老师特地写了信。

千里冰封，万里雪飘

　　爸爸除了花很多的时间跟我一起读书并欣赏音乐，跟朋友们聊天吃喝外，在最艰苦的"文革"10 年从没间断过写作。他的心和灵魂从来都没离

开过音乐。那段时间他想写几首艺术歌曲，但是可写的主题不多。他开始琢磨着创作两首毛泽东诗词歌曲，就拿来了很多诗词，整天地读啊读的。最后在里面选了两首他很喜欢的：《冬云》和《沁园春·雪》。爸爸说他喜欢这两首诗词，因为"它们的气势磅礴"。他还是按照多年作曲的习惯，先是开始朗读诗词，要把词的内在韵律和抑扬顿挫搞透。

他一遍一遍地读：

"北国风光，千里冰封，万里雪飘。望长城内外，惟余莽莽；大河上下，顿失滔滔。山舞银蛇，原驰蜡象，欲与天公试比高。须晴日，看红装素裹，分外妖娆。江山如此多娇，引无数英雄竞折腰。惜秦皇汉武，略输文采；唐宗宋祖，稍逊风骚。一代天骄，成吉思汗，只识弯弓射大雕。俱往矣，数风流人物，还看今朝。"

我看他这么入迷地读，我也挺感兴趣的。并且他在思考旋律，跟我说不能练琴。干别的都可以，就是不能有音乐的声音。我想那我干吗呢？干脆跟着学诗词吧。爸爸说：

"这段时间你好好学毛笔字好不好，把一些唐诗宋词都写下来。我们中国的诗词学问大得很，你要多花时间深入地学习。"

可我不想写楷字，太规矩了，没意思。

"爸爸我想写草书。"

"草书没有楷书的基础是写不好的。实在想写，就先模仿吧。"

说着他去书架上拿来了一个毛泽东诗词的印刷版，上面有毛泽东的毛笔字手记。另外拿来了一张白纸放在了上面：

"你试着先照葫芦画瓢吧。"

我一看，透着白纸可以看到下面的草书。妈妈拿来了毛笔和墨。帮我研了墨，我就开始照猫画虎了。爸爸每天朗读，我就每天在炕上的小桌上写字。过了一段时间他过来看我的进度：

"嘿，不错呀，你的模仿能力很强啊。描得还真像。好好继续描吧。"

我可以看出他常常深思如何创作这两首歌曲。这段时间他跟往常不一样的是，他会到钢琴上去试一些乐句，有时候也会自言自语，以前没看见他用过钢琴。因为那些音乐都是在他脑子里形成了后，直接落到了谱纸上的。爸爸弹钢琴弹得很一般。他多年指挥，写电影音乐使他对管弦乐队的了解远远大于对钢琴的了解。但是那时候没有别的乐器，没有乐队可以给他。他也希望能用这个"交响式"的乐器来表达自己的音乐思想。有时候他也会问我的看法。比如《雪》的第一句"北国风光"——

"我想用双手八度的颤音来表达那千里冰封万里雪飘的场景，你看怎样？"

说着他到琴上慢慢地弹了他的想法。我也说不出什么来，回答说挺好的。其实这两首艺术歌曲的开始他都用了八度的颤音。他说想在钢琴上找到像交响乐队那样的色彩。我想爸爸是不是受东北的冰天雪地启发选了两首跟雪有关的诗词呢？

"雪压冬云白絮飞，万花纷谢一时稀。高天滚滚寒流急，大地微微暖气吹。独有英雄驱虎豹，更无豪杰怕熊罴。梅花欢喜漫天雪，冻死苍蝇未足奇。"

这个时期爸爸作的几首艺术歌曲是他作为作曲家更加深思熟虑的作品。他说：

"你听，我三次对'梅花欢喜漫天雪，冻死苍蝇未足奇'的处理，每一次有独特和惊喜。我在'冻死苍蝇未足奇'加了另一种结尾，我想给歌唱家更加戏剧性的结束，让男高音上到 B 音上。"

这些艺术歌曲真不愧是他艺术巅峰上的成熟大作，有深度有广度，而不缺乏他早期作品的旋律优美。

"我希望给《雪》作丰富而复杂多变的处理，让音乐情感上和速度上的变化非常贴切地把诗词里面的各种情感表达得淋漓尽致。有点像歌剧里处理宣叙调和咏叹调之间的很自由的一种处理方法。你看怎么样？"

其实他不是在问我，而是在跟我分享他的创作想法。他说：

"我在谱子上非常清晰地标注了每个段落应该表达的情感，给歌唱家

刘炽为毛泽东诗词谱曲艺术歌曲《冬云》首页　　　　　《雪》艺术歌曲首页

非常细腻的情感地图。一开始我标注的是'雄浑，壮丽，气势磅礴'（北国风光……），然后在'望长城内外……'上面我标注了'热情地'；在'须晴日看红装素裹……'上面标注'明媚抒情地'；在'江山如此多娇……'上标了'汹涌激昂地'；在'惜秦皇汉武略输文采……'标了'空旷回忆地'；在'俱往矣'上标了'叹息地'；最后在'数风流人物……'上标了'气贯长虹地'，最后这几句我加上了'慢，中慢，慢，再慢……'"

我心想：哇，爸爸标得这么细致啊！

他一写完就请男高音赵瑞章叔叔来家里试唱，来的还有其他艺术家们。大家听了都非常惊讶这两首歌的气势和深度，惊讶他在那种环境下居然还能创作出这么了不起的艺术歌曲！赵瑞章叔叔唱得也特别棒。加上爸爸在旁边指点他，告诉他每个地方应该怎样处理。他喜欢"冻死苍蝇未足奇"的另一个结尾，让他很过瘾地唱了几次 B。他说：

"下次给我写个'嗨 C'就更棒了！"

"一定！"

我在旁边很羡慕，这几首歌我都学会了，但是这不是给女声的歌，我多么希望我也是一个男高音啊！

改革开放后这几十年，经济发展得很好，却出现了文化上喧哗浮躁，更多的娱乐，更少的文化发展的状况。很少有歌唱家演唱他这些艺术歌曲。国内还没有完全形成真正欣赏艺术歌曲的文化环境。艺术歌曲需要艺术家深入研究学习。演唱者和听众都需要有一定的文化深度和心灵的安静才可能来欣赏。

猛一看，仔细一看……

大姐燕燕经过那一场病后心情很不好。爸爸妈妈看她那个样子很心疼，商量：

"我们想办法让她也去西北当兵吧。欣欣和云云都走了，她一个人被留在了农村，心里一定很憋屈。"

这时候哥哥欣欣还在新疆军区文工团。他一个同事的女朋友在新疆军区体工队的卫生院工作，她爸爸是老红军，体工队的副政委原来在她爸爸手下工作过。就这样哥哥请他同事女朋友的爸爸介绍燕燕去新疆军区体工队。大姐听到这个消息很高兴，尤其是能有机会再次打排球。

她坐火车先到了北京住了几天，在那里倒火车再去新疆。而爸爸心里有另一番打算。他特地给延安时期的老友时乐蒙写了封信，请他看看有没有机会让燕燕考一下总政合唱团。时乐蒙当时是总政歌舞团的团长。

说起时乐蒙，他是中国著名作曲家、指挥家，曾是中国文联荣誉委员，中国音乐家协会顾问，中国音乐家协会第三、第四届副主席，解放军艺术学院原副院长，总政歌舞团团长。他跟爸爸一样在延安鲁迅艺术学院音乐系跟随冼星海学习作曲和指挥，毕业后留校任指挥。进京后他们一起在中央音乐学院进修。他担任过很多职位，1979年被选为中国音乐家协会副主席。

爸爸对这位延安时期的老朋友敬重有加，但是会常常开他的玩笑。姐姐走之前爸爸还给我们讲了时乐蒙伯伯的两个小故事。

"我们刚进京的时候有人看见他起得比较晚，就说噢，你起得比较晚啊。"

时乐蒙的回答是：

"你光知道我起得晚，你还不知道我睡得早呢！"哈哈！

通常人们可能会期待他说，你还不知道我睡得晚呢。结果他说的却是睡得早呢，完全颠覆了他人的期待！ 爸爸说其实能颠覆别人的期待是挺有意思的一件事。尤其是看到他们脸上的那种反应，很好笑。比如说有人说：

"这个人猛一看不怎么样，仔细一看……"

通常人们的期待是，仔细一看还行，或者还挺好的。可是爸爸说这多没意思啊，要想颠覆别人的期待你可以说：

"这人猛一看不怎么样，仔细一看，还不如猛一看！"

这就比较有意思了。

"你时乐蒙伯伯有意思极了，刚解放的时候，在北京大街上他挽着王利军阿姨的胳膊两个人在街上散步，一个站岗士兵看到了，就叫停了他们说：

'对不起首长啊，嗯，你们散步能不能稍微保持一点距离呢？'

意思是说能不能不挽着胳膊那么亲昵地在大街上散步。

时乐蒙伯伯马上说：

'没问题！利军，你到马路对面去。'

等她到了对面，他转过头来对着这站岗的人问：

'你看这个距离行不行？'

搞得这站岗的不知所措。

另外有一次你时乐蒙伯伯出国了。他出去散步的时候翻译跟在身边，看到一群孩子跟在他们身后，叽里咕噜地说些外语。

他就问翻译：

'他们说什么呢？'

'他们说快来看外国人，外国人。'

时乐蒙伯伯有点不高兴，跟翻译说：

'你告诉他们让他们回家看看他们的父母，他们才是外国人呢。'

'时乐蒙同志你这不是到了外国了吗？'

'哦，到了外国怎么了，那我连中国人都不是了吗？'"

哈哈哈！其实我们也不知道这件事是否真的发生在时乐蒙伯伯身上。爸爸愿意开所有朋友的玩笑。

为什么爸爸会想起来给时乐蒙伯伯写信呢？是因为有一次邹环生叔叔来家里，听了燕燕说话的声音，说听起来声音不错，就让她唱几句。她就唱了两句《黄水谣》。邹环生叔叔说：

"你这丫头声音真不错。去，叫你爸进来。"

"爸爸，你能进来一下吗？"燕燕叫在外面的爸爸。

"你埋没人才。"邹叔叔跟爸爸说。

"你怎么又给我戴大帽子啊？"爸爸回答。

邹叔叔督促爸爸听一下燕燕唱歌，爸爸听了后觉得她的声音真的是不错，是个女低音，很难得的声种。

这次心想既然她去北京，就应该让她去试试运气。如果能考上总政合唱团就不用去新疆那么远的地方了。所以让燕燕走前特意认真学了两首歌。

到了北京，通过时乐蒙伯伯的介绍，她去考了一下总政合唱团。当时指挥胡德风等人都在：

"你的声音是不错，但是你根本不会用。你等到五月份，来考学员班吧。"

燕燕第二次去了时乐蒙伯伯家，当时他的夫人王利军阿姨也在。燕燕比较担心地问：

"时乐蒙伯伯，就我现在这个情况，找个老师学两个月，5月份我能不能考得上学员班呢？"

时乐蒙伯伯淡淡地说：

"你考考看呗。"

他没有给她很肯定的回答。

时乐蒙伯伯不知道燕燕本来对自己唱歌就没自信，因为完全没学过，而她对自己打球极有信心。本想如果时乐蒙伯伯给句肯定的话，她就留下来试试。但是听了这么不肯定的回答，心里没主心骨，怕鸡飞蛋打，就决定还是去新疆当兵打球。二姐云云后来回北京去时乐蒙伯伯家看他时，他说：

"你姐姐性子急，她如果等两个月，其实按她的条件能考上学员班的。"

跟唱歌无缘

大姐燕燕到了新疆，第一站是去欣欣所在军区文工团落脚。他们同事听说她声音不错让她唱，也都喜欢她的声音。大家都让她留在文工团，但是她还是拒绝了。几年后她复员回盘锦，白菊阿姨劝她留在盘锦文工团唱歌，

燕燕和欣欣在新疆参军

燕燕也回绝了。多年后她回京王昆阿姨让她唱，她死活都不唱。估计她跟唱歌真的没缘分。直到退休参加合唱团，她终于还了唱歌的愿。

　　大姐到了新疆的时候，军区体工队已经去广州冬训了。那个副政委等她到了，就带着她一起去了广州。冬训完了，他们到杭州参加全国比赛。在杭州训练了一个月，5月到武汉参加全军比赛。燕燕写信回家很开心能在那么多个城市比赛，爸爸妈妈也很高兴。知道她去武汉，爸爸就给好友"大手掌"程云伯伯寄去20块钱，请他转交给燕燕。结果程云伯伯又加了20元。程云伯伯说：

　　"你爸寄来20元，我再加20元，另外这里有两斤白糖。运动员需要热量。你拿去补补。"

　　那时候姐姐的月津贴费只有几元钱，买糖也特别难。爸爸妈妈都很感谢程云伯伯。燕燕打完比赛就回了新疆。

　　听到大姐常常去这儿去那儿的消息好让我羡慕。第二年冬天她又去昆明冬训半年，肩膀拉伤做检查的时候，医生说她心脏里有杂音，不适合做运动员，但是她没什么太大的反应。爸爸有点担心，但妈妈说：

　　"应该没什么事。我自己原来去云南昆明时也有过高原反应。应该从高原地区出来就好了。"

　　其实早在1967年学生徒步全国大串联的时候，从沈阳走到北京前都要检查身体，当时医生就说大姐心脏有杂音，不适合长途跋涉。但是她没听，还是跟同学们一起去串了联，也没出什么事。所以这次她也照样打她的球。但是她的扁桃腺老发炎，医生说很容易引起风湿性心脏病。就建议她把扁桃腺给拿掉了。1974年打完比赛，她半月板拉伤不太方便打球了。那时候他们的选择有两个，一是转到部队的医院去，二是复员回家。她不想复员回家，因为回家只能下地干活一点技能都学不到，就决定去了新疆第13野战医院。姐姐喜欢做护士的工作，就这样她转了行做起了护士。大姐是一个非常聪明能干的人，学什么像什么。她成了一个非常好的护士。

六只小狗

大姐去参军，家里就剩下我和爸爸妈妈。有一天爸爸骑自行车去三棵树买烟打酱油。我们家狗虎子，总是一路跟着他。虽然虎子现在肚子大大的，那次跟大白狼狗的交配很成功，但还是跟着爸爸到处跑。爸爸到了小店铺里，一转身，虎子就不见了。我正在家里练琴，妈妈在家里忙这忙那，突然看见虎子自己跑回来了，有点奇怪，因为通常它都是跟爸爸一起回来的。妈妈就问它：

"你怎么自己回来了？"

虎子跑到妈妈身边用嘴咬住妈妈的裤腿不放，拉着她的裤腿发出哼唧的声音。妈妈说：

"怎么了你？"

突然她意识到可能虎子要生产了。妈妈赶紧叫我：

"萤萤，来帮着妈妈拿点比较软的旧衣服来，它要生小狗了。"我赶紧跑过来，帮着妈妈拿了几件旧衣服。下面放了些草，铺得厚厚的。虎子就乖乖地躺了上去，但是还是不放开妈妈。它咬着妈妈的袖口，眼睛可怜巴巴地看着我们，意思是不要离开它。

"好的，我陪着你。"妈妈说。

"你去看看爸爸回来了吗？"

我赶紧跑到村口去张望，等爸爸告诉他这个好消息。等了好一会儿，才看见爸爸慢悠悠地骑着车子回来了。我等不及地说：

"爸你快点骑啊！虎子马上要生小狗了！"

"怪不得我一转身就不见它了。"

爸爸骑车带着我，我抱着他买的东西，很快就到家了。我们一进家门，妈妈兴奋地说：

"虎子生了6只小狗！"

我和爸爸赶紧过去看它正在那舔那几只小狗呢。它看到我们还摇尾巴，告诉我们它高兴看到我们。这些小狗那么小，眼睛还闭着，一个个的小瞎子。但是茸乎乎的，每只身上带点棕色和黑色，像妈妈。没有一个像它们的爸爸，那只仙水的大白狼狗。

"妈妈，为什么没有一只像它们的爸爸呢？我本来很想要一只白狼狗的。"

"我也不太清楚为什么。"

我有点遗憾，但是很快就被这6只小家伙给迷住了！没过几天我们家有六只小狗的事就传遍了全村，大家都来看小狗。很快它们就都被认领了。但是妈妈说：

"你们先别急，等一等，让虎子妈妈多喂喂它们，长得壮些你们再带走。"

我很舍不得，但是没办法。它们长得特别快，很快就开始跟着妈妈虎子乱跑了。我带着它们跟我们一群孩子一起到前面的玉米地里在地垄间跑来跑去。虎子一着急还把我的裤腿咬住不放，结果我一抽腿，把裤子给拉出一个大口子。妈妈说：

"啊呀，你们真是跑疯了！"

慢慢地6只小狗都被认领走了。每一次一只小狗被领走，虎子都有点恋恋不舍的样子。它眼睛紧盯着那些带走它的孩子的人，但是似乎又很明白这是很"正常"的过程。我更是不喜欢，但是也知道我们不可能留着6只小狗。

又一条河

有一天，一个高高的大大的胖胖的王昕叔叔来我家做客。他也是跟十六大队一起下来的，原来是辽南团的作家。住在另外一个村叫前胡，离三道有五六里路。但那时候没有直线的路，都是乡间田埂间的小道。所以即便是五六里路，走也要走很久。爸爸跟妈妈说：

"王昕来了必须给他做红烧肉啊，他最喜欢吃肉。"

"当然啦。"

爸爸叫他"大下巴王昕"！因为他的下巴很大。他虽然高高大大胖胖，但是一看就是非常温和的那种人，眼神里永远都没有锐利的光，脸上永远带着友好的微笑，稍微有点腼腆。他的手好大，肥乎乎的，走路慢慢地。爸爸说：

"你王昕叔叔虽然外面看着大，但是里面可内秀了呢。他的文笔特别棒，对文学有很高的造诣！"

王昕叔叔笑着说：

"别听你爸瞎夸我。"

我可是知道爸爸，他从来不说假话，他认为没有什么才能的人，哪怕他们很有名、有权，他也会直接说不行的。但是哪怕一个人没名，但是只要有才，他会大大夸奖的。他一辈子爱才。

王昕叔叔来了一定要做很多好吃的。妈妈在外面的厨房忙了一晚上，先是上酒上小菜，然后是炒菜，最后是红烧肉一大碗配米饭。我看王昕叔叔可喜欢了，乐呵呵地准备吃肉。可是妈妈那天图快，用高压锅做的红烧肉，结果肥肉都给炖化了。

王昕叔叔说：

"柳春啊，你这是让我吃肉还是不让我吃肉啊！"

但他跟爸爸两个人还是吃完了一大半红烧肉。

他们一边吃一边聊。爸爸说：

"我想写两首艺术歌曲。一首雄壮点的给男高音，一首优美的给女高音。你知道现在这也不让写，那也不能写。我就想爱情不能写，历史不能写，那我写河总可以吧？哈哈。说正经的，我在《参考消息》上看到一则关于湄公河的消息，想写一首关于湄公河的歌。我已经起草了，你帮我润润色怎样？"

"嗯，写河应该可以。哈哈。好啊，我帮你看看。"

爸爸笑着说：

"你知道我一直对河有兴趣。《一条大河》写完了，现在又想写《湄公河》。其实这湄公河也是起源于我们唐古拉山，上游是我们的澜沧江。这河流过印度支那的多个国家，老挝、柬埔寨、缅甸、泰国、越南等。它历史悠久，有美丽的传说，应该很值得写。那就说定了，我们一起把词定了后，我就开始写曲了。其实我对这曲子已经有点想法了。我想给它写成 3 拍子，优雅的，像圆舞曲似的。"

爸爸停顿了一下，又说：

"我从云南回来的时候，跟作家栗子博一起写过一首《滇池圆舞曲》，我一直觉得圆舞曲的形式比较优雅，让我想起斯特劳斯的圆舞曲。"

王昕叔叔点头认同。就这样很快《湄公河之歌》就在他们的话语间慢慢地成型了。王昕叔叔帮助润色后，那词更加优美流畅。而爸爸真的把它写成了优雅的圆舞曲。他最开始加了一段无词的哼唱，非常美，整首歌非常地优雅。

"你来试唱一下？"爸爸问我。

我一唱就喜欢上了它。他用的是 C 大调，很容易试唱。我虽然还不能边弹边唱，但是唱了两遍就可以背下来。爸爸特别高兴：

"你的音乐记忆很强，不愧是爸爸的女儿。"

《湄公河之歌》首页

鼓　点

接着他又写了一首我特别喜欢的艺术歌曲，那就是《非洲人民一定要解放》。张目作的词。我完全不记得张目是谁，也不记得爸爸跟张目有过任何来往。只是爸爸拿到张目的词，很喜欢，就开始琢磨怎样把词改得更好，开始朗读、改编。从我懂事起，每次看到爸爸写作，一般都是从词开始，基本上他对词都有这样那样的建议和改动或添加，很少有拿来词原封不动就写歌的，除了毛泽东的诗词。如果词改动得比较大，有的词作家会邀请他把他的名字放上去，他通常会用别名。笑山就是他的别名，用在了《非洲人民一定要解放》的词里了。但其实他很大气，对这种东西无所谓的。人家邀请他，他就说好的。不邀请他，他也不会要求别人。比如《英雄赞歌》后面的副歌歌词完全是爸爸自己写的，原作家本来没有。

这首歌很特别。因为他用了非洲鼓点的节奏在伴奏里，他让我试奏钢伴的时候特别告诉我要弹出像非洲战鼓一样的感觉。

"你那手指头要硬一点，把钢琴当作是非洲鼓，要敲打出来才行呢。"爸爸说。

"这首词也很漂亮，讲述了非洲人民要从殖民地独立出来的精神和斗志。中间段爸爸写的旋律好优美，那词写到非洲美丽的群山、肥沃的田野、茂密的森林、辽阔的草原、珍宝的海洋、无数的矿藏……"

我问爸爸：

"不是说非洲很穷吗？不是说人们都吃不上饭吗？穿不起衣服吗？"

"是啊。"

"那这里怎么说是有这么多美丽的群山呢，矿藏啊，草原啊什么的？"

"这并不矛盾啊。那里自然资源很丰富，很美丽啊，但是人很穷。"

爸爸说：

《非洲人民一定要解放》首页

"你看这首歌里爸爸用了同音转调的方法。前面降 B 大调的降三音（降 D 音）变成了下一个调降 D 大调的主音了，然后在下一段转回去在结束的时候我把主音升了半个音，变成了还原 D，再转回原调降 B 大调。你看好玩不？"

我听得半懂不懂的。爸爸把钢琴谱给我看了，指出这两个转调的地方，又唱了两遍，我终于有点懂了，就是同一个音，在一个调里和另一个调里它们的作用不太一样。所以这个音好像是一个桥一样，用它作为过渡，从一个调转成另一个调。赵瑞章叔叔有天来试唱，我太佩服了。尤其是转调的部分，太美了，太有味道了。还有最后从 G 上去半个音到降 A 然后再下来，有点像西方歌剧咏叹调的处理方法，很有戏剧性。我很快就学会了这首歌。但是爸爸说这首歌男高音唱起来更好听。《湄公河之歌》那首歌适合男女高音。并且赵瑞章叔叔可以自己一边弹一边唱。我心想，以后我也要一边弹一边唱。

Big Band

一天爸爸说：

"你现在病也好了，天气也慢慢变暖了。我教你跳舞好不？"

我当然高兴。爸爸把着我的手，嘴里哼哼着 3 拍子的 4 拍子的曲调，开始教我跳圆舞曲等。

妈妈说：

"你们俩到外面去跳好吗？ 这房间里转不过来啊。"

"正好我要教她跳踢踏舞呢。柳春，你帮我把那踢踏舞鞋找出来行吗？"

"行，但是你在什么上面跳啊？ "

我心想：跳踢踏舞怎么这么复杂啊？

爸爸："咱们不是有一个不用了的门板吗，放哪儿了？"

"放在外面了，你去看看，这一冬天过了，还能用吗？"

我跟着爸爸到外面找到了那个门板，已经有点褪色，还有点破裂。

但他说：

"没事，跳踢踏舞可以用。"

"爸爸，为什么要门板啊？"

"一会儿你就知道了。"

于是妈妈拿出他那双踢踏舞鞋，一双棕色的皮鞋，下面带点跟，跟的下面和鞋的前面分别用钉子钉上一块一块的金属。他反过来让我看说：

"你看这鞋底要是这样才能踢出声音来。我们把门板放在下面，这鞋才能打出响来，不然踢踏了半天没动静，那还踢踏干吗呀，哈哈。"

但是那踢踏舞很难学，并且只有一双踢踏舞鞋，很大，只能爸爸穿着，我用我平时的鞋在门板上踢，练了半天才稍稍有点感觉。

爸爸说：

"这踢踏舞我是在延安跟海伦·斯诺学的，那时候爸爸比你大不了几岁。将来爸爸给你专门买一双。在延安，我们跳了很多的舞呢。"

妈妈说：

"其实你爸不光是音乐家，还是舞蹈家呢，他中外的舞蹈都会跳。他在延安的时候是秧歌头，打腰鼓打得非常好，文腰鼓、武腰鼓都会打，他在延安的时候就把文武腰鼓结合起来，创作了新的腰鼓形式呢。他后来跟戴爱莲合作创作《荷花舞》。你爸爸的贡献不光是在音乐上，在舞蹈上也是不小的。"

刘炽的踢踏舞鞋

我听妈妈的话音里充满了对爸爸的尊敬。说着妈妈开始举着手跳起《荷花舞》里的一些动作。她身体和胳膊柔软的动作好优雅啊！爸爸看着她跳，嘴里开始哼哼起荷花舞的旋律。他们随着音乐和舞蹈，从我们矮小的土坯房瞬间飘到了另外一个时空里，一个充满了艺术美和享受的空间。

爸爸说起海伦·斯诺和小时候的事好像回到了童年。说到这里，他把一张爵士乐唱片拿出来给我听：

"这张唱片里的乐队叫作'Big Band'，我以前没给你听过。"

我一听里面好热闹啊，跟平时听的古典音乐完全不一样，对乐器的使用和演奏，以及和声都很新奇。好灵活，欢快，好像在耍杂技一样或跟赶集一样。爸爸说：

"可惜我们只有这一张爵士乐唱片。我在延安的时候听过一张爵士乐唱片。以后有机会再买几张。"

我心想：这音乐风格太有意思了！

土坯房里的余音

第二天早上，我还沉浸在昨晚的欢快里，一个阿姨带来了噩耗：赵瑞章死了！什么？！怎么会呢？！他前些天还来家里唱歌呢。不是好好的吗？

阿姨说：

"听说他得了脑炎，突然去世了。"

"那小冯阿姨和那个小胖子怎么办呢？！"

这是我在三道村继"红蓝绿"后经历的第二次死亡。爸爸悲哀地摇头说："太可惜了！他那么地有才。"

妈妈只是叹了叹气，一脸的悲伤，但什么都没说。

我心想：以后谁来我家弹琴唱歌呢？为什么这个世界留不住他那意大利式的抒情男高音，流动在琴键上的轻快的双手，和那带着卷卷头发的音容笑貌？瞬间这些永远消失在一个不知所措的年代里，留下他那偶尔回荡在我们的小土坯房子里的余音。多么不可思议啊。

救命啊

一转眼又到了夏天，而夏天是我们孩子的天下。水泡子边上的柳树不知什么时候已经变得绿绿的。长长的枝弯弯的下垂，好像要垂入河水中去饮水，随着微风摆动时清清幽幽，自由自在地毫无目的，又好像在戏弄河水。我赶紧把游泳衣找了出来，准备继续学游泳了。我们一群孩子开始每天到泡子边游泳。半个夏天下来，很多大点的孩子们都游得越来越好，可是我还在泡子边"打狗刨"。小秋游得最好，其次是小慧。她们俩天天去游泳。

有一天特别热，我拿上泳衣从家里出来的时候看到爸爸和杨园叔叔坐在那聊天。

"爸，我去游泳了，杨园叔叔好。"我打了声招呼，就去泡子边了。

杨园叔叔是辽宁歌剧院的合唱指挥，受过德国老师的严格训练，也是第一个排练歌剧《阿诗玛》的合唱指挥。他个子高高瘦瘦的，两只胳膊显得特别长。他的夫人丁华阿姨原来是北京北海幼儿园的园长。"文革"前辽宁歌剧院到北京招兵买马，她就放弃了她的工作，跟着杨园叔叔来到了沈阳。他儿子杨华哥哥是我认识的人里最用功练琴的大哥哥。他热爱音乐，也常常来我家听音乐跟爸爸聊音乐。而爸爸妈妈常常用杨华哥哥做样板，让我刻苦练琴。可是我本性是个"野孩子"，兴趣又特别广泛。我小时候更喜欢听音乐、读书，并不喜欢练琴，觉得很枯燥，每天练同样的曲子，重复同样的乐句很无聊，有时候人在琴前，心已经飞到了外面。想着跟虎子在地里乱跑，跟小朋友们在柴火堆里玩捉迷藏，或坐在大坝上做白日梦！

那水真凉快，身体一浸入水里，体温马上降低了两三度。我和几个孩子都在那"打狗刨"，趴在比较浅的地方，想让自己的身体漂起来，但是很难。我自从去年跟着小秋她们横渡小河段被淹了之后，不太敢往深的地方去。脚下那泥巴滑溜溜的，脚感也不太好，所以也不敢走太远。旁边有老乡到水泡子中间捞出一些菱角秧子来，下面带了很多新鲜的菱角。它长得很有意思，黑不溜秋的，形状有点像拿破仑的帽子，或水牛角，剥开的时候里面是乳白色的。老乡说它营养丰富，也很好吃。那河泡子中间长了很多。水性好的游到中间，一猛子扎下去，把菱角秧子连根带着菱角拔出来，拿到岸上，把菱角掐下来，带回家煮着吃。

孩子们有从我们这边下泡子游泳的，也有从泡子对面下去游的。我正在"打狗刨"，突然听有人说：

"你们看小秋和小慧决定今天横渡泡子！"

我站在水中抬眼望去，她们从对岸远远地开始往我们这边游，好兴奋啊，以前没听说小慧能游那么远，应该是第一次横渡泡子吧。不知什么时候我也可以像她们一样横渡泡子啊？！眼看着她们两个游到泡子中间，我们都在给她们加油！但是好像小慧突然停滞不前了，好像被什么缠住了似的，我心想不会是菱角秧子吧？看见小秋好像在帮助小慧，小慧开始上下翻滚，一会儿在水上，一会儿又不见了。我突然想起我去年自己淹水的经历，吓得我赶紧从水里出来了，站在了比较浅的地方。

小秋她当时是去帮小慧，伸手去拉小慧，她冲着小慧喊：

"你搭着我的肩膀，我带你一起往前游。"

但是当她去拉小慧的时候，小慧应该是已经吓坏了，她闭着眼睛，出于本能想要往水面上浮，抓着小秋自己往上努力，结果小秋被压了下去，两个人一起上下翻滚了一阵子，吓得小秋不再敢去拉她。

小秋没办法只好浮到水上大声喊：

"救命啊！救命啊！"

这时候两边岸上都有人大喊：

"赶紧去叫人，去叫水性好的！"

我本来还愣在那看他们在泡子中间挣扎，突然想起小慧的爸爸就坐在我家跟爸爸聊天呢！我赶紧跑回家去叫他：

"杨园叔叔，小慧在泡子里淹……"

我话还没说完，他本能地预感不好，猛地一下跳了起来，冲出了我家，朝着泡子方向跑去。我和爸爸紧紧地跟在他后面。他一边跑，一边把衣服，手表，一只鞋子扒下来往地上扔。紧接着一头就扎进了水里，他的水性非常好，年轻时候是游泳健将。他急速地往水泡子小慧的方向游去。另外一边一个姓高的叔叔从另一边也一头扎进了水里。他们很快从两岸朝着小慧的

20 世纪 90 年代萤萤、云云回三道村特地去看望小慧

方向游去。小慧还在上下翻滚，她露出水面的时候双手一直在用力地挥舞着。我心里非常焦急，一边看着她拼命地挣扎，一边看着两位叔叔急速逼近她，在已经离她很近的时候，看到小慧最后一次上到水面，这之后就再没有上来。

很快两位叔叔就都到位了，他们在最后一次看到她的地方寻找她的影子，但是找不到。紧接着，我看高叔叔一个猛子就扎到水中去了，我们大家都屏住呼吸，等着，过了一会儿他上来，可是没有小慧。杨园叔叔也扎到水里，其中一只脚上还穿着鞋子。第二次高叔叔再扎到水里去，还是没有小慧。第三次他再次下去的时候时间稍微长了点，他上来的时候手里抓着小慧。他跟杨园叔叔一起托着小慧迅速游上了岸。

惊呆了

爸爸和很多叔叔阿姨都在焦急地等待着。大家叽叽喳喳开始交谈，说这说那，建议如何救护。有人说：

"赶紧做嘴对嘴呼吸法吧！"

"得把她肺里的水先弄出来！"

……

这时候人越来越多，围了一大圈。先是有人趴在地上给她做嘴对嘴的呼气救护。弄了好一阵子，有人说：

"不行，一点气还都没上来呢。"

"她怎么一点水都吐不出来啊？应该有水出来啊，她一定喝了很多的水！"

他们把她翻过去，想让她把水咳出来，可是干干的什么都没有。

"把她头朝下，脚朝上，这样水可以出来，气可能找回来。"

他们几个人就把小慧的腿朝上，头朝下吊了起来，希望能把她的气给找回来。还有人说：

"千万不能让她放屁啊，因为那个气必须要从嘴里上来才可以。"

我非常期待小慧能把水吐出来，能让气再次从她的肺里呼进呼出。他们折腾了很久很久，有时候把她半扶起来，侧过去，倒过去，想尽了各种办法和姿势……

有人说：

"好像她刚刚放了一个屁，这可不好，气应该从上面出来才行，从下面出去恐怕……"

"估计小慧是被菱角秧子缠住了，估计她一直在水里憋着气，不敢吸气，最后憋得没办法的时候突然在水里吸气，呛了肺。那可能就是为什么她一点水都吐不出来的原因。估计是没救了……"

这最后一句话刚落地，人群里的叽叽喳喳突然变成了鸦雀无声。面对这么残酷的现实，大家突然都感到不知所措，有些老乡开始慢慢地走开。其他人，站着的蹲着的，都变得麻木，好像最后一点希望跟着那句话慢慢地流失，带走了还活着的意识。时间被这悲惨的一幕凝固了。

没办法了？！ 我脑子"嗡"地一下，什么意思？这对 10 岁的我来说很不可思议，没多久前她还是那么的欢快、健康，兴奋地横渡大泡子，可现在，她躺在地上安静得一动不动，脸色稍微发紫，身边还有几片菱角秧子叶。我被这一幕惊呆了。很想快快地逃走，但是双脚却跟长了根一样，牢牢地钉在了地上一动不动。

放哪里？

怎么办？！其他人必须开始思考如何处理下面的事情。小慧的妈妈丁华阿姨的心脏一直不好，这是大家都知道的。这么突如其来的悲剧怎么能告诉她？她怎么承受得了呢？杨园叔叔那时候处于完全的震惊和绝望的状态。我从来没有见过一个看起来比那天晚上的他更悲哀和脸色更可怕的人了。他看起来像一个活着的死人，好像一切生命和灵魂都离开了他的身体。他没有说话的能力，别人跟他说什么，他只是盲目地点点头。爸爸妈妈跟他商量，决定先不告诉丁华阿姨事实，得一步一步地慢慢告诉她。他们商量好先告诉她小慧生病被送去了医院，先缓冲一下，不然怕她再有个好歹。那杨园叔叔可怎么办？

处理后事，找人临时做棺材等等都需要时间。可是小慧往哪里放呢？既然不能告诉丁华阿姨，小慧就不能回家。人已经没了，也不能送医院。老乡跟我爸妈说：

"淹死的人不能放在家里，不吉利。"

可是不放在家里放哪里？

爸爸说：

"我们不可能让小慧这个美丽可怜的姑娘在外面过夜。"

"对，可怜的孩子既然不能回到自己家里，就请大家把小慧抬到我们家，把她放到外屋的炕上吧。"妈妈接着说。那已经是傍晚。

爸爸带着杨园叔叔去找人急着做棺材。妈妈和几个阿姨开始给小慧擦洗，考虑给她穿什么衣服，裙子等等。一切都匆匆忙忙而按部就班。他们从来没有做过这样的事，但又好像做过很多次。

妈妈问我：

"萤萤，可不可以把你的新连衣裙给小慧穿上？我们无法去跟丁华阿姨要衣服，你明白吗？她身体不好，现在还不能告诉她。"

"嗯，我明白。"

我心想，新裙子来的时候我比了比，比较长，准备明年夏天我长高些再穿，小慧比我高，可能穿着正合适。

"把你的新衬衫也拿来好吗？"

"好。"

衬衫没问题，因为小慧瘦瘦的，应该穿着合适。

我看着妈妈和阿姨们带着一脸的悲伤给小慧全身细心地擦洗，把头发梳好，花了好一段时间。洗好了后换了新衣服。然后用一块新毯子给她盖上了。我们中国人人死了是要穿新衣服的。但是我没太明白大热天的为什么盖毯子？估计是要带到棺材里去铺着。人不能光秃秃地进棺材，再说了入土后，地下恐怕会冷。小慧在那炕上躺着好像安静地睡着了。一位阿姨说：

"今晚你们把家里的猫放在外面吧，听说有时候猫如果在刚刚去世的人身上走过，人会坐起来的，因为有静电，怪吓人的。"

我想，既然能坐起来，能不能再活回来呢？那该多好啊！

另一位阿姨说：

"我看她脸色发紫，你看耳朵里开始出血了。恐怕是肺里呛了很多水，肺恐怕爆了，时间久了七窍都会出血的。柳春你家有棉花吗？拿些棉花来吧，把七窍得堵上，不然入棺材的时候太惨了。"

妈妈赶紧去找棉花。我一直没敢离她们太近，一直从里屋看着她们。妈妈跟我说："萤萤，已经晚了，你先睡吧，还不知道棺材什么时候能弄好呢。"

我躺在里屋哪里敢睡觉呢？小慧穿着我的新裙子就在炕的那头躺着呢？还有那猫……我跟自己说，今晚一定不睡觉，要保持警惕，万一那猫回来怎么办，或是死神如果来了怎么办？但是毕竟睡意来了，我无法拒绝它，慢慢地还是睡着了。

无限的悲哀

我不知睡了多久，突然被说话声吵醒了。是爸爸他们回来了，带来了新打的棺材。这已经是第二天的下午。怎么睡了这么久，我有点自责。不知都发生了什么事。爸爸他们是连夜赶到邻村的老乡那请人家赶做出来一口棺材。估计他们一夜基本上没怎么睡。我抬眼望去，那马车后面放了一口孤孤零零、简简单单的小木棺材。可以看得出，那木头还很新，稍稍有点新木头的味。我看爸爸很疲乏的样子，脸色发灰，很心疼他。妈妈赶紧去倒茶给他们喝。杨园叔叔在他平时消瘦的体格上又瘦了一圈，他的脸色如土，脸深深地凹进去，眼睛显得更加突出，胳膊好像是吊挂在别人身上的装饰品。他看起来比几小时前更加的脆弱，好像随时可能就地躺下，我不知他还能站立多久，还有没有力气再往前踏出一步。

　　他们把棺材从马车上拿了下来，搬到离我们房子较近的地方放了下来。妈妈和几位阿姨给小慧做了最后的清洁和整理。她们把棺材里铺了褥子，几位阿姨一起把她轻轻地放了进去，好像怕惊醒她似的。把她放好后，把衣服、裙子和头发都整理好了，盖上了新毯子。老乡用钉子把棺材一颗一颗钉了下去。爸爸一直紧紧地陪在杨园叔叔身边。那一颗颗的钉子恐怕都钉在了他的心上，疼痛无比。天马上要黑了，当他们抬棺材上马车的时候，杨园叔叔不知从哪里找来了一点力气，他、爸爸和几位叔叔一起小心地把棺材放到了马车上。除了一位叔叔指挥他们什么时候抬起抬落，没有人说一句话。

刘炽于 20 世纪 80 年代回到三道村时特地去看望小慧

就这样爸爸和杨园叔叔跟着马车带着小慧走了。我看着那马车远去的影子，很茫然。大家都站在那，没人说一句话。

他们刚走不久，就来了另外几个人。他们带来了消毒液，帮着把家里里里外外彻底地消毒了一遍。说是家里停尸本来就应该消毒，因为不干净，而一个淹死的人的灵魂更是不洁净。停放在那一天多，如果不消毒会影响到我们的健康。爸妈和我都不相信这些，因为小慧的灵魂一定是美的、洁净的。消毒液虽然加了水，但是那味道实在是让我恶心，想吐。加上他们烧香，说是要去邪。我妈妈爸爸从来不信这些迷信。但是既然村里这些人都坚持，妈妈也累了，就让他们随便做他们认为该做的，知道他们都是出于好意。消毒完，那晚妈妈没有再喷她的 DDT。那消毒液和熏香混合在一起的味道实在是难以忍受，估计蚊子也躲得远远的。

爸爸去了很久。我开始胡思乱想，他今晚还回来吗？我已经昏昏欲睡，听见爸爸回来了，我的心也就放下了。只听爸爸跟妈妈说：

"嗨，实在是太悲惨了！送一个这么小的孩子走实在是，嗨……小慧的棺材入土的时候，杨园差点晕倒掉入坟墓里，是我使劲拉着他那双颤抖的手，扶着他的胳膊，他才勉强站住的。他是悲痛欲绝啊！"

"他怎么跟丁华说啊？他们这生活往下怎么过呢？太悲哀了！"

那些天，我们都非常悲哀，好久好久都缓不过来低沉的情绪，实在是难以想象他们一家是怎么度过的！

我没有再去河泡子里游泳，很多孩子都停止了游泳。老乡说河里住着河神，有时候会来抓小孩子去陪伴他们。冬天掉进"冰窟窿"里的孩子也是被这些河神抓去的。我有时候想起小慧来，想象她穿着我的裙子的样子，决心以后要好好地学游泳，一定要能撑得住跟河神的斗争，不能让他们把我也抓去。

第一部电影

这个夏天就这样混混沌沌地过去了，傍晚的时候温度开始下降。除了平时跟着爸爸听音乐，跟着虎子往外跑，练琴，读书，没有什么特殊的事。有一天妈妈说：

"村里会放一部新的朝鲜电影《卖花姑娘》。我们一起去看看吧。"

"好啊！"我还没看过电影呢。

村里的大大小小都很兴奋，比赶集还要稀奇呢。平时哪里有机会看到电影啊。傍晚的时候我和爸爸妈妈都带着夹克，自己拿着小板凳，随着村里的人流去了学校的广场。上面支了一个银幕，还不小。后来才知道那影片是由朝鲜领袖金日成创作，朴学、金正日导演的剧情片。故事围绕日本统治朝鲜时期，一个卖花姑娘一家苦难戏剧的生活经历。故事曲折感人，那主演姑娘很美。插曲《卖花歌》的旋律也很美，演唱得很好，在广场上看的人都是痛哭流涕的。电影放完后，大家开始传唱这首插曲。

我回到家第二天就开始在钢琴上可以弹那首插曲的旋律了，并且给它配上了简单的伴奏。爸爸说：

"以后我写的歌也请你来给配伴奏了。"

"好的。"这让我更想好好地把琴练好。

"你喜欢电影吗？"

《卖花姑娘》海报

"喜欢。"

"爸爸写了很多电影音乐，以后我们有机会一起去看。"

想到以后能看得到爸爸写的电影，我更加的兴奋。

咯噔一下，我被飞机的突然下降从回忆中惊醒，心好像要跳出来一样。接着听见机长在广播里说："请大家马上系上安全带，突然遇到了一段不好的天气。"

我赶紧系紧了安全带，焦急地期待顺利度过这段不好的天气。等了好一会儿，终于看到安全带的灯灭了，感到安心一点。

政策的改变

1973 年是"五七战士"生活发生较大变化的一年。1973 年 3 月 10 日，中共中央作出《关于恢复邓小平同志的党组织生活和国务院副总理的职务的决定》。同年 8 月，在中国共产党第十次全国代表大会上，邓小平当选为中央委员。1973 年 12 月，根据中共中央决定，邓小平任中央政治局委员、中央军委委员。

由于中央政策的转变，1973 年末 1974 年初，陆陆续续"五七战士"开始回城了。有些人开始被调到不同的城市去了。住在仙水的朱雅芬阿姨——我的钢琴老师被调去了鞍山。

"老师搬走了，但你上课不应该中断。"爸爸说。

这下子我上课就更加辛苦。爸爸妈妈通常陪着我坐马车去三棵树，然后搭上去盘锦的长途汽车。现在有公路基本是直线行驶，那 20 公里的路不算什么。但 20 世纪 70 年代初那时候还没有公路，我们的车是从一个村到另一个村的乡间土路上行驶的。这坑洼不平的土路六七十里长。车在那坑坑洼洼的土路上慢慢地晃荡来晃荡去，基本上是一个大半天。因为晃荡得厉害，在车上连看书都困难。

"得，看来今天赶不上去鞍山的火车了，我们找个旅馆住一夜吧。"妈妈无奈地说。

那时候的旅馆床单枕头套不是每天都换的。枕头套常常是黄不拉几的，还带着以前住过的人的味道，那味道很难闻。幸好妈妈每次都是带着我们自己家的枕头套和床单以备万一。换上我们自己的枕头套才可能睡得着。那时候在外面吃饭也是很不干净。常常听说有这个那个人得了肝炎，有一个叔叔的脸慢慢变得焦黄的，说是得了黄疸型肝炎。所以妈妈通常带着我们自家的筷子，不让我们用餐馆里插在桶里的筷子，说不知道他们会不会消毒干净。

那时候的卫生条件比较差，餐厅服务也比较有限。还记得一次妈妈带我去大连看姥姥，坐火车，经过沟帮子站换车，在火车站等车。我们去一家小餐馆要了包子吃，妈妈咬了一口，结果咔哧一声，妈妈疼得叫出了声。她赶紧往外吐，结果吐出来的是一个挺大的石头块加上她被硌下来的一颗牙。那时候这种事情发生了就发生了，没有地方去说理的。害得妈妈一路上疼得捂着半边脸，无法吃饭。除了包子里的石头比较大而硬，估计妈妈的牙不好也是由于多年营养不良造成的。

通常爸爸妈妈如果不能亲自带着我去，就把我托付给列车员阿姨。

"麻烦你们一定提醒她在鞍山下车啊！辛苦你们了！"

"没事的，阿姨，放心吧。"

那边朱老师去火车站接我。在她家住几天，上几课，再把我送上火车回盘山，爸爸妈妈在盘山接我。那时候社会比较安定，没觉得有什么危险。上课通常弹些车尔尼299、740练习曲，莫扎特奏鸣曲和一些其他的小曲子，主要是打基础。朱老师很注重对学生的基本功的训练。朱老师的女儿，跟我同岁的兰兰也学琴，比我大点的小春哥哥学小提琴。所以去他们家也很开心。朱老师一家人都对我可好了，真是一辈子感激不尽。

每次从盘山往三道梁子走的时候，爸妈会带着一个暖水瓶，在我们上长途汽车之前，他们会买整整一暖瓶奶油冰棍儿放进去，塞得满满的。那冰棍儿在保温瓶里几个小时都不融化。我在汽车上抱着它，偶尔吃一根，一路上一直回到三道梁子还是冰冰的。但有时候盖子盖得不紧，回到家就只能喝奶油冰汤了。即便是冰汤，心里也是美滋滋的。那甜甜的奶油冰棍儿是我的最爱，每次最享受的就是生活中这个小小的愉悦。长途跋涉突然变得很值得。从三棵树回三道梁子村，我们还是要搭人家的马车。但那也只是几里路，很快也就到家了。回到家里可以带着虎子出去玩，就更高兴。

只要它能活着

从 1973 年开始，眼看着很多"五七战士"陆续回城，爸爸妈妈也听朋友小道消息说中央的政策有些松动，但他们还是不太敢妄想回城的事。爸爸说：

"听说江青受到了毛主席的批评。"

"刘炽啊，你可千万不要出去重复这样的小道消息。万一不准确，你又要遭殃了。"妈妈担心地说。

但至少现在爸爸妈妈的工资都发了下来，家里就轻松了很多，每个月会有大米和白面了。也有更多的人来来往往，家里更是客人不断。这时候的生活越来越好。我们平时几乎每天会去一个老乡家买刚刚做出来的卤水豆腐，还热腾腾的，回来妈妈放上小葱，盐或一点酱油，好吃极了。有了大米和白面，妈妈能给我们做很多面食。我慢慢学会了做面条、烙饼、包子、盒子、揪片，爸爸还教我做陕西的"麻狮子"。

那些"五七战士"和知青也都满怀希望，盼着有一天能回到城里。这时候大舅从大连给妈妈寄来了一箱子国光苹果，绿绿的带点微红，每一个都很脆。爸爸说：

"我对水果没兴趣，你们吃吧。"

妈妈就每天吃一个，很享受。

这时候生活好像特别轻松。有一天刘萤叔叔来家里做客，带来了可笑的故事。他跟爸爸一边吃饭一边聊天。他说：

"你知道吗？那天大高（一位叔叔）看见他儿子在外面蹲着拉屎。他拉一点往前挪个位子，好不让自己的屁股沾上刚刚拉过的屎。可他回头一看，有一头猪跟着吃他刚刚拉过的屎，给他给气坏了。他先用手挥舞着想把猪赶走，但是那猪不动地方。他越来越气，刚拉完，就站起来开始赶那头猪。一边嘴里说着：

'我不许你吃我的屎！'

那头猪一开始不理他，还在吃，但看到他站起来了吓得开始跑，他紧追着猪吵吵着：

'不许你吃我的屎！'

他赶上那头猪，上去吭哧就咬了一口，结果咬了一口猪毛。"

刘萤叔叔说，这是大高亲口跟我说的。哈哈。你说可笑不？这个故事很快就传遍了全村，成了那时候最流行的笑话。

那时候农村的卫生条件差，所有的粪坑，厕所都在外面，都是露天的。农村医疗系统不健全或不存在，所以很难控制人们得病的概率。那时候老百姓很苦。不久一个非常痛苦的消息传来。说是要"打狗"，就是杀掉所有的狗，因为不知什么地方发现了狂犬病。说是不光狗能得，如果得了狂犬病的狗咬了人，人也会得病。我实在不明白。

"爸爸，为什么要杀掉所有的狗！不能测试一下看看哪只狗有病吗？治疗它们不就行了？"

"因为那些狗狗们都没有打过狂犬病疫苗，很可能被传染上，如果被传染上就没办法了。"

我苦苦地央求爸爸：

"你一定要救救虎子。不能让它被打死啊！"

"好的，爸爸一定去想办法。"

　　我好担忧啊。每天带着虎子出去玩，但是心里一直藏着不安。如果爸爸找不到好的办法怎么办？！

　　爸爸有一天回来带来好而忧伤的消息：

　　"有一个朋友听说虎子是受过训练的军犬，答应找到一个军队的单位收留它去看门。"

　　可是我怎么舍得它走呢？！它一直跟着我们一起生活了好几年。它在这里生了6只小狗，每天跟我形影不离啊。妈妈看我那么忧伤，劝我说：

　　"至少它能活下去，总比被杀死好吧？"

　　她说得有道理。记得她以前也说过类似的话。"文革"初期她的花搬到楼下被别人拿走的时候，她也是这么说的：

　　"只要它们能活着，在别人家也行。"

　　可是我心里万分难过。我问爸爸：

柳春、萤萤和虎子

"以后我们能去看它吗？"

"不行啊，这件事是要绝对的机密，我们不能知道它最后的去处，不然别人也会知道，就保不住它的命了。"

就这样，我们万分无奈，万分不舍地让虎子离开了我们，从此再也没有它的音讯！那个时代我们对一切事情的期待被降到最低，它能活下去就变成了我们唯一的安慰。

感激无比

1973 年是满怀希望的一年。听说哥哥要从新疆回来看我们，我兴奋得不得了，已经三年没见到他了！ 这一路他可真是长途跋涉啊。从新疆到北京的火车就需要 4 天 3 夜，所幸他买了硬卧票，而大部分老百姓是舍不得花这个票钱的。

那时，每到一个大站，所有的乘客就抓紧时间冲向一排售货车，去抢购东西，那才真是"抢购"呢，晚一点，晚一步，什么烧饼、烧鸡啊、包子啊，土特产什么的，就都被抢光了！那就意味着，你在路途中没有足够的必需品！车站内刺耳的铃声一响起，所有的乘客又都冲向每节车厢的车门，常有那付了钱没拿到东西的，或抢到手了东西还没给人钱的，车上车下那些紧张和火爆的场景至今仍历历在目。好在那时绝大多数人都是待人诚恳的。最终，在火车缓缓驶离车站时，该收钱的和该收物的，跟着跑的和伸胳膊到车窗外焦急地接东西的，也都能各得其所。

旅途中，哥哥曾特意好奇地去看过那些在硬座车厢的乘客，几天就这么坐着的，看他们吃着自己带的干粮，喝着车上基本充足供应的热水。还有那没有座票只能坐在两车厢中间那点地方的，常常就占了洗脸池上面，厕所间里面的空间。于是乘务员们就只能态度生硬地"对付"这些可怜的乘客，叫他们让出这些地方来，他们大多数倒也"听话"。就这样，在怜悯成百上千不舍得买硬卧或买不到硬卧票的乘客，在庆幸他自己好过成千上万那么辛苦旅行的乘客的矛盾心理中，经过两天漫长的基本是荒无人烟的西北高原后，爬下了黄土高坡，进入了八百里秦川，向着北京，疾驶，横穿。

　　他到了北京，住在刘大礼伯伯和曾莹阿姨的家里。由于在部队里，"文革"中他们没有受到很大的"冲击"。他们住的是一个单独的四合院，还有秘书、警卫员、司机等，所以竟然有了一种到家了的感觉。哥哥很感动的是刘大礼伯伯和曾莹阿姨对他的无微不至的关照和尽其所能的帮助。哥哥跟他们的孩子——辉忠、辉宣（礼平）、辉延、辉敏、辉伟聊起天来时，他们那种与生俱来的军人子弟的率直，又加上世交关系，亲近感自然不在话下。

多年后刘大礼（左二）在莹莹婚礼上和柳春（左一）、王一达（右三）、任均（右二）、舒明德合影

虽然哥哥从新疆的市场上已经买了许多的红葡萄干、绿葡萄干、杏干、哈密瓜干，还有几个哈密瓜，但想到远在农村土屋里的爸爸妈妈和我的那种生活状态和物资的贫乏，就想尽量多带些与我们"久违了"的营养品。所以他在北京开始大大地采购。他那个采购清单上列有：

给爸爸的香烟好几条、好酒多瓶；给妹妹的高级水果糖，比如上海大白兔奶糖、各种好吃的水果糖，共买了不下五六种，起码五六斤吧；还有白糖、冰糖这种农村见不到的稀罕物就好几斤。也特意给妈妈买了一大瓶那时叫作"味美思"的饮品，颜色类似通化红葡萄酒的饮料。

没有刘大礼伯伯和曾莹阿姨的帮助，哥哥想买到这些高档的市面上几乎就见不到的东西，是不可能的。他们深知他们的老朋友——爸爸妈妈，能熬过"文革"的疾风暴雨有多么的艰难，他们更深知爸爸这样一个嘴馋的大艺术家，无缘这些好烟好酒多年后，是多么的"馋"了！具体的数目记不清了，哥哥只记得他除了留出了路费，花光了身上带的所有的钱。曾莹阿姨还拿钱给他，后来干脆就只给他东西不提钱了。这些事哥哥回到了家都告诉了爸爸妈妈，让他们感动不已。

八件行李

哥哥整整地装了大大小小 8 件行李，终于又上了火车。因为花掉了所有的钱，他这回只买了硬座票，但他没告诉爸爸妈妈，就说还是有硬卧的。就这样，从北京到盘山又走了一天半，到辽宁的盘山县车站下车了。这里距离我们在农村的家，还有大约六七十里坑坑洼洼的土路。

从新疆到盘山中间要倒好几次车。哥哥每一次都是要看着一些箱子，一段一段地捣鼓几次才能把它们挪到另一个站台，非常辛苦。终于到了盘山，哥哥以为可以轻松地回家了。下车后，他立马傻眼了。那个长途汽车站，距离火车站有几华里远。那一天的街上空荡荡的，要命的是，那是一个没有出租车的年代，更没有什么"小黄车"和"哈啰单车"，想自己花钱雇个车都没有！！他这下可着急了。心想咋办？屈指算一算，还有三个多钟头赶那最后一班车到高升，然后才能再想办法从高升回三道梁子。于是，他就每次提起两件行李，向公共汽车站方向挪个百十米，边挪边回头看另外几件行李，然后再跑回来，提起两件，继续操作。如此这般地冲锋陷阵三个钟头后，竟然幸运地赶上了那最后一班车，到了高升镇。接着就要搭老乡的马车或驴车了。至于怎样回到三道梁子的已经不记得了。那时候也没有电话可以通知家里。只知道，是在天黑后很长时间，哥哥才回到了家。爸爸妈妈焦急担心了一整天，我兴奋和期待了一整天。

我们盼啊盼的，哥哥终于到家了。妈妈焦急地问：

"怎么这么晚才到家啊？"

"哎，别提了。"

哥哥把过程讲给了我们后，妈妈心疼地哭出了声，爸爸倒是赶紧打着哈哈说：

"好啦！柳春，这不是到家了吗，备酒！做饭。"

哥哥算了算旅途在路上的时间，整整花了六天多。那之后，自然是皆大欢喜一场。他不无自豪地从一堆行李中没完没了地"掏宝"出来。

妈妈心疼地说：

"啊呀，你把全新疆都给我们带来了！"

"不光是新疆，把一半的北京也给你们带回来了！"哥哥笑着说。

爸爸问：

"你一个人怎么能弄得了8件行李啊？中间不是要倒几次火车吗？"

"是啊，我倒车的时候最难了，一点一点倒腾的。"

妈妈心疼地说：

"真是够辛苦你的了。其实带一点我们尝尝味道就行了，你怎么带了这么多！"

"嗨，我知道你们在这儿不容易，很少能买到这些东西，既然回来一

刘炽、柳春和欣欣、萤萤

趟就多带点呗。"

我头一次吃到这么多好吃的，葡萄干、哈密瓜干以前根本没见过。妈妈做了好多好吃的犒劳哥哥。那晚，我们小土屋里欢声笑语到深夜，美酒佳肴摆满桌，我吃了好几颗糖，忘记了啥时候才去睡的觉。

三年的账都还了

我很喜欢这个哥哥，但发现他照相的时候显得非常成熟而严肃。既然他照相不笑，我决定我也不笑。

他回来了，他的好朋友大黑哥、大山子哥也都来看他。妈妈给几个要好的乡亲朋友们每家准备了一份哥哥带回来的小礼物。爸爸说：

"这么多的好东西不能全都留着自己吃。"

这时候农村的情况有些松动了，不像以前管得那么紧了。不然爸爸妈妈也不敢随意给贫下中农这些"糖衣炮弹"吃。

我们好开心啊，3年多没见了。我发现哥哥好像成熟了很多。他穿着军装非常的英俊，个子高高，眉毛粗粗，眼睛是妈妈的双眼皮，鼻子高高的带点弯，长得跟爸爸的一样。我心想，比起哥哥来，自己真是个丑小鸭，鼻子是塌塌鼻，也不知是随谁的鼻子，因为妈妈的鼻子也是直直的高高的，眉毛也真如爸爸所说是八字眉，眼睛是爸爸的单眼皮。幸好我的手指细长像爸爸的手。

妈妈和表姐秀洁天天给我们做好吃的，哥哥每天给我们讲在新疆的故事。

妈妈问：

"翔翔和超英都好吗？"

翔翔是我堂兄，吹双簧管的，跟哥哥一起去的新疆。超英是我们远亲

大黑（前排右一），后排刘炽和夫人柳春

的表哥，也在新疆，但他不在军区文工团里。他妈妈是我三婶刘艳萍的姐姐。他爸爸秦川是原人民日报社总编，后任社长。欣欣、翔翔、超英三个一般大，常常会聚会一下。翔翔哥比较老实，但是哥哥和超英哥可是很能折腾的年轻人。

哥哥说：

"有一次，超英来看我们，我们也没什么好吃的给他，他在连队里比我们苦，我们想款待他一下，半夜到厨房去偷了50个鸡蛋出来，全部给他炒了，一大盆，找了点白酒来，我和超英真的把一大盆都给吃了！当然主吃是超英。可是第二天他浑身起大泡，痒得受不了，估计是一下子吃得太多，享受不了，过敏了，结果还得去医院打点滴，吃抗敏药。哈哈！"

"你们真能折腾！"妈妈笑了。

"我们几个周末有时候去集市上蹭吃的。新疆人都特别好客慷慨。到了集市上每家都会请你去先尝后买。"

"来来，尝尝，甜得很呢，不甜不买。"哥哥带着新疆口音模仿他们说话的音调。

"我们就从集市的这头一边走一边尝到另一头，尝饱了，也没买。"嘿嘿！

妈妈说：

"哦，那可不好，你们也不能老尝不买啊！"

"我这不，这次回来买了八箱子，把这三年欠的账，都还了！"

哈哈，哥哥说着笑得乐呵呵，我和爸爸也跟着笑出了声。

露馅了

那段日子我们非常开心。有一天一个老乡的儿子结婚，知道妈妈手巧，请她去给他们用红纸剪漂亮的双喜字。妈妈太神奇了，她用剪子噌噌地能剪出各式各样的双喜字，上面不光是"喜"字，旁边还有花啊叶子啊等等做陪衬。这可是一剪子剪出来的，不是拼凑出来的，都是连在一起的。她太有才了！

哥哥给妈妈带回来的"味美思"在那放着几天了，妈妈都没舍得动它。趁着妈妈出去了，哥哥和爸爸把它拿了出来。因为他们已经把其他的酒都喝光了。

爸爸说：

"这酒不喝太可惜了！"

他脸上带着孩童式顽皮的微笑。

"是啊，我看妈妈好像对它兴趣也不大。"

哥哥附和着说：

"那咱们打开尝尝？"

"好啊！"

就这样父子俩开始"尝"这瓶"味美思"。

"你在新疆有没有去采集一些民歌啊？我50年代去新疆的时候听到很多《十二木卡姆》。那真是太美了。那些老艺人不知道还在不在了？"爸爸问。

"我一有空就扛着那个磁盘录音机到处跑，我跑遍了南疆北疆，希望把尽量多的老艺人唱得都录下来。他们的风格各个都不一样，太美了。我已经录了有几十个小时的录音了。"

哥哥说的这个录音机是那种老式的四方的磁带录音机，非常沉重。他跟爸爸一样不惜一切代价用自己的业余时间去采集和录制新疆的老艺人，希望把这些艺术宝藏留下来。

"太好了，你一定要坚持录！这些都是最宝贵的音乐宝藏，不录下来，这些宝藏就会跟着这些老艺人一起消失了，那也太可惜了。"

他们一边说一边喝着，不自觉地把一瓶红葡萄酒都喝光了。哥哥突然意识到这个严重的情况。看看爸爸问：

"这可怎么办？"

他们父子俩为了"蒙混过关"不被妈妈发现，想出了个坏主意：

老式录音机

"咱们把酱油加上白糖，摇一摇，看起来应该有些浓度。"

"嗯，咱们放点醋进去吧？再兑点水，那颜色应该差不多。你妈妈一般不会想着喝酒的。"

爸爸眼睛里闪烁着调皮的神气。哥哥赶快去外屋拿来了酱油和醋，他们俩兑上了少许的水，看那颜色有点淡，又加了点酱油。你别说，那颜色还真差不太多。

父子俩干了这件坏事后，偷着乐了半天。巧的是，妈妈从婚礼上回来，估计是被那喜庆的情景感染了，居然说：

"欣欣，你不是给我带了一瓶'味美思'吗，我们今晚一起喝吧。我多做几个菜，我们也庆祝一下你大老远地回家看我们。"

妈妈兴致勃勃地决定犒劳下自己而去打开那瓶"味美思"。爸爸看着哥哥，两个人对了一下眼神，没说什么，我在旁边偷着乐，看他们怎么收场。他们俩真的把高脚杯拿了出来，先给妈妈倒了小半杯，给他们自己也倒了小半杯。但是他们两个都没有喝，拿着酒杯，眼睛紧紧地盯着妈妈看，还带着点调皮的微笑。妈妈一点察觉都没有，拿起杯子来，说：

"真好，你回来了！"

接着就喝了一口，很快，她意识到这味道不对，马上就给吐了出来，她那脸揪揪着，眼睛眯到了一起，嘴咧着说：

"这是什么酒啊！？"

刘炽柳春夫妇

我们已经笑得前仰后合的了。这回彻底露馅了。爸爸和哥哥只好承认他们的小恶作剧，把妈妈也给逗得哈哈笑！

"你们把我的调味料都给用完了，明天赶紧去打酱油醋吧！"

吉普车进村

"刘炽大大，有人开吉普车来找你，说是辽河油田的！"一天下午邻居的男孩兴奋地跑来告诉爸爸。

这时候辽河油田，从1970年建设到1973年短短的三年里跨入百万吨的产量。大家都说这个辽河油田要比大庆油田还要好还要大。他们创建了文艺宣传队，为了庆祝这个巨大的成就，1973年初冬，辽河油田领导委托宣传队创作组的张世荣和陈学柏特地从油田开着吉普车到三道村来邀请爸爸给他们油田做音乐顾问，爸爸当时就欣然答应。那个年代，"文革"还在进行当中，辽河油田的领导们有这么大的魄力和胆量，能让像我父亲这样戴着很多大帽子、背着很多黑锅的人给他们做顾问，得以施展才华，让其他艺术家们不荒废业务，更重要的是给他们艺术上的尊重和心灵上的慰藉，敢用这些人，在那个时候真是很了不起。

爸爸很高兴有人来请他创作了。晚上跟妈妈说：

"估计是中央的政策真的开始改变，不然他们不会来请我的。"

"嗯，但是我们还是不要抱太大希望吧，先去私下打听一下。"

那时候有吉普车进村，是很少见的，很多老乡都来看热闹。这两位年轻人管爸爸叫"刘老"，还口口声声说："您是老红军，老艺术家，我们向您学习。"我很喜欢那吉普车，坐在上面搂着爸爸照相更是开心，但是我提醒自己照相不要微笑，向哥哥学习，要显得严肃些、成熟些。当时表姐秀洁，杨园叔叔的小女儿阿葳也在。大家一起跟这两位大哥哥照了照片。

又过了几天他们派车接爸爸到油田去参观。爸爸当然带着我一起去了，他有新的体验机会永远都是带着我的。我们到油田看了真是很惊异，那钻塔特别高，冲着天往上长。他们带我们参观介绍了整个采油的过程，还真的很复杂，各种的管道弯弯曲曲的。一路上看见很多天然气就整天整夜那么烧着。爸爸问：

"这么烧着不是浪费了这些天然气了吗？"

油田的人说：

"是啊，现在还没有好的技术把它们留存起来，这些天然气如果不让它们从地里出来的话，憋在里面会爆炸的。所以直到我们有了新的技术能储藏，目前唯一的办法就是烧。我们也心疼啊！这样燃烧就跟不停地往火里扔大把的钞票是一样的。"

我们在油田的时间爸爸一直听大家讲述那些动人的石油工人的故事。一天早上，爸爸对宣传队的张世荣说：

"小张，来你们油田几天了，昨天我到钻井井场看了看，好震撼。那钻塔，很气派！那钢铁骨架顶天立地，真能象征石油硬汉的性格。你写个词，

刘炽、柳春、欣欣（右二）、萤萤（左二）和两位油田宣传队的队员

从左向右：秀洁（柳春外甥女）、阿葳（杨园女儿）、萤萤和油田的张世荣、陈学柏

歌颂歌颂？"

张世荣毫不犹豫地回答：

"好的。"

张世荣是 1970 年被农村生产大队推荐到辽宁南大荒参加辽河石油会战的，从一名知青变成了一名石油工人。当他第一次看到钻井井架时，也受到了震撼，曾写了一首诗，开头几句是：

"同志，当钻塔的巍巍雄姿伫立你的眼前，当钻机奔放的歌声拨动了你的心弦，你定会知道什么是顶天立地，什么是一往无前……"

现在有了更多的生活感受，所以他爽快地接受了爸爸的这一建议。不算快也不算慢，一天的时间他把词写出来了，还反复推敲了几遍，定名为《钻塔颂》。爸爸拿到词后，看了看说：

"还不错，通过歌颂钻塔，歌颂了石油工人。"

当时他们宣传队住的是简易红砖平房，创作组住得是里外间，里屋睡觉，外屋写作。第二天早上小张醒来，走到外屋，看到爸爸正在伏案，用铅笔一边点着五线谱，一边在哼唱。寒风把春雪从门缝吹到屋里，屋地变得泥泞，寒意袭袭。但爸爸心无旁骛，仍然在兴致勃勃地哼唱。突然，他站了起来，拿起手稿说：

"小张，谱完了，适合男高音独唱，豪迈的抒情、铿锵的节奏都写出来了。你的词句有一处韵律不搭，我用曲子弥补了。"

"我接过歌谱，心情有些激动，那么大的作曲家为我的词谱了曲，怎能不心动。但我并没有说声谢谢。为什么，因为那时的人，政治挂帅，工作第一，很少牵扯个人感情，在我的潜意识里认为都是为了革命工作，不用说声谢谢。"小张想起这件事至今很后悔。

1973 年 10 月，辽河油田打了一口日产 2000 吨的油井，是全国那时日产最高产量的油井。小张写了一部配乐诗歌表演（相当于现在流行的情景剧）——《大战双千吨高产井》，爸爸为此作品的 6 首词谱了曲，并全程配上了背景音乐。他说：

"小张，你的词写得很感人，我给你配的曲，也相当一部电影音乐。"

他不但写了曲，还写了管弦乐队的配器总谱，有几段曲子有深情的美。小张后来想起来："老人家是那么知名，几乎所有中国人都是唱着他的歌长大的，这样一位旋律最美的音乐大师对我这个无名小卒、对待一个企业的业余宣传队的作品那么认真、那么负责，多么令人高山仰止！"

刘炽在钻塔前

就这样我和爸爸第一次的油田体验圆满结束。爸爸认识了一批年轻的热爱艺术的朋友。后来常常来家里的有陈书章和赵勇前等。

活宝！

哥哥走了后，我们的生活又恢复了平静。再过些时候秀洁姐也回大连了。她跟小铎哥哥没能真正建立起情感联系，大家期待的联姻并没有发生。我在慢慢长大。现在家里除了爸爸妈妈就是我了。我想自己长大了，应该多帮着妈妈爸爸做些事。家里担水是最重的活。有一天我自己试着去担水，打好了满满的两桶水，我半蹲下，把这扁担放到肩上，因为我个子矮，而那扁担是给大人做的。我那脚还得稍稍地翘起来，才将将把那两桶水从地上担了起来。突然我感到裤子里热乎乎的一股东西从下面流了出来，我赶紧把水桶放下，把裤子拉开一看，都是血。想起来前两天刚刚月经完事，这一压又给压出了血。我没敢告诉妈妈和爸爸，自己把那水倒出去了一多半，把少半桶水担回了家。妈妈看到我担水吃力的样子，一脸的心疼，说：

"你赶紧放下吧，爸爸妈妈还能行呢。还轮不到你担水的时候呢。"

从 1973 年开始政策有所松动，爸爸才可能会再次被请出山去谱曲。在这样的大背景下，虽然大批老干部开始返城，但是还有一些人被遗留。爸爸妈妈就是被遗留的。像我父亲这样的"顽固不化的走资派"还不可能被解放，但是我们的生活有所改变。

三棵树，是向阳农场场部所在地，自然条件比三道梁子稍好一点。那些残害人的造反派大约也有些疲乏了，"五七战士"的行动比从前自由了些，爸爸头上的"大帽子"允许被撤掉了。经过"五七战士"的再三呼吁，农场的一些比较正直的干部也觉得让这样一个"老人"在三道梁子生活实在太困难，就帮助他搬到三棵树来。

1974 年，我们搬到了三棵树。我们的房东是殷生才大叔一家。他当时是场部的秘书，是一个土生土长的知识分子。他的妻子秀云大婶是一个爱说爱道、爽快麻利的农村妇女。他们的一对儿女大兰和大宝都很可爱。殷大叔是一个讲话非常有礼有节的人，他话不多，但是讲起话来很有说服力，既通情达理又很真挚。他听说我们需要房子，就把他家里自己的一间让了出来给我们一家三口住，还让出一块菜园子给我们耕种。在那个年代以他的职位暗暗给爸爸的帮助恐怕不少，但从来没有表过功。就是在这里我们的生活更加方便了，再也不用去担忧那漏水的土坯房了，爸爸也不用跑那十几里烂路去打酱油醋了。我去鞍山上课可以直接搭去盘山的长途汽车了，省了很多时间和折磨。

在这里我们度过了更加快乐的时光。我们跟老殷大叔一家和睦相处跟一家人似的。秀云大婶每次喊大兰回家吃饭的时候叫她小名"大蕙兰"，这下可好，打这以后爸爸就叫她"大灰狼"，逗得大家哈哈笑。家里还是客来客往艺术家不断。一开始大兰、大宝还有点怕，但是爸爸为了让他们不用怕这些陌生人，就给大兰、大宝介绍：

刘炽夫妇，女儿云云、萤萤和殷生才夫妇及其子女大兰和大宝

"这是'胡高参''胡汉三''陈占鳌'的扮演者。不用怕，虽然他们演的角色都是'坏蛋'，但他们都是好人。"

夏天的夜晚，吃完晚饭，爸爸经常给我们讲笑话，教我们几个孩子绕口令：

"道南住着一个老兰家，老兰家挂着蓝门帘，兰碾子砸黏面，面砸碾子兰。"

"锅台后面有一个大花碗，大花碗里扣着一个大活花蛤蟆。"

我们三个孩子跟着爸爸学，他说得可溜了，我们满嘴里绕啊绕地绕不出来，给他们大人逗得哈哈笑。

爸爸和妈妈此时常常脸上都带着微笑。爸爸白天满脑子里都是音乐，连挑水的时候都哼着小曲子，扭着秧歌，逗得邻居哈哈笑，有时候还自言自语地说：

"不对，应该这样唱。"

妈妈看着他有时候无奈地说：

"活宝，大家都笑你呢！"

谁写的？

笑归笑，玩归玩，正经的事爸爸是一丝不苟的。他对我练琴的要求也越来越严格了。有时候我心不在焉，手上弹着琴，心已经跟着大兰、大宝他们到外面玩去了，所以老弹错。这时候爸爸就逼着我重新一遍一遍地弹准确了才肯罢休。他说：

"你每天放学回家第一件事是必须要练琴，然后才可以出去玩。琴不练好，不可以出去玩。练琴不能心不在焉，敷衍了事。小孩子做事要踏踏实实，认认真真，才能学到本领。"

"知道了。"我有点不情愿地回答。

"你练完琴，我们一起做广播体操吧，不然你看书多，眼睛会有问题的。"

"好的。"

说着，爸爸带我开始做操。他嘴里还哼哼着一个调子。我一听这调子，觉得做起来更加轻松了。

"你知道这音乐是谁写的吗？"妈妈在旁边问道。

"不知道，但很好听。"

"是你爸爸写的。这是第三套广播体操的音乐。"

我心想怪不得这么好听！是爸爸写的。

"第6套广播体操也是你爸爸写的。"妈妈又加了一句。

"我写完了第3套，他们试录的时候，一开始拉得很慢。"爸爸给我唱了起来。

"我跟他们说，这哪能那么慢呢，应该是一倍以上的速度才能好好地活动身体呢。"他再唱的时候，那音乐的感觉非常的轻松愉悦，做起体操来很快乐的感觉。就这样，我们开始常常伴着爸爸的体操音乐的"独唱"锻炼身体。

"可惜没有这两套体操音乐的唱片。"妈妈跟了一句。

我觉得爸爸很了不起，他好像写了很多的音乐，并且是各式各样的，居然还有广播体操。

爸爸平时除了看报纸，更多的时间在考虑下面要写什么作品。他一直没有忘记自己心中的艺术追求和创作的激情。他经常自己在钢琴上弹弹这个，嘴里哼哼着那个调调。

平白如话

就是在这个时候，一个年轻作家鲁东勇来拜访他。他是 1970 年以"狗崽子"的身份被赶到盘锦来"创大业"的。爸爸遇见鲁东勇的时候，正在寻找下一个"颂"的词作者。他计划要写十个颂。这时候才完成了一个《祖国颂》。想着其他的 9 个"颂"，看到鲁东勇写的《山河颂》的词，非常感兴趣。爸爸觉得他很有才，是一个可塑造的年轻词人。他们一见如故，成了忘年交。鲁东勇那年才 21 岁。

我也很喜欢这位可爱的大哥哥。他的头发带点卷，高高的、蓬蓬松松的跟一般人不太一样，眼睛一直是笑眯眯的，非常和蔼可亲。他那时候常常来我家跟我爸爸探讨写歌词的事。爸爸鼓励他要好好琢磨如何把这首词改得更好，并跟他一起开始一句一句地朗读，一句一句地修改。

除了修改词，爸爸就跟他聊各种中国音乐发展的想法，尤其是谈到音乐的戏剧性。他说：

"我们陕西的秦腔'华阴老腔'是中国独有的戏剧性音乐。我个人对音乐戏剧性的了解和感受就有益于它的影响。我创作气势磅礴的音乐的时候常常想起'华阴老腔'中的起伏转折，大起大落，很了不起啊。中国音乐发展必须扎根于中国的各种民族音乐和戏曲，年轻的音乐家们更是要好好地学习钻研民族音乐大宝库里能给我们的源泉。我们学不能学表面，要把它吃进去，掰开了，嚼碎了，消化了，不断地吸收营养，然后再把它变成自己的东西，创新、升华出来。我这几十年在全国各地搜集了那么多民族民间音乐，记在我脑子里的就有2000多首民歌小调。但是这只是很小的一部分。很多人恐怕都没听说过'华阴老腔'，更不了解它的戏剧性。它的气派非凡哪。"

爸爸对民族民间音乐的了解和情感之深可以从他的话语中深深体会到。他边聊民族音乐，边举例唱，他说：

"比如说大家都熟悉的《东方红》。你们知道它的由来吗？它最早是由陕北民歌《芝麻油》改编填词而来：'芝麻油，白菜心，想吃豆角抽筋筋，三天不见想死个人，呼儿嗨呀，啊哟我的三哥哥。'卢沟桥事变后，又添了新词'骑白马，挎洋枪，三哥哥吃了八路军的粮，有心回家看姑娘，呼儿嗨呀，打鬼子呀顾不上'。之后慢慢演化为现在的词。音乐的发展要看怎么创新怎么运用是最重要的。莫扎特、布拉姆斯、巴托克、柴可夫斯基、德沃夏克、爱奈斯库很多音乐家的音乐都是源于他们自己国家的民族音乐。"

我跟鲁东勇都听得聚精会神。爸爸接着说：

"你写词的时候要多用动词，动词更有生命力。并且你要让歌词有色彩，让人们看到图像。你看乔羽的《祖国颂》：'太阳跳出了东海，大地一片光彩，河流停止了咆哮，山岳敞开了胸怀。鸟在高飞，花在盛开……'多么的生动啊；你再看《让我们荡起双桨》：'让我们荡起双桨，小船儿推开波浪，水中倒映着美丽的白塔，四周环绕着绿树红墙。小船儿轻轻，飘荡在水中，迎面吹来了凉爽的风。'这里面有多么生动的场面啊，看得到鸟在飞，花在开，河流在咆哮，太阳跳着从海面上升起，感觉得到那小船推着波浪往前漂的动感，有美丽白塔和绿树红墙陪衬的色彩，你还能够感受到那凉爽的风迎面吹来！"

"嗯。"鲁东勇心领神会地点着头。

"你写词要写得平白如话，诗意深远，不要太'直白'，太'高大上'。你看《我的祖国》里的描述：'一条大河波浪宽，风吹稻花香两岸，我家就在岸上住，听惯了艄公的号子，看惯了船。'你再看《双桨》里的第二第三段的描述：'红领巾迎着太阳，阳光洒在海面上，水中鱼儿望着我们，悄悄地听我们愉快歌唱。''做完了一天的功课，我们来尽情欢乐，我问你亲爱的伙伴，谁给我们安排下幸福的生活。'这里面从来都没有直接地说孩子们的生活有多好多好，他们生活的环境多美多美，他们有多么的快乐等等。但这歌词里充分表达了这些美好的生活不是吗？最后一句用了问句'谁给我们安排下幸福的生活'，聪明的人应该一听就知道是谁，但是词里并没有直白地说，这就是我说的'平白如话，诗意深远'。"

爸爸对音乐和写作的深刻研究和分享深深地感动了这位年轻的作家鲁东勇。

爸爸说：

"没有真实情感的人不要干这一行（*艺术创作*），不真正爱人民的人不能干这一行！患得患失，没有献身精神的人不要干这一行！"

是啊，其实那种甘苦鲁东勇在短短的创作道路上已经初有体验了。他看得到爸爸同时期参加红军的延安小鬼们，新中国成立后，先后担当了各种高级职务，有的是部队政委、司令员，有的是省长、书记，有的在中央部门身居要职，而爸爸，四十五六年来辛勤奋斗，呕心沥血，为人民创作了大量的文艺作品，直到现在，仍是一介布衣文人……这些年来，爸爸实践于行，时时刻刻不忘深深扎根于人民之中，从中汲取永不干涸的营养和热情。鲁东勇后来说：

"刘炽老师年过花甲，饱经沧桑，精神却总保持着那么充实、旺盛，对人像火一般热情，对生活总怀着巨大的希望，奥妙也就在这里吧。"

爸爸平常是个无拘无束，最没架子，爱说爱笑，爱玩爱闹的人。可在艺术上，他又是极为严肃的，有时，认真到严厉的程度。像鲁东勇这帮他的"忘年交"，平时打扑克，可以往他脸上粘纸条，逼他钻桌子，但在艺术上、学问上却是从来不敢马虎的，似是而非，滥竽充数，在他面前是绝不容许的，他自己就是他们的表率。

当鲁东勇把《山河颂》的歌词拿出来给爸爸看的时候，他逼着小鲁当时就坐在他那里，一起改动歌词，当天晚上，爸爸冒着八月的酷暑，从殷大婶那借来一张饭桌，跪在炕上，连夜作曲，仅用短短的一周时间，就把这部大合唱曲的声乐部分和几十页总谱全部写完。

大"五七"＋小"五七"

第二次鲁东勇来看爸爸，他刚完成作品，犹如得了一场大病，刚刚恢复，脸色蜡黄，非常难看，但精神却蛮好，正在被作品完成的巨大兴奋陶醉着。爸爸拉着鲁东勇，用已经嘶哑的嗓音，一遍一遍为他试唱，征求这个年轻词人的意见。

这是一部相当规模的混声大合唱，爸爸为它倾入了自己的心血。他从来都是这样，每次写完一部作品他会愿意给身边的人唱，问他们的感觉。妈妈和我常常是他的第一听众，而妈妈常常是他的助理，帮助他画小节线、削铅笔、做饭、倒茶。他非常谦虚，听了我们的感觉，他会调整甚至做些修改。像《让我们荡起双桨》最开始爸爸写的是 3/4 拍，妈妈说：

"3 拍子划船会不会划得转起圈来了？"爸爸觉得也对啊，就把它改成了现在的 2 拍的了。几十年了，每首爸爸的作品都有妈妈的辛劳和帮助在里面。

爸爸为了画总谱小节线更快，自己发明了一个工具。他把一个长尺子上用螺丝钉把一根粗铁丝绑定在了上面，铁丝上穿了很多平时晾衣服时夹衣服的铁夹子，每一个铁夹子上夹一支短铅笔。按照那个乐章音乐小节线的需求空间，每一个小夹子都可以左右活动。位子摆好了，从上到下，整个总谱可以画上小节线，一次到位，全完成了，非常聪明！这样省去了一小节一小节画小节线的时间。

其实爸爸常常会发明些小东西，在三道村的时候他发明了一个卷烟工具。那时候买不到卷烟的时候，他只能弄到烟丝。每一根烟都要自己用报纸卷来抽。为了方便，他发明了卷烟器，很方便很快就卷好了烟。爸爸的聪明和创意性极强。不光是在音乐上，在生活上也是一样。我特别佩服他这一点。

爸爸很珍惜跟鲁东勇这一段"忘年交"。原来的《山河颂》，就是后来爸爸提议改成的《大地颂》。他很看重这个作品，最后与《祖国颂》《大地颂》《太阳颂》一起在1981年出版了他的"祖国三部曲"专辑。那时鲁东勇已经去深圳"下海"了。爸爸去深圳的时候特地见了他，抱着他的女儿，在三部曲上签下了他的名字。他常说他跟鲁东勇是"老'五七'加小'五七'"。

《大地颂》是爸爸自己最喜欢的作品之一，也是我最喜欢的一部作品，它甚至有很多地方比《祖国颂》还要美。我多希望它能好好地，经常地被演唱啊！这样的艺术精品不被演唱实在是我们中华文化的损失。

那时候我们虽然在向阳农场，但是常常听到关于县里的事。除了鲁东勇，也有其他人来看他。其中作曲家王蒙就是一个。王蒙打听到我们在向阳农场"大荒"住，就冒昧地来了。

爸爸不但没有怪罪，反而非常热情地接待了他：

"来来来，请坐。你尝尝这是龙井茶。"

王蒙第一次喝龙井茶居然是在我们农村的家里。他把他的处女作舞蹈音乐《拾稻穗》拿了出来。爸爸打开，用他的笔在上面画龙点睛几处，的确大有进步，尤其是主题歌比以前好得多。后来我们到了盘团跟王蒙住前后院，他也常来家里请教爸爸关于音乐上的事。

还有一位常来的是作曲家王平，他对爸爸极其尊重和崇拜。他每次来的时候都是乐呵呵的，还有

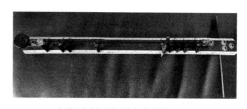

刘炽自制画宗谱小节线的工具

刘炽送鲁东勇"祖国三部曲"

一位叫四叔的开车带着他来。王平很善谈，喜欢跟爸爸喝点酒，四叔不太爱说话。他们来的时候，有时候还带着大米啊，白面的。他管爸爸叫老红军。我有些弄不明白，有时候他是"走资派""现行反革命""反党反人民的牛鬼蛇神"，又有时候他是老红军、老干部、老艺术家、老首长。但是至少现在对他的批斗比较少了。估计是很多"五七战士"慢慢地都走了，也没有什么人搞阶级斗争和批斗会了。大家都想着怎么回城，想各种办法，找关系，找熟人想要回到城里去。

还有 30 年

没人整天折腾他折磨他，爸爸开始更多地专注于创作了，也有更多的人请他去写作了。他在三道村为向阳农场、县文工团、辽河油田创作了大量的作品，《钻塔颂》《夸三田》《姐妹除草下田来》等都是在这里写的。爸爸亲自去辅导、排练，他从不把自己看成是闻名于世的作曲家，像是这些业余宣传队的老队员。他作曲的词，都是一些文化水平不高的知识青年写的顺口溜，经他认真改动，都一丝不苟地谱成曲子，到田间、宿舍去教唱。

刘炽（左四）跟盘锦音乐工作者合影，鲁东勇（后排右二）

云云和妈妈柳春

云云和爸爸刘炽

刘炽在三棵树家前

就这样，他培养出一批年轻的文艺工作者。其中爸爸给区文工团写的合唱表演《夸三田》（农田、苇田、油田），由他来教唱、导演、指导。后来这个节目参加地区、省里汇演，多次获大奖。

也就是这个时候二姐回来看我们了。她讲了在宣传队的好多故事，她穿着军装好精神。

"你喜欢在部队宣传队的生活吗？"妈妈问。

"我很喜欢！我喜欢干宣传这一行。另外我现在手风琴拉得也不错了。

可惜太沉，不然带回来给你们拉几首曲子听听。"

妈妈爸爸为她高兴。我也穿上二姐的军装照了张相。那年我们种的玉米收成也特别好，都挂在房前。之后我们恋恋不舍地送她回部队了。

再也不用干那么多的苦活了，能专注艺术创作对爸爸来说是一个巨大的精神释放。他看到了希望，开始重新做起中国音乐发展的创作梦。他屈指算了算：

"我现在才50多岁，我想我能活到85岁，应该还有个30年左右的写作时间。这10年浪费了这么多的时间，我要抓紧写《太阳颂》《战旗颂》《月亮颂》《朝阳颂》等；我要再写至少几部歌剧，《孟姜女哭长城》《桃花扇》《劈山救母》《白蛇传》《汉宫秋》等；我要写几部电影，其中《红楼梦》是一定要写的。当然我也很希望我的歌剧《阿诗玛》能够再次上演，因为我还没有听到比《阿诗玛》更美的中国歌剧。"

我听他这么说，头一次想到人的寿命是有限的。30年听起来好像蛮长的。

柳春和莹莹在家前

爸爸为中国音乐创作发展献出艺术人生的梦从 50 年代开始做，到现在 20 多年了。现在终于有了一线希望。作为一个完完全全、彻彻底底活在精神世界里的人，只要有了精神的寄托，其他一切苦他都受得了。看他高兴的样子，我也高兴。

不落井下石

1974 年的时候，按照指示，最后一批"五七战士"都要分配，当时落实政策大势所趋。中央要拨乱反正，但是掌权的人还没有换，很多被认为是有历史问题的人，很多被错误批判、错误下放、错误打倒的人，反而不能再从事文艺事业了，即便回到县城或省城也都被分配到地方甚至街道或企业了。这个政策是全国性的。所以名义上是恢复了政策，但是很多艺术家却被改了行去干别的，就这样中断了他们宝贵的艺术生涯。很多辽宁十六大队从沈阳下放的"五七战士"没能回到沈阳的，有些给调到了附近的城市，如刘萤去了本溪，朱雅芬到了鞍山，还有些被调到了盘山县里。幸运的，像洛汀伯伯被调到盘山文化局当副局长，白菊阿姨当盘山文工团副团长，莽记群被分配到盘锦群众艺术馆，李兆环被调到盘山县文工团，还有的人被分配到工会、工厂等等。赵凡被分配到废品收购站。

刘萤叔叔被调到本溪矿务局，临行前，爸爸特地嘱咐他：

"一定要代我去看望我的老师舒群和夫人夏青，带去学生刘炽的多多问候。"

那个时候只有像爸爸这么心胸纯粹的人才会这样做。舒群先生本是行政 9 级干部，1958 年虽没被正式打成"右派"，但被定位是"反党分子"，下放到本溪本钢第二炼铁厂任党委副书记，后任合金厂副厂长。"文革"期间又被下放到恒仁农村，几年后调回市里，但是市革委会不允许他在市内，结果被放在市郊牛心台煤矿宣传科做图书管理员。舒群夫妇听到爸爸的消息特别高兴，询问了许多许多。在那个极为敏感的政治时期，他们师生都深处逆境却还牵挂着对方，这样纯洁的情感实乃不易。爸爸一辈子不会落井下石，很念师生、朋友之情。在人家困难的时候，他绝不会瞧不起别人。很多被打成"右派"的朋友，别人都不理，他反而去用他们，关心他们。

请救我！

大家都认为这场灾难性的"文革"已经到了后期，可是没想到，突然有一天，几个民兵来，不由分说地把爸爸拉上车给押走了，看他们的脸色就知道这件事不同一般。爸爸被带走后，我跟着妈妈每天到村口的公共汽车站等爸爸，看妈妈焦虑忧愁的样子，我也不敢问她太多问题，只是默默地跟着她去眼巴巴地望着那公共汽车上有没有爸爸的身影。每次紧盯着车门，我们等到最后一个人下来了，才失望地慢慢走回家。那些天好像比一个世纪还长。妈妈无心做饭，我们每次都是凑合着吃一点，恨不得这一天赶紧过去，能再次去汽车站等待爸爸的归来。

爸爸被审讯了整整三天，放了回来，脸色极其难看。我虽然小，搞不懂全部的利害关系，但知道这一次很严重。

妈妈焦急地问：

"知道这次是为什么吗？"

"估计是有人打了小报告，把我说江青是'白骨精、妲己'的话传了上去。"

因为爸爸从延安时期起对江青的作为就不感冒，不光是他，他的老朋友们，王一达、任均等人从延安的时候起就看不惯她的行为。尤其是看到她在"文革"期间心狠手辣地迫害艺术家，更是对她极其反感。那时候墙外有耳，私底下说的话，被打小报告报上去也会惹出杀身之祸的。爸爸没有被枪毙，我们感谢老天的眷顾。

爸爸回来后脸色一直阴沉沉的，我从来都没有看到过爸爸这么忧郁过，可以看得出这次的遭遇让他心里非常有阴影。他跟妈妈说：

"'文革'这么多年了，我被迫害，多年精神上被摧残，艺术上被打压，我都经受住了。我对毛主席能够纠正错误的方向和路线还是怀有信心。我年轻的时候经历过延安整风，后来毛主席代表中央当着全体人员给大家道歉的时候，我们都互相拥抱着哭得稀里哗啦的。我们痛哭不光是因为个人受了很多委屈，而是痛心失去那些没能挺过去的朋友战友们，他们年纪轻轻就带着满肚子的冤枉走了。后来这么多次整风、运动我都被迫害，但是每次我也都挺过来了，活过来了。但是这次'文革'时间太长了。"

妈妈唉声叹气地说：

"你这些话无论如何以后不能在别人面前说啊，不然又要遭殃啦！"

"嗨，我知道是我没有管住自己的嘴。我实在是看不惯她（江青）丧心病狂地迫害艺术家。但我只是在几个比较熟悉的人面前说了几句话而已，他们也在说这说那啊！"

"这不是很简单吗？他们说，你不去报告，他们没事。这些事从你刘炽的嘴里出来，他们去报告，你就会遭殃啊。"

"我弄不明白的是他们为什么突然放我回来？是纯属幸运，还是有别的原因？我估计这也是暂时的，看样子这审讯还没有审完，说不定他们还会回来抓我的。我恐怕他们这次会对我下毒手。"

"那怎么办！？"妈妈担心地问。

"我想唯一能救我的人恐怕也就是总理了。我给他老人家写封信吧。我一直不愿意去麻烦他老人家，知道他日理万机，但是听说他救了很多人。另外，你帮我准备一个小包吧，我可能随时会被带走的。如果再被带走，恐怕是回不来了。你好好照顾莹莹，她还小。"

我在旁边听着默默地流眼泪。爸爸真的会被他们带走再也回不来了吗？是谁这么恶毒？

爸爸说：

"周总理在延安的时候就看着我长大，知道我一辈子为人民和祖国创作音乐，我热爱这片土地，爱人民，周总理最了解我，并且喜欢我的创作，一定可以证实我从来没有背叛过党和国家。"

爸爸拿起笔，手在颤抖着，犹豫了一下，写了不多几个字：

"总理，我很危险，请救我。刘炽。"

之后他找来一个偷着跟他学作曲的知青藏好信，让他去北京找机会通过老朋友们转交给周总理。但这是一封未被发出的信。爸爸还是太天真，怀抱着一线希望，他还不知道当时整个中国上层激烈斗争的情况。

谈起救人，据说1966年"文革"刚刚开始不久周恩来就拟定了一份"应予保护的干部名单"。这份名单上的人经过批准，没有受到"文革"的冲击。但是周恩来总理无法保护所有的人。他身边的很多人，都在"文革"中离开了，更不用说像我爸爸这些人了。况且这时候周恩来总理得了膀胱癌，经历了六次大手术、八次小手术的他，体重已由原来的130斤下降到了60多斤。即便在这种情况下，江青、张春桥等"四人帮"还是掀起了一轮接一轮的政治风波，矛头直指周恩来，他们没有停过手。但是爸爸那时候并不知道周恩来总理的处境。

我的歌是为他们写的

被审讯回来后不久，爸爸就病倒了。感冒发高烧，烧得昏迷不醒。妈妈和我给吓坏了。因为爸爸一辈子基本上没生过病，除了偶尔的痔疮发作，必须卧床几天，他几乎没有卧过床。妈妈急得团团转。给他喝水吃消炎药退烧药都不管用。那天晚上妈妈说第二天如果还不好，就要赶紧送医院急诊室。夜里，妈妈一直守在他身边，爸爸出了一身大汗，把被子、褥子全都湿透了，第二天早上烧全退了，下午就起来坐着跟没事人似的喝茶了。妈妈把被子、褥子拿出去都能拧出水来。这是我有生以来记得的唯一一次爸爸生病。

刘炽再次回到盘锦三棵树（20 世纪 80 年代初）

自那以后，妈妈为爸爸准备的小包就放在家里的柜子上，可以随时拿着走。里面无非是放了最基本的洗漱用品，牙刷、牙膏、梳子、刮胡刀、喝水杯、一包茶叶和一点零钱。爸爸虽然在外面还是照样乐观地去搞他的创作，但是我们都有心理准备不知什么时候他会再次被带走。那个时代的政治斗争牵扯着亿万人的命运。为什么爸爸带走后被临时放回家了，我们永远都不会知道事实的真相。

这时候洛汀伯伯和白菊阿姨已经调到了盘山。有时候爸爸妈妈也会在他们家等我从鞍山朱老师家上课回来，我回来也会去他们家吃顿饭。舞蹈家于勇叔叔是当时盘锦地区歌舞团团长。这个团是盘锦最高的艺术单位，号称"小辽歌"。他跑了好多部门把返城剩下的一批著名的老艺术家都调到盘团里来，成了盘团的中坚力量。盘锦成了在沈阳之外的艺术中心。这些人中包括我爸爸妈妈。于勇在这样的时候给这些艺术家一个出路很值得尊敬。

当时盘团要演样板戏，而样板戏是管弦乐队伴奏的，所以盘团要组建管弦乐队，当时全辽宁省能吹双簧管的（能用的）不超过十个人。年轻的雷荣考了几个团都因为家庭出身政审没被录取，盘团考试后算他是"可以被教育好的子女"录取的，就这样进了盘团。于勇叔叔给了这些有基本功的艺术家子弟，如雷荣、惠斌、珊珊、唐红、赵娣等一个搞艺术的机会。

爸爸是 1974 年底就开始在三棵树、盘山、油田来回跑，1975 年被正式调到盘团。我们正式搬家离开三棵树的那晚，殷大叔和我们两家基本上没怎么睡觉。那种像一家人一样的友情真是难舍难离。我永远不会忘记临走的时候爸爸跟我说的几句话：

"萤萤，我们要好好地记住殷大叔一家的恩情，一定不能忘记三道梁

刘炽（右四）1981 年回三棵树看望殷生才一家，随行的有鲁东勇（左四）、王平（右三）

子蔡九海大叔一家的善举。这些人是我们中国最质朴、最善良的老百姓。他们不整人、不嫉妒、不同流合污、不计较个人得失。他们的心和灵魂是最美的，爸爸的歌就是为他们写的！"

再难的事也会过去

1975 年爸爸刚去盘锦文工团的时候，他们还特地开了欢迎会，爸爸很感动。到了盘团的时候正赶上电影《英雄儿女》重新上演，大街小巷都在唱《英雄赞歌》。

爸爸得知消息后，风尘仆仆赶到影院，但票已卖完，影片开演了。他恳求门卫，想进去看看，并告诉门卫，"电影音乐是我写的……"门卫看了看这个身穿旧棉袄，腰扎草绳子，一身尘土的小老头说："别扯了，不行！"眼前的爸爸，简直就是地道的农民，神仙也不会相信，他能是著名作曲家。住在影院附近的盘山县文工团同志作证"是他写的，让他进去吧"！当他再次在银幕上看到了那一幕幕熟悉的画面，听到他自己写的"烽烟滚滚唱英雄，四面青山侧耳听……"他禁不住眼泪纵横，心中有多少感悟无法用语言表达出来啊。

妈妈到了盘团终于有机会再次编排舞蹈。她排的第一个舞蹈就是《姐妹除草下田来》。爸爸作曲，妈妈编舞，其实这个作品是爸爸在向阳农场的时候写的，妈妈在地头上休息的时候编的舞蹈，我还跟着学如何把那镰刀甩得高高的。根据爸爸的要求，盘团组织了一个比较大型的民乐队演奏，爸爸让年轻作曲家冯晓地配器。大家都叫他"小锄头"。冯晓地记得有一次爸爸没烟了，他不太好意思把他自己的"大生产"牌的烟拿出来给爸爸，因为他知道爸爸通常抽的烟是"牡丹"牌或者"凤凰"牌。他很感激爸爸给他这个创作的机会，也感激妈妈在他需要资料的时候，偷偷地把爸爸在西藏采风记录下来的音乐"借"给他做参考。

那些年轻人都很喜欢跟爸爸妈妈交往。爸爸妈妈知道他们年纪轻轻远离父母，也常常关心他们，尤其是那些"出身不好，可以被教育好的子女"。请他们来家里做客，爸爸会拿出来最好的茶叶给他们喝，像招待最尊贵的客人一样。有一个拉大提琴的哥哥常常来我家，还有舞蹈队的杨晓光，乐队的雷荣、冯晓地等也常常跟我一起玩。他们都比我大几岁。到了大家都放假回沈阳、大连等地的时候，就剩下我们几个，我们就在楼里跑来跑去，无拘无束。

舞蹈队的卢刚第一次应爸妈之邀到我们家，我正在弹巴赫的 C 大调前奏曲。他几十年后还记得：

"那么祥和圣洁的音乐，每到圣诞节听到那熟悉的旋律，我都会想起钢琴前坐着的小姑娘和刘老。"

那时候赵娣、唐红和他三个人都还小，经常在宿舍里谈着谈着就哭了，因为他们的父母都受到"文革"的冲击。一天中午大家都在午休，他一个人又偷偷跑到排练室掉眼泪。因为他三岁的妹妹用彩笔涂了《红旗》杂志封面的背面，透过去刚好是毛主席像的嘴。三岁孩子无意的涂抹使他父亲再次遭到批斗、检查……所以他心情十分不好。好不容易平复下来，一出排练室看到爸爸正在外面笑盈盈看着他。爸爸一定是看到他哭红的眼睛，说：

"晚上要演出，中午不好好休息？有再难的事情都会过去，一切都会好的。"

他被爸爸碰到了，就把家里的事情简单说出来了。爸爸戏谑地说：

"你知道吗？我可是老'右派'。但我不后悔我说过做过的事情，因为我不会隐藏我的观点。一个人要有自己的观点，这很重要！我相信自己，你看我不是每天很快乐吗？"

爸爸的话他一直没有忘记。多少年了，他常常想起那个夏天的中午……爸爸是第一个站在长辈立场上，洞察了他内心并伸手帮助他的人。

"大人物"

　　我们家在盘山县还是住在平房里，但是这个平房比在向阳农场三道大队的土坯房要好多了。这时候爸爸的红军资格已经恢复了，红军证也给还了回来。在那个物资极其贫乏的时代，爸爸的红军待遇是很多人很羡慕的。但就是这个国家给他的待遇也会引发一些很不愉快的事。

　　当年文化馆有个会计扬言要抄我们家，大伙都非常气愤。领导为了老干部的安全，特意派金成发来当保镖。他在我家住了一宿平安无事。第二天爸爸把他最喜欢的"凤凰"牌香烟给他作为感谢。金成发的胃不好，妈妈还给他做了几回精粉挂面，那年月大家还没见过精粉挂面呢。那个人为什么要抄我家？就是小市民嫉妒吧，看不了爸爸享受那么高的待遇。那时候，爸爸还是蛮小心翼翼地。他有一首作品团里要上报，爸爸不同意署名，担心上面有人知道他在盘锦，团里决定署名潘卫青。这名字显然是政治需要所编的。爸爸在《战地新歌》上发表了署名潘卫青的这首作品。还有另外一首跟鲁东勇合作给知青写的歌当时是用作曲家王平的名字发表的，都是为了避免麻烦。人活到这个程度，连在自己的作品上署名都要避免，是多么可悲啊。心里会是什么滋味呢？精神上会有多大的压抑啊！

　　虽然爸爸很不想做"树大招风"的事，但是有时候也不可避免。1975年全国上下学习天津市小靳庄，部队也不例外。因此，总政治部就在辽宁省营口市盖县第35集

刘炽在盘山家前

团军的 115 师 344 团召开现场会，向全军推广学习小靳庄经验。整个活动由总政文化部部长时乐蒙主持。当时盘团在营口市大石桥镇演出。爸爸听说时乐蒙来了，就去 39 军军部看他。

然而到了军部大院，被一个自称是军部警卫营营长的拦住了。说首长（时乐蒙）正在休息，任何人不能打扰。没办法，爸爸留下一句话就带大家走了。他说：

"你告诉时乐蒙，有个叫刘炽的人来看他。"

后来听说时乐蒙伯伯知道后发了挺大的火。两天以后，他专程来盘锦回访爸爸。沈阳军区 39 军政治部，营口市委都要来人陪同，被时乐蒙谢绝，称此次来盘为私人访问，看望战友、同学。盘团专门为二位老师演出了一场歌舞，观众只有这二位。从此爸爸在盘团的待遇也提高了。大家这时候才意识到，盘锦原来有一个"大人物"。虽然爸爸自己从来都不认为他自己是什么大人物。

土豆土豆，白菜白菜

那段时间越来越多的人来请爸爸去这里去那里辅导啊，讲课啊，写作啊，参加这个那个会啊。每次爸爸出门之前，妈妈都千叮嘱万叮咛，生怕再出事。她被上次的事吓怕了。

"刘炽啊，这次你一定要管住你的嘴，说话千万不能没把门儿的啊。"
她有时候说得多了，爸爸嫌她啰唆了，就会朝着妈妈笑着说：

"柳春啊，我今天出去是应该先迈左脚还是右脚呢？"

妈妈没办法，边笑边瞪着眼睛说：

"你老没正经的！"

我在旁边看着偷着乐。

有一次爸爸开会回来，妈妈问：

刘炽和夫人柳春在盘山家前

"这次怎么样，没说漏嘴吧？"爸爸笑眯眯地说：

"有时候我真想跟他们说点实话，真想让马蜂钻裤裆里——爱怎么着（蛰）就怎么着（蛰）吧。但是，这次我很聪明，他们问我对样板戏的看法，我跟他们说'土豆土豆土豆，白菜白菜白菜'，让他们汇报这个吧，我还能说什么呢？既然不能发表真正的艺术看法，我也不能没了良心说瞎话夸奖他们，就只能给他们土豆和白菜了。"

妈妈安心地点了点头，一颗悬着的心落了下来。

她是"兽类"

我到了盘山上学很开心，遇到了一个非常好的老师，她是我的班主任苏大军。她本人是教物理的，爱人是拉板胡的，也是沈阳下放到盘锦的。她讲的课我都记得很清楚，非常的清晰富有逻辑性。物理成了我最喜欢的课。我的同学们也很友好。李小红的四叔就是常常开车带作曲家王平看我爸爸的四叔。她爸爸李叔叔是医生，非常严谨的一个人，也成了爸爸的好友。小红和我自然也成了好朋友。小时候不喜欢练琴的我，这时候开始热衷钢琴，每天都练几个小时。我的手指在上课的时候也不闲着。我同桌禄保敏注意到我总在那个桌子上练手指头、弹钢琴，就过来摸了摸我的手指，说：

"你那手指头梆梆得太有劲了！"

　　她当时特别羡慕我没事儿就在那块儿"弹手指头"。

　　有一天住在我们家后面的王蒙带来了一个跟我一般大的女孩，名字叫媛媛。她跟他学拉小提琴。她比较害羞，但是性格温和，很可爱，我马上就喜欢上她。这之后我们两个经常一起玩。有时候还小小地合作一下，她拉琴我弹琴。她住在辽河油田，她爸爸是通过一位辽河油田的干事赵勇前介绍认识王蒙和爸爸的。他跟媛媛说：

　　"萤萤是刘老的小女儿，因为她爸爸的身份，没有很多孩子跟她一起玩，她比较孤独。"

　　其实我并没有觉得孤独，平时跟爸爸妈妈一起听音乐、练琴、读书，海阔天空地做白日梦还蛮忙的。但是有媛媛做伴儿也很开心。李叔叔人特别好，他喜欢摄影，所以常常给我们照相。他们全家成了我们的好朋友，也成了家里的常客。爸爸也喜欢媛媛，称她为家里最小的"女儿"。

萤萤和媛媛

萤萤和媛媛练琴于盘山

媛媛来我家玩的时候，家里经常是老唱片机播放着各种音乐，爸爸妈妈还会翩翩起舞呢。妈妈在院子里有个菜园子，种了豆角、西红柿、辣椒好多种，媛媛最喜欢妈妈烧的菜，也最喜欢我弹的《少女的祈祷》一曲，我们在一起玩得轻松愉快。

王蒙到过我们三棵树的家。现在跟我们住前后院，请教爸爸音乐方面的事宜更加方便，他跟爸爸接触没感觉面对的是一位音乐大师，似乎就是一位平易近人的长者，一个说话幽默风趣、博学多才的极有人格魅力的人。爸爸为人性格开朗，他的朋友极多，无论在什么地方住，家里经常宾客满盈，把盏叙旧，欢歌笑语，热闹非凡。每当此时，妈妈忙碌地跑前跑后，打点应酬，客人们纷纷表示谢意：

"辛苦了，受累了！"

这时爸爸幽默风趣地说：

"我们都是人类，只有她是'兽类'。"引起哄堂大笑。

三条腿的驴

爸爸教育自己的子女在做事上绝对不可以偷懒，马虎。

"我在西安的时候，燕燕给我写信让我帮她写一首歌交上去。我怎么能做这样的事呢？"

爸爸回到盘锦的时候，跟妈妈说起这件事，脸上有点不高兴的样子。

"哦，是怎么回事？"妈妈问。

"她说部队号召战士搞业余创作，让他们写首诗，画幅画，或写首歌。他们指导员说她爸是作曲家，写一首歌的任务就交给她了，让她想办法完成。这不，她说她不会作曲，让我随便帮她写一个交差就行了。"

"他们指导员可是不知道她爸爸对这件事有多认真吧？"妈妈微笑着说。

"是，你最了解我。"他脸上露出了笑容。

爸爸当时就给她回信了：

"燕燕，组织上交给你的任务，为什么让我来替你完成，你不会作曲，爸爸可以教你，但任务一定要自己完成。要想作曲，首先要选一首好词。第二步就是把选好的歌词大声朗读、背诵，直到能够很流利地并能带感情地背诵下来，这时旋律就会自然地从脑海中流出来了。等你写好了，寄给我，我可以帮你修改。"

在爸爸那碰了一鼻子灰，姐姐只好硬着头皮写。她找了一首李幼容的词，天天没事就大声朗读、背诵，战友们都以为她在发神经。头几天，背得她头直疼。但是，就在她要放弃的时候，奇迹出现了。功夫不负有心人，爸爸说的旋律真的在她的脑海里出现了。她兴奋极了，马上把它记录下来，并工工整整地连同歌词一同抄写好，寄给了爸爸。

爸爸看了很高兴，给大姐回信第一句话就说：

"很好！第一次作曲，能写成这样很不错。歌词选得很好，曲子也很流畅，而且新疆风味儿很浓。看来，没白在新疆待。但是，毛病也不少。第一，引子是个三条腿的驴。因为4/4节奏的曲子，过门儿应该是四小节，而你的过门儿只有三小节，我帮你加了一小节，这样就完整了。第二，整个曲子缺少高潮的布局，太平淡了。我把你写的曲子的主要部分保留，只在中间一段进行了修改，加上了高潮的布局，又把曲子的最后部分，改成了副歌。这样，一首完整的歌曲就完成了。"

大姐从中学到了很多作曲方面的知识，而学到更多的是做事不可以马虎大意，更不可以抄近路，偷懒。

北极光

有一天我们刚刚吃完晚饭，突然看见挂在房间里的灯泡在空中悠悠荡荡，之后大地突然开始摇晃。妈妈说：

"不好，地震啦。快点都出去！"

我感觉那身体好像不是自己的似的，一点都不听话。走路站不直，那大地好像是棉花做的，松松软软，就这样摇摇晃晃地我们一家三口终于冲出了门。出去一看那晾衣服的绳在院子里上下跳动大概半米多高，嘣嘣嘣得很好笑。门前的一个小沟里的水忽悠忽悠地左右摇摆不定，好像要从小沟里跳出来似的。

我和爸爸手拉手在外面站着，看到天空远处发出闪光。爸爸说：

"这是地光，地震的时候会发出。可惜不是北极光。"

"北极光？"

"对啊，到了北极可以看到北极光，也是在天空中闪亮的光。以后有机会去看看那北极光应该很有意思。"

他这么一说，那看起来可怕的地光反而增加了一层神秘的色彩。这是著名的 7.3 级"海城地震"。等地震停了，我们回到屋里，看到所有的东西都被甩到了地上，有些东西被打碎了，我们赶紧把东西收拾好。爸爸说：

"下次再地震，如果跑不出去，我们就都躲到钢琴的下面，这钢琴非常结实，房子塌下来，也不会把它砸倒。"

"嗯，记住了。"

音乐学院的排名

那些天我们常常听音乐。有一天爸爸的一个朋友带来一盒磁带让我们听，那纯美的声音太动听了。他说是意大利神童唱的。我们听了一遍又一遍，简直是太美了，听得我心旷神怡。第二天我就正式地请爸爸坐在了圆桌旁，跟他谈判：

"爸爸我不想弹钢琴了，我要唱歌。"

"好啊，你是不是被意大利神童的演唱感动了？嗯，爸爸也是。他的声音多么的自然和纯净啊！人声是最富有情感的。你知道爸爸为什么写了这么多歌曲和大合唱吗？就是因为这个。但是你现在还小，声音还没变呢。很快你就要变声了，等你变好声16岁左右再学习唱歌不晚。但是现在必须打好音乐基础。钢琴是很重要的一个乐器。弹好钢琴，学好和声，乐理和指挥对你以后成为一个歌唱家很重要。唱歌不能傻唱，首先要做好音乐家、艺术家，然后才是歌唱家。"

他眼睛里流露出顽皮的神情接着说：

"你知道吗？在匈牙利李斯特音乐学院，他们会把音乐家的素养进行排行。你知道是怎么排的吗？"

我摇摇头，听他继续说：

"第一位是作曲家，然后是指挥家，之后是钢琴家，拉弦乐的，吹管乐的，打打击乐的，看音乐学院大院的门卫，最后才是唱歌的。"

他一口气说完后开怀哈哈大笑。我这才意识到他是在开歌唱家的玩笑了，因为他们的排行在看大门的之后。我也跟着嘿嘿地笑了起来。

他笑眯眯地对着我说：

"玩笑归玩笑，我的女儿不要做这样的歌唱家吧？"

他脸上透出既骄傲又有挑战性的神情。

我点点头，明白了爸爸的用意。从小到大爸爸始终让我感觉到他对我的才能和能力的认同和赞赏，除了无限的关爱，耐心的指导，严格的要求，他让我感觉到我是一个很特殊的人，这样的成长经历让我对自己充满了自信。有些人觉得我小时候"很高傲，很牛"的样子，可能因为内心里虽然我自己并没有觉得比别人高一等，但是坚信自己会成为一个不平凡的人，做出不平凡的事来。我一直最怕的就是平庸。就这样我决定要刻苦练琴，先做一个好的艺术家和音乐家，以后再考虑学习唱歌。

他的声音里含着眼泪

"你既然喜欢唱歌，我们可以多听些意大利歌剧，给你打些基础。来，我们听现在世界上最棒的男高音唱的咏叹调。"

说着，爸爸把一张唱片放到唱机上，里面传出美妙的声音，时而温柔，时而铿锵，那声音一下子就打到了我的心底，把我带到了另一个充满了情感和色彩斑斓的世界。

"你知道这是什么歌剧的咏叹调吗？"爸爸问。

"我不记得了。但记得我们以前在三道的时候好像听过的。"

"聪明女儿，记忆不错。这是普契尼歌剧《托斯卡》里的咏叹调 ——《今夜星光灿烂》。是他在被处决前一晚，在监狱里看着满天的星光，回忆他和托斯卡在一起的甜蜜时光。你听这单簧管多凄凉，这男高音的旋律多美啊！"

说着爸爸跟着一起哼着这个旋律。他脸上那表情完全被音乐征服了。他的手跟着旋律动着，那姿势和全身好像都跟着旋律成了一体，那旋律扣人心弦。

"你听下一首咏叹调虽然非常短，但是它对男高音是很有挑战性的。这是威尔第的歌剧《游吟诗人》里的。你知道他唱什么吗？为什么这么激昂吗？"

我摇头。

"他正要结婚，突然听说他妈妈要被烧死在十字架上，他要去救他妈妈，表达对妈妈的爱和心中的悲哀，对那些迫害他妈妈的人的愤怒。这里面有三个 high C。非常高！"

那咏叹调听起来好有精气神，既激昂振奋，又愤怒。好棒！

"你好好听，这里面那意大利文有一句有点像我们的骂人话，哈哈哈。"

我仔细听，还真是的，跟着爸爸哈哈大笑起来。他怎么老是能找到可笑的地方。我俩笑完了，爸爸说：

"你好好听下一首。这首非常的感人，这是意大利作曲家莱昂卡瓦罗歌剧《丑角》里的咏叹调《穿上戏装》。"

我虽然不知道他唱的到底是什么，但是可以听得出那深深的悲哀，这种悲哀是带着愤怒的悲哀。我忍不住问爸爸：

"他唱什么呢？"

"他是个丑角，他的工作就是穿上戏装逗贵族们开心。但是他知道了太太有外遇，心在流血流泪，但是还要装出快乐可笑的样子。他唱他自己的悲哀。"

"你听这位瑞典男高音优西，他的声音里带着泪水和悲剧，非常特殊的一位抒情戏剧男高音歌唱家。他是我最欣赏的歌唱家之一，可惜死得太早。"

"怪不得听起来让我感觉想哭了。"

"唱歌唱的是我们灵魂深处的情感，声音是为情感服务的。你以后唱歌可千万不要学我们那些所谓的'歌唱家'们，嗷嗷嗷的，整天在找他们的声音位子，完全忘了为什么唱歌。"

"嗯！"

我点头，深深牢记爸爸的话。

这段时间我们听了很多歌剧咏叹调。听完了唱片，这些旋律每天都还在脑子里不断地重复，好像我的头里面就有一台唱机似的。

"爸爸，我每天脑子里还回响着这些音乐。它们好像不断地在我的头里面放唱片。"

他看着我笑了：

"这很正常啊，爸爸脑子里整天放各种唱片呢！爸爸年轻的时候有一次写了一个作品，那晚上很流畅地写出一个非常漂亮的旋律。写好了，我就去睡觉了。第二天起来，再一看，这个旋律怎么这么熟悉呢？原来是那段时间听一个西方作曲家的曲子听多了，脑子里记了下来，还以为是我自己创作的呢，哈哈。我赶紧把它毁掉了，重新创作。"

哦，原来爸爸脑子里整天装的都是各种音乐啊！

兄妹二重奏

1975 年哥哥再次回到盘锦看我们，爸爸妈妈非常高兴。这次回来他没带八件行李。因为我们的生活已经好了很多了，他也用不着再拖拉着行李走那六七十里坑洼不平的土路啦。最开心的是这次回来我的琴艺比上次好多了，可以给哥哥弹些简单的伴奏。他的小提琴声非常优美、温暖、浑厚，爸爸说有点像奥伊斯特拉哈的琴声。奥伊斯特拉哈是爸爸最喜欢的小提琴家。我们一起演奏了贝多芬的浪漫曲和其他一些小曲子。爸爸特别高兴，跟哥哥说：

"你们小时候我给你们安排的钢琴弦乐三重奏的梦想没能实现，至少现在你和小妹妹可以演奏钢琴小提琴二重奏了，我很欣慰。"

"你还在继续搜集新疆的民歌吗？"爸爸问哥哥。

"是的，我一有时间就背着我的录音机南疆北疆地到处乱跑，跟老艺人们一起学习，录制他们的演唱。我已经有将近 100 个小时的录音了。有些老艺人已经 70—80 岁了，所以我也想要加紧这项工作。"

爸爸高兴地点了点头。

"你能给我拉几首吗？"爸爸问。

哥哥拿出了小提琴，把它横着拿在手里，像拿着新疆的乐器冬不拉一样，开始一边弹一边拨，很有意思，我从来没看见小提琴这么使用。Dombra，是一种哈萨克弹拨乐器。那音乐非常欢快动人，豪放不羁。接着他把琴放下，开始一边唱，一边手舞足蹈地跳了起来，各种各样的舞蹈，有时候蹲到地上，有时候手在头上挥舞。爸爸妈妈和我都开始跟着打着拍子和节奏。他一边唱跳，一边解释，这是南疆的，这是北疆的，这是哈萨克族的，这是维吾尔族的，这是柯尔克孜族的，这是乌孜别克族的……我从来都没有听过看过这么多

柳春看儿子欣欣和女儿萤萤合作

刘炽夫妇和儿子欣欣、女儿萤萤

种类的音乐和舞蹈，有的豪放、欢快，有的优美、凄凉。爸爸的眼神里充满了骄傲和兴奋。妈妈脸上显出好奇和欣慰。我多么想跟哥哥去新疆看看啊，那里有这样的音乐一定很美很美。

爸爸说：

"这些音乐让我特别怀念王震副总理 50 年代邀请我写《边疆战士大合唱》（《新疆好》）的那些日子。永远忘不了那些老艺人们自然原始的歌唱，带着他们心灵的纯朴和野性的豪放。等时机好些了，我很想再去新疆看看。"

"好啊，你告诉我什么时候，我一定帮你安排好。"哥哥稍带兴奋地说。

哥哥不久又要回新疆了，我们都很恋恋不舍，但是他允诺会很快再回来看我们。

小红本

1975 年秋冬，周恩来总理身体每况愈下的消息从北京传了出来。全国各地的人们都在为他祈福。我和妈妈先去了北京住在三姨家，爸爸因为在盘山有工作耽搁了一段时间。他完成工作后也赶往北京，他非常焦虑，很希望能够再次见到周总理。他对总理的感情太深了，上一次见到他还是"文革"前。这一晃快 10 年了。

爸爸赶着要坐火车去北京。盘团的两位年轻人冯晓地和金成发去沟帮子火车站送他，那时候火车的车速很慢，去北京通常要十几个小时，从盘山去北京一定要在沟帮子转车。沟帮子是个小站，去北京的车票早就售罄，卧铺根本不售票，爸爸特别着急，一筹莫展，这时候金成发灵机一动就去站长室直接找站长，说有位"首长"要去北京。当时他们都穿着军装（不戴帽徽领章，样板戏团的团服）。冯晓地记得：

"你爸爸举止不凡，派头很足。"

站长问他们要证件。爸爸就把一个小红本递给站长，站长看完马上给锦州铁路局打电话，当时辽宁有两个铁路局，一个是沈阳铁路局，一个是锦州铁路局，然后说：

"首长同志，软卧已经安排好了，等车来了就送您上车。"

爸爸给他们看的是他的红军证。就这样，安排好了爸爸，他们就坐沟帮子到盘锦的火车回去了，爸爸放了心。

到了北京那时候我们就跟三姨一家挤在一起，在空政院子靠里面的一排平房里。那时候虽然三姨柳毅已经从林彪事件中平反了，但还是跟丈夫曾静住在临时的平房里。那平房是原来的大理发室，旁边带了一间更小的小房。房间里没有厕所，上厕所要去旁边那栋楼。林彪事件之前三姨就住在那栋楼的二楼，邻居都是话剧团结了婚的夫妇。后来，房子被别人住了，他们就被安排到了理发室。小房只有两个单人床和一张三屉桌，没有窗户。里面很简陋，一个煤气炉上烧着蜂窝煤取暖。理发室比较大，两头都各放一张双人床，还有桌椅板凳，吃饭都是从空政的食堂打回来。他们在理发室外面盖了一间小厨房偶尔可以烧个水做个简单的饭。爸爸就住在小房里，我睡在三姨的大理发室里的一张双人床上。房屋的中间拉了一个帘子把它分成了两部分，这样晚上还有一点个人空间。白天拉开帘子，房子倒也显得很宽敞。

千万不要给爸爸惹事！

那个秋冬我们过得极度悲伤。到了北京爸爸本想能听到周总理病情好转的消息，但不久我们就听说周恩来病危住进了北京医院。周总理与癌症做斗争两年之久，病情越来越恶化，现在已经非常虚弱，瘦得皮包骨，体重从 130 斤降到了 60 多斤。

爸爸从小就给我们讲过很多总理对他的关爱：

"总理在延安看着我长大的。我还是个孩子的时候就给总理、朱德和毛泽东他们吹笛子跳舞。延安鲁艺组织'挺进东北干部团'本来是没有我的，我是原来计划被留校做储备文艺干部的，是周总理提议负责的周扬批准了我参加。不然也遇不到你妈妈，也就没有你们了。后来在北京召开的新中国'首届文代会'上，周总理亲自主持，并在会上以爸爸为例，告诫艺术家们不要争名争权争职位，而要好好地为人民创作演出。新中国成立第一个十年庆典时，爸爸创作的大合唱《祖国颂》，首版录音由胡德风指挥，总理是可以从头唱到尾的，连一个错词都听得出来，并严肃地要求纠正。也是总理让这部大合唱作为接待国家元首级贵宾演唱的曲目。"20世纪50年代在北京饭店的舞场上，周总理还常常让爸爸即兴吹笛子来给大家伴奏。

这些历历在目的故事让我们全家对周总理都有着深厚的情感。我看着爸爸那么焦虑，我也跟着焦虑。但是他想了很多的办法，联络了数个好友，大家都找不到能够去看望总理的办法。

哥哥听说了周总理的病情也特地从新疆赶回了北京。他也很爱戴，心系总理。听说总理住在北京医院，小道消息传说江青在总理这么病危的情况下还在刁难和逼迫总理，并且不允许人们为他祈福。哥哥义愤填膺地说：

"我要去静坐请愿。"

妈妈劝他：

"千万不要给爸爸惹事啊，欣欣。"

他不听，跑到王昆阿姨和周魏峙伯伯家。进门后，他拿出自己写的两句骂"四人帮"和怀念周总理的话：

"王昆阿姨，能否帮我用毛笔写到一张大尺寸的纸上？"

他并没有告诉她自己要去北京医院的下一步的疯狂行动。但王昆阿姨已是吃惊不小：

"孩子啊，文艺界的人，大多认识我的字体。我若给你写了还得了啊！他们正愁找不到我的把柄呢！你周伯伯和我现在还有人看着呢；你爸也没'解放'，不管你要做什么，我只能给你找张大纸，你要自己写啊！出了这个门，也千万不能说出是在我这儿写的，或是我给你提供的纸墨笔呀！"

那时，热血沸腾、年轻而不知深浅的哥哥，竟然当面就对王昆阿姨表现出了不满的情绪，心里在想："大人们都是些胆小鬼，哼！我自己写。"他哪里想到过，爸爸、伯伯阿姨他们对周总理是多么的情深意厚啊，他们又是怎样不失原则，挺过各种各样的批斗和人身攻击，就这样忍辱负重地，苦苦地坚持了近10年，熬到现在呢！

哥哥写完了，折叠成不显眼的尺寸后，就气呼呼地离开了王昆阿姨那间屋，去找八月——王昆阿姨的小儿子。进了他的屋子，三言两语后，哥哥带着情绪挑战式地直接问八月：

"你敢不敢和我一起去北京医院静坐示威？！抗议'四人帮'迫害周总理？"

他没想到的是八月竟然不假思索地回答说：

"敢！"就这一个字！

哥哥没有意识到自己的莽撞，心中只是在钦佩八月在他心中奠定的一个为了正义而敢作敢为的男子汉的品格形象。于是他们俩瞒着各自的父母，跑到北京医院后大门前面席地而坐，摊开了哥哥写的那张幼稚的"大字报"，开始了他们的静坐示威。周围的人，看见一个着军装，一个穿着便装的两个大男孩，面无表情地坐在那儿，便有各种各样的指指点点和议论声。但大多数人在看了哥哥写的那两句话后，倒是频频点头和认同。也有胆子大的，骂"四人帮"骂出了声。更有一些好心人，贴近了告诫说：

"孩子呀，这是什么地方啊？！趁着没人来抓你们，赶紧离开吧！"

但他们不为所动。

北方的冬日白天短，一般下午近5点时，天就暗下来了。眼看天就要黑下来时，爸妈还有三姨夫一家，已经找哥哥找了大半天了，最后终于找到北京医院，妈妈连哭带喊地一把将哥哥和八月从地上拽起来，爸爸和姨夫还有其他人赶紧上前，不由分说地帮着把他们强行架走了。大家都庆幸他们没被抓走。

天地动情

1976 年 1 月 8 日，周恩来总理与世长辞的消息传了出来，全国人民悲痛难忍。11 日我们全家一起去长安街送行。当来到长安街附近时，发现已无路可走了。黑压压的，到处都是人，那天黄昏一直到夜晚，十里长街上，上百万最普通的人，匆匆地赶来，自发地聚集在长安街两侧。很多人也不知从哪里得到消息，但是大家已苦苦等待了多时。就为了能目送总理的灵车去八宝山，就为了能送总理最后一程，哪怕看灵车一眼。在寒风中，无数的人还在涌向长安街南侧那几条街，凡是他们能挤进去的地方，靠近长安街两侧的所有地方，虽然很拥挤，很乱，但很静，很静。不一会儿，我们远远地看到了那辆载着周总理的灵车从东向西缓缓地，缓缓地，西行而去。伴着灵车的西行，耳边尽是抽泣声，那种千万人的集体抽泣声对心灵的震撼，是无法用任何语言来表述的。那天天黑得很早，风很大，外面很冷，很冷。但是千百万人的心更加的凄凉。

周总理的出殡灵车缓缓地驶过。爸爸悲痛难忍，他眼泪止不住地往下流。爸爸痛哭了很久很久，从长安街一直哭到了家。有时候哭得上不来气，最后哭得连声音也没有了。我从来都没有看到爸爸这么悲痛欲绝过。他的哭啼是对周总理的去世和深情怀念和哀悼，但是那种深深的悲哀好像包含了"文革"10 年经历的深切痛苦和碎心的失望！更是为了中华民族的命运和她的何去何从而担忧并哭泣。我们看了都心疼万分。一辈子谈笑风生的他，那段时间很少讲话。我们只能默默地陪在他的身边。

隔天妈妈建议我们去天安门纪念碑看看，听说那里有很多老百姓在悼念周总理。我们在纪念碑看到广大民众对周总理的爱戴和深情的表达，爸爸心里充满了感激和安慰。亿万民众以各种方式悼念周总理。我们看到花圈和松柏枝在纪念碑下堆成了山，里面有很多悼念的诗词，那些诗句发自

刘炽、柳春跟儿女欣欣与萤萤在天安门广场

内心，感人肺腑，催人泪下：

"丙辰清明，雷雨悲风，英雄碑前，万众云涌，百花滴血，积温高勇，怀念总理，天地情动。人民的总理人民爱，人民的总理爱人民，总理和人民同甘苦，人民和总理心连心。"

还有很多人当场朗诵，即时创作歌曲。那个场面让人难忘。

这些诗除了表达对周总理的哀悼，也有些表达了对江青一伙的愤怒。因为周总理逝世了，他们还在阻挠和压制悼念活动，更是让老百姓愤怒难当。如：

"欲悲闻鬼叫，我哭豺狼笑。洒泪祭雄杰，扬眉剑出鞘。"

哈怂、愣怂、碎怂、闷怂

我们去天安门后没过几天，新疆军区就来人把哥哥"押送"回新疆了。够快的！一路上，哥哥和来"接"他回去的人话都很少，他也没有任何为难哥哥的举措。抵达乌鲁木齐后，他只是拍拍哥哥的肩膀、点点头，就让他走了。哥哥已有心理准备，估计下一步他会先被关进禁闭室，然后再怎样处理那就听天由命了。

回到乌鲁木齐团里，哥哥的一群急赤白脸的陕西籍战友们在终于见到他后，可没有放过他。他们集体约好给他开了个"批斗会"——几个家伙指着鼻子教训他道：

"欣欣，你个哈怂（'二百五'之意）、愣怂（傻大胆儿）、碎怂（小屁孩儿之意），你胆子也忒大了吧？！你是个军官，知道等着你的可能是什么吗？！军事法庭可以审你，民事法庭可以判你去坐牢！你爸还没'解放'呢，你爸和你们全家可能跟着你倒大霉！你说你，让我们怎么说你呀，唉！！"

哥哥那一次可真是从头到尾一声都没吭，做了一回闷怂（不说话，就闷坐在那儿）。这时候才醒悟到他这次行动可能给自己和全家带来的不堪设想的后果。幸好那些事竟然没有发生。他是幸运的！"四人帮"在中国大地上已是天怒人怨，新疆军区上上下下的干部们，肯定是对此事来了个"走形式"。反正新疆离北京远着呢，军队可不是谁都可以来命令的。老百姓常说的那句话——"老天有眼"！他才真正躲过了一劫。那些给他开"批斗会"的战友们，后来说他是福大命大造化大，他们一起酒自然是没少喝。

那段时间，我觉得天好像要塌下来似的，小小的我有一种无名的压抑感。突然觉得心脏不舒服，喘气很困难，手臂有些麻木。爸爸妈妈很着急，赶紧找朋友联系医生带我去看病。跑了很多地方，做了很多测试，最后找到了一个心脏专家，说是我的心肌发育不好，比较弱，可能是营养不良造成的。但是说没有什么太大的危险，建议爸妈给我多吃些肉补一补。但是我很挑剔，从小就不喜欢吃肉。为了给我增加营养，妈妈就到处去找我能接受的一种蒜香肠和里脊肉，想着法儿得让我能吃下去补补。

在北京的时候爸爸妈妈常常带着我跟老朋友们一起聚会，去陈紫伯伯（《刘胡兰》作者）家，萧慧阿姨用心里美萝卜煮排骨汤特别好吃。阿姨说多喝点，能给你补血。那汤真的有点像血，红红的。爸爸和陈紫伯伯他们除了叙旧，聊音乐艺术，大家都在大骂江青和她身边的人。

听说爸爸回到了北京，好多老朋友们都来三姨家简陋的小平房里看望爸爸。常来的有王昆、贺敬之、于洋、郭兰英等。但当三姨告诉空政的女高音歌唱家，爸爸就住在空政院里的时候，她的回答是：

"我不认识刘炽！"

这让三姨非常气愤，她回来跟爸爸说起这件事：

"她演唱你写的《英雄赞歌》，居然说不认识你？！"

爸爸只是哈哈一笑：

"不要为这些人浪费情感，不值得。"

他总是那么豁达。

小　包

这次我们从北京回盘锦的路上，妈妈一再叮嘱爸爸不要乱说。因为第一，他还没有被"解放"，一切还是小心为妙；第二，上层的斗争到底是什么情况大家还不清楚；第三，北京发生的事东北这边还不了解。爸爸嗯嗯答应得好好的，但是一回去还是"没管住嘴"。他回到盘锦，家里老朋友洛汀伯伯、白菊阿姨、王一达伯伯等都来看他，大家聚在一起是一定会臭骂江青的。不光是这些老艺术家，还有来请爸爸写作的，来学习的，来看望的，来聊天的，年轻的，年老的，什么人都有。每次来了，爸爸多多少少会提起在北京的见闻。有时候饭桌上，他开始说的时候，妈妈在桌底下轻轻地踩一下他的脚或捅捅他的腿，暗地里提醒他不要乱说。他明知道妈妈的暗示，但是常常眼睛里带着孩子的神情，当着大家的面问妈妈：

"哎，柳春，你踩我的脚干吗呀？你捅我干吗呀？"

暗示被爸爸的话戳穿了，妈妈有点脸红不好意思。他真是个"大孩子"。

这些传闻说了出来可不得了，你传我，我传他，一下子就传开了，传到了营口市政府。很快，借着"反击右倾翻案风"运动的开始，营口市文化局的工作组进入盘团。他们特别要调查的是，盘山、营口、沈阳市传来的"反革命谣言"是哪来的。查来查去，查到了这些"政治谣言"的源头，是我爸爸，是他从北京带回去的。他把江青的所作所为和周总理逝世的前前后后，以及纪念碑纪念周总理的诗和怒骂江青的诗都跟一些人分享了。营口市文化系统的一次"反击右倾翻案风"大会上，某位领导在大会上点名爸爸说：

"有个叫刘炽的反动气焰十分嚣张，甚至把家里的猪都卖了，上北京去找周总理告我们的状，这些人不批行吗？右倾翻案风不反行吗？"

幸好这股"反击右倾翻案风"运动没能大力进行，他们把爸爸拉去审讯了几天，后来也就不了了之了，不然爸爸和一大批老干部又要倒霉。爸爸回到家有些嘀咕：是有些领导太忙，顾不上沈阳这边的事？还是上面的斗争太激烈，底下的人不知道该听谁的好？还是大家真的非常厌倦了"文革"和这些运动和斗争？还是跟哥哥一样这次他很幸运，躲过这一劫？妈妈这回虽然放下了那颗悬着的心，但是大柜子顶上那个给爸爸准备的可以随时拿着走的小包一直还在上面。我们都知道它的存在。

上蹿下跳

1976 年 6 月，大姐燕燕从新疆军区复员到了营口市第一人民医院。按规定复员都是回到爸爸妈妈所在地。这时候盘山歌舞团已经跟营口市歌舞团合并，由于营口市没有房子，我们还是住在盘山。但是爸爸妈妈的人事关系已经转到营口市，所以她落到了营口。她刚到营口市又是单身，医院也没有宿舍给她，暂时安排大姐到文工团的女生宿舍住下了。她 6 月份报到在肿瘤科上班。

7 月 28 日晚上我们都已经睡下，看完了书也差不多 1 点多钟了。妈妈关了灯，我们准备入睡了。家里的猫不知为什么突然上蹿下跳不好好睡觉。它一会儿爬到窗子前，一会儿跳到床上，一会儿跳到大柜子顶上，妈妈起来抓它，它哧溜一下就跑了，气得妈妈没办法，折腾得我们都睡不了。好不容易睡着了，突然外面有轰隆隆的卡车声音，震得小房子有点颤悠悠的，并且声音越来越大。

我听妈妈嘀咕着说：

"谁这么讨厌大半夜地开卡车，吵得人睡不着觉。"

爸爸在旁边睡得香香的。他就是这样，只要睡着了，敲锣打鼓他都不醒。

突然妈妈好像意识到什么，捅了捅爸爸说：

"刘炽，你醒醒，我觉得好像是地震！"

"不会吧？"

爸爸半睡半醒地随意回答了一句，转身又睡着了。

她把灯给打开了，一看那灯管一闪一闪地忽暗忽亮。

"你听这轰隆隆的，我刚才去外面看了一下，没有卡车，好像是他们说的地震前兆的地声吧，怪不得咱家的猫今晚上蹿下跳地不睡觉呢。我们还是出去吧。"

就在妈妈说这些话的时候，大地开始摇摆不定，那灯泡更是左右晃荡。

妈妈说：

"赶紧出去吧。"

"哦，让我把裙子穿上。"

"来不及了。"

说着，她抓起我的裙子和爸爸的衣服，拉上我们一起摇摇摆摆地出去了。出去一看远处发出地光，一闪一闪的。这次地震跟海城地震感觉完全不一样，后来知道是唐山大地震，7.6 级。这次地震的震源很深，很广，并且很多很高的余震。营口离唐山这么远，震感都有 7.1 级，这也就是为什么它的杀伤力那么大。第一次地震把一些楼房给震酥了，余震来了，楼房就彻底塌了。

我们还没站定，妈妈就说：

"我得赶紧去看看小丁（王蒙的爱人），她刚刚生了孩子才4天。"

说着她就跑去后院看还在坐月子的小丁，帮着他们从家里把大人孩子都裹得暖暖的出来躲地震。

第二天妈妈赶紧给在营口的姐姐打电话问她的情况。她复员落到医院还不到一个月。那天正赶上在肿瘤科值夜班，她查了病房后，没事了就待在办公室。天气非常的热，那时候没有空调，她去打了一盆凉水擦了澡，就靠在床上看书。营口的医院值夜班是可以睡觉的。但是她在部队医院锻炼的值夜班没有睡觉的习惯，所以就躺在床上看书歇息。她对地震一点概念都没有，只是听到轰隆隆的声音越来越大不知道是怎么回事。等看到灯泡摇晃的时候，同时听到病房里有人喊叫：

"地震啦，快跑啊！"

她穿好鞋，跑去病房一看，能跑的都跑光了，只剩下卧床的重病号，着急地问她：

"护士啊，我们可怎么办啊？"他们眼中露出极度的焦虑。

"这栋楼是按照日本人的建筑结构制造的，放心吧，他们对防御地震很有研究。七点几级的地震都没事的，塌不了。"她安慰他们。

其实她自己也不是很清楚，但是她觉得安慰重病人是她的责任，就把自己不知道在什么地方听到的信息分享给病人了。她也没有想到要跑，就陪着这些病号。病人看她没跑，也就比较放心了。她有一个非常能担当的个性。

第二天很多病人都被劝告回家治疗，只留下重病人。这时候唐山大地震死伤惨重的消息传了出来。为接待唐山的伤病员，很多地方医院都得到命令把地方腾出来。唐山的很多人在睡梦中被倒塌的楼房夺去了生命，更多的人还被掩埋在废墟中等待营救。全国上下各个城市往唐山送去营救和医务人员。大姐燕燕志愿去唐山，没批。虽然她在部队已经做了有一年半的护士了，但是医院选了更有经验的护士和党员去做支援。也就是在这个时候她遇到了她未来的丈夫。

　　妈妈爸爸听到她一切安全也就放心了。但是余震特别多，16小时内有两次7级以上特大余震。之后又有多次5级左右的余震，还有一次是7.4级的余震。那些已经被第一次、第二次震酥了的但是还没倒的楼房，在强烈的余震下终于彻底倒塌。这次地震波及很多地区，远到东北三省，西边到西安，地震破坏范围超过3万平方公里，造成二十几万人死亡，更多的人受到伤害。

重大事件

　　唐山大地震发生的时候（1976年7月28日），正值毛泽东主席病危。"文革"已经进行了10年，国民经济濒临破产，政治局势极其不稳定。解放军赴灾区并动员全国的医疗资源尽全力救灾，但是那时候中国的通信落后，物资送不进去，效果不好。

　　那段时间一个接一个的重大事件在发生。救灾还在进行中，突然得到消息，毛泽东主席于9月9日逝世。全国上下哀悼。我们学校在大操场设了一个毛主席纪念堂，每天老师和学生排队去瞻仰毛主席像仪容。北京天安门召开追悼大会当天，全国各地包括我们学校都在操场上召开悼念大会。

　　随着这些悼念活动的展开，开始有各种传言从北京传出来，大家那时候不知道能相信什么不能相信什么。10月6日，党中央英明决策，毅然决定逮捕王洪文、张春桥、江青、姚文元等，之后向全国宣布粉碎"四人帮"的消息。"文化大革命"的十年内乱至此宣告结束。

沈阳还是北京？

听到"四人帮"被粉碎的消息，爸爸开怀地笑啊笑啊，打心眼里高兴啊。很多人看着他以为他真的要乐疯了！他知道这一场 10 年的噩梦终于结束了。他不用再担心自己和那么多无辜的艺术家被折磨摧残了！他开始重新计划如何回到创作上去。但是先要考虑何去何从。沈阳还是北京？

我们全家对盘锦这块土地有着深厚而复杂的情感和记忆。从一块小土坯，一个小土炕和小土坯房开始，从旱涝不收的盐碱地开始，到后来的大米粮仓，那么多人注入了接近 10 年的辛苦和喜怒哀乐。我们对那些可爱的人们，蔡九海大叔一家和殷生才大叔一家有着无限的感恩。他们在我们最困苦的时候伸出了善良的友谊之手。还有那么多共甘苦的"五七战士"、年轻的知青朋友们，和那些热爱艺术和音乐的年轻作者们。也有那些在这里失去了年轻生命的"红蓝绿"、小慧和赵瑞章……但也有那些批斗摧残爸爸的人在全家人心灵上留下的痕迹。

"你们回沈阳吧？"有人建议。

"你觉得我们回哪里合适呢？"爸爸问妈妈。

"沈阳有太多你和全家被迫害的记忆。如果回去沈阳，我们每日要面对那些迫害我们的人。我真的不知道如何去面对。"

妈妈淡淡地说，但是心中饱含了很多的冤屈和悲哀。

"那我们还是想办法回北京吧，老朋友们也都希望我们能回去呢。但是回北京去哪里呢？我最想回歌剧院重新开始创作歌剧。"

"估计你得亲自回去跟他们商量一下。这也关系到将来欣欣和云云从部队转业复员落脚到哪里的问题。既然决定了，你就赶早去北京吧！"

"好的。我计划一下。"

人声最感人

爸爸对失去周总理的悲哀还一直深埋在心里。年底的时候，老朋友贺敬之的夫人、诗人冯凯阿姨（笔名柯岩）寄来了长诗《周总理，你在哪里》。爸爸含着泪水读了一遍又一遍，这正是他要表达对总理怀念的心声。距总理逝世一周年的日子很近了，爸爸决定把他赶写出来在一周年的时候上演。

我看爸爸伏案日日夜夜，有时眼泪汪汪，心疼地为他端过茶去。

看到他的谱子上只有人声没有器乐，我好奇地问：

"爸，你这首曲子没有器乐吗？"

"嗯，我准备用五声部无伴奏混声大合唱的形式让这首诗插上翅膀，飞向总理，表达我们对他深切的怀念和呼唤！"

"嗯，为什么选择用无伴奏的合唱形式呢？"

"因为人声是我们灵魂的心声，也是最能感动人的表达方式。乐器虽然好，但是人声更加的纯粹。你知道为什么吗？"他反问我。我摇摇头。

"因为人声的音程关系是纯粹的，所以和声也是纯粹的，也就是为什么是最感人的。"他不错过任何对我的音乐教育机会。

"可是钢琴的音每一个都是很准的不是吗？"我有疑问。

"钢琴上的每一个音都是稍微有一点点不准，而所有都能'过得去'，但音程间不是纯粹的音程。这跟调音系统有关，以后爸爸慢慢跟你解释，现在我要把这首合唱先写完。"

"好的。"

四天三夜后的 12 月 30 日晚，爸爸终于写完了最后一个音符。身体情感也已经筋疲力尽。1 月 1 日歌舞团聚餐，爸爸去了，但没怎么动筷子，他还沉浸在这些天写作中所表达的悲痛之中。把谱子交给了团长，回到家，一头倒下去呼呼地大睡了两天。

1977 年 1 月 8 日，周恩来逝世一周年之日，在肃穆寂静的剧场里，盘团正式演出了《周总理，你在哪里》五声部无伴奏合唱。这首合唱倾注了爸爸对总理几十年的深情爱戴。这首合唱感人肺腑，深切优美，宽阔悲壮，那纯净的人声直入心底，唱出了亿万人民的悲怆，台上台下热泪盈眶，甚至有人哭出声来。合唱演员含泪把它唱完，指挥史建南一演完，走到台边挽起幕布哭出了声，爸爸上去紧紧地握住了他的手，很久很久，眼睛里闪烁着泪光，连连点头，喉咙里噎着一团悲哀和感动，一句话都说不出来。

机舱里明亮的灯被点亮，取代了能让乘客休息入睡的黑暗灯光。广播的声音打断了我的思绪：

"请大家坐好，我们给大家发菜饭。我们有鸡肉配米饭和意大利海鲜面。"

我看了看前面邻居的饭，还是觉得没胃口，就要了一杯热茶。不知为什么所有航班的饭都那么的难吃。

第四章

回北京

一辈子的梦想

1977 年，按照爸爸妈妈商量好的计划，爸爸回北京去接受复查，希望得到平反，并恢复工作。我跟着爸爸去北京的灯市口中学借读，希望接受更好的教育。妈妈留在盘锦等待爸爸安排好工作和房子后，再把全家彻底搬回北京。全家这时候过得比较艰难，多年不在北京，没有房子住。回到北京后我和爸爸就又挤在了三姨家旁边黑暗的小房里。

"你跟歌剧院的申请有消息吗？"三姨问爸爸。

"听说有某位领导不愿意接受我，拒绝我回去。"爸爸气馁地说。

"你不是还想创作出几部歌剧吗？"

"是啊，这是我一辈子的梦想。但是这些领导掌握着我作为一个艺术家的命运。他们'文革'前掌权，现在还掌权。有人'文革'前整我，现在照样不喜欢我。他们还是要拒我于歌剧创作的门外。"

爸爸的声音平淡，但是带着深深的失望和悲哀。

"其实空政也是一样，我们这不也是平反了吗？但是现在让我们转业到地方，不让我干本行了。"

她口气中带着无奈和失望。

就这样，爸爸回歌剧院创作歌剧的梦想被拒在门外。虽然他并没多说什么，但是我可以从他的眼神里看得出他内心的活动。我替爸爸这样一位才华横溢的作曲家感到无限的悲哀，也为中国歌剧事业感到悲哀。他一生最大的期望莫不过是为中国歌剧作出贡献，但是几十年都没有能实现。很难想象，如果给予他再次创作歌剧的机会，中国的歌剧事业会是一个什么样的情景。

但他并没有让这个失望和悲伤在他的生活里留存很长，或者是他把这个失望深深地埋在了心底，或是他与生俱来的乐观和性格中不可被毁灭的

刘炽 20 世纪 70 年代末于北京

精神把他从再一次的失望和悲哀中解救出来。就是在那困难的情境下爸爸还是坚持创作，除了歌剧，他接受了很多其他的创作机会。接下来几年里，他创作了电影音乐《豹子湾战斗》《大渡河》《笨人王老大》，电视剧《李信与红娘子》《都市的震撼》《哪儿是我的家》，大合唱《战旗颂》《清明》《老艄公叙事大合唱》《青春的使命》《教师大合唱》《太阳颂》《少年英雄》及大量的歌曲。

"其中《太阳颂》大合唱特别值得一提，它共分 10 个单元，长达 30 多分钟，旋律、曲式和配器，以及交响性、抒情性上更加深刻和宽广，炉火纯青。情感的表达方面也更加丰富多彩。它既有轻松欢喜，也有庄严豪迈，以及排山倒海的辽阔。"（选自《让我们荡起双桨》）

帮助别人

住在三姨家，也不无学习的机会。三姨和曾静叔叔都是很好的话剧演员，介绍我读《斯坦尼斯拉夫斯基》和其他戏剧理论并且让我试着演小品。

"来，萤萤，你来试试演个小品吧。"曾叔叔说。

"我不会啊。"

"不难的，你试试。这是一个很简单的情境，你把它演出来就行了：你去火车站等一个人，可是等了半天他都没来。"

我想了半天，这可怎么演啊？ 我试着把从一开始平静地等候，到最后焦急地等待，一点点地试图表现出来。我能想到的只是不断地看表，来回地走来走去。经过曾叔叔的指点，我有些进步。但最终觉得很无趣假装一件事，以后就不再演小品了。或是我真的在表演方面没有什么才能。

1977 年，爸爸的好友、长春电影制片厂导演王家乙伯伯开始筹备拍摄《豹子湾战斗》，邀请爸爸写音乐。爸爸半开玩笑地跟我说：

"哎呀，我成了专写战争电影音乐的作曲家了。继《上甘岭》《英雄儿女》《兵临城下》后，我不想再接着写战争题材的电影了，但是没办法，你家乙伯伯盛情邀请，我不能不接啊，再说了，现在其他电影题材也很少。"

小房里很暗，根本没有地方写作。为了方便创作，爸爸搬到在王府井附近的公安部招待所。这家招待所原来是朱德故居，招待所的更夫曾当过朱德的马夫，爸爸跟他相处得很好。

爸爸即便是在招待所里也是客来客往。听说爸爸回京了，好多艺术家都来看望他。他除了忙着接待老朋友、创作，还不忘记帮助别人。来京之前爸爸就建议盘团排歌剧《白毛女》。为了帮助盘团，他把自己的油印本歌剧《白毛女》（中国歌剧团）寄给了盘团，在封面上留了言：

"因剧本印得很少，只好把我工作用的寄给团里，团里翻印后，此本留在柳春处，刘炽。"当时妈妈还在盘团等待爸爸北京工作落实的消息。

就这样有一大批盘团的演员来京学习歌剧《白毛女》。他们来了后，一开始在郭兰英那碰了一鼻子灰。盘团特地让冯晓地来京带话请爸爸说情。爸爸给郭兰英打了电话：

"兰英啊，你给我一个面子吧，这些孩子不容易的，大老远地从盘锦来，就为了跟你学习白毛女。"

就这样爸爸替他们安排好了所有的学习。后来《白毛女》在盘锦、营口成功上演，由冯晓地指挥，唐红演的喜儿，左挺凯演的白毛女，代文郁舞蹈编导。盘团派金成发——那个给他在沟帮子成功买到了火车票的年轻人，到北京买乐器，当时是计划经济，买乐器要托人，要等，他就常常去

刘炽在创作

爸爸那看他,有时候自愿去给他当当秘书,画总谱的格子,顺便接待一下来访的客人。爸爸感冒拒绝去医院,金成发看到他病得不轻,问他:

"刘老,你想吃什么?"

"想吃辣子面。"

金成发跟一个附近的餐厅负责人说了又说,终于借人家的大碗端回来一碗漂着红辣椒的热汤面。爸爸吃完喝完,倒头睡了一觉,第二天就没事了。他就是这样很短的时间就恢复了。第二天爸爸就"赏"了金成发一盒他自己最喜欢的"牡丹"牌香烟。那时候物质还是比较贫乏,也没有什么其他好东西可以表达感谢的。电影《豹子湾战斗》的音乐写得差不多了,爸爸就又回到空政三姨家的小房住了。我也更加高兴,可以每天见到爸爸了。

跟演奏家学习

我去灯市口中学借读是在 1977 年 1 月左右,属于插班生。学校考虑我是一个从东北农村回来的孩子,为了保证我能跟得上北京的课程,跟我说:

"你降一级吧。"

可是我不想降级,就跟学校"谈判":

"请给我一个学期的时间赶上进度,如果赶不上,我明年自愿降级。"

老师们看我很有干劲,就给了我这个机会。还好,我也争气,一个学期后不光赶上了,成绩还排在班里的前几名。

我在灯市口中学的班主任张淑贵老师非常关心我。她人不高,一条腿还有点瘸,她对每一位学生的关爱让我感到非常心暖。我同班的两个同学都是空政院里的孩子,刘艺军和史翊,我们三个常常在一起学习,一起玩。院子里还有一个拉提琴的司晶晶也成了我的好朋友。

我们在三姨家虽然住得很拮据,但爸爸没有忘记我的钢琴课。他带着我去见中央乐团小乐队队长黄奎弟叔叔,请他引荐石叔诚来给我教课。黄

莹莹（左一）和史翎、刘艺军

奎弟叔叔问爸爸：

"你有没有考虑请一个中央音乐学院的教授教小女儿呢？"

"我更希望小女儿跟一个演奏家学习钢琴。"爸爸很肯定地说。

就这样我开始跟随石叔诚老师上钢琴课了。我是他接收的第一个学生，也是他那几年唯一的一个学生。石老师个子不高，头发卷卷的高高的，戴着个眼镜，文质彬彬。我最初印象最深的就是他的手。他人不高，但手掌大大的，手指伸得特别的开，好像从手掌到手指间没有任何指蹼。每一个手指头尖上圆咕隆咚的，好像是专门包了几层"肉布"，像小鼓槌一样，怪不得他弹得那么好。我有点怕他，但是他很快就让我轻松了下来。

可是我们的家还在盘锦，钢琴也在盘锦的家里。临时到哪里练琴呢？爸爸说：

"走，我带你去王昆阿姨家练琴。"

就这样，我们打车去了王昆阿姨家。她的家很大，听了爸爸的请求，王昆阿姨爽快地说：

"没问题啊，正好这架琴平时没人弹呢！八月学圆号，只是我偶尔给自己练声时用用，不然就闲着。你来弹弹琴更好，我也多听些音乐。"

就这样我每天放学后，第一件事就是去阿姨家练琴。每次去了先看见的是王昆阿姨打太极拳。她动作慢慢地做云手，动作很慢，眼睛跟随着每一只手臂，转左转右，两腿微微地弯曲着。那动作一点都不激烈，可她经常是满身大汗。她每次都是笑盈盈地，边做边用头示意我直接进去另外一间房子练琴。每次练完琴，王昆阿姨是一定留我吃饭的。我比较害羞，话说得也不多。每次阿姨都让我坐在她旁边，问这问那，给我夹菜，对我无限的关怀。我在阿姨家吃过特别多的好吃的。我一开始不太敢接近周伯伯。因为他是"大手掌"，但是慢慢接触多了才知道他那么平易近人，一点架子都没有，永远是平和安详地带着笑脸。

萤萤和王昆阿姨合影

　　这些时候我也常常见到八月哥哥。他个子高高的瘦瘦的，常常看见他拿着圆号出去。有一天他来小房找爸爸帮忙。"文化大革命"期间他在照相馆工作，因为吹圆号被调到东城区服务局文艺宣传队，脱产演出。宣传队都是来自东城区的照相馆、洗澡堂、洗衣店、修表店、焊洋铁壶的门市部。他们宣传队创作了一首代表作，歌曲《我在天安门前留个影》，很红。八月进队后，那位军艺文学系毕业的队长知道他也是出自文艺家庭，就让他作一首为大家来理发的歌曲。

　　"我哪会呀，赶着鸭子上架，憋了几天，憋出了一个臭曲子，一看不行了，心里一动，求刘炽叔叔去。"

　　他来了，爸爸一笑，好奇地说：

　　"小八月还会作曲，拿来我看看。"

　　爸爸用了十分钟给它改了几个小节，马上就不一样了。第二天交了稿，大家赞美有加。八月哥哥心怀感激。爸爸何止是乐于帮助八月哥哥呢。谁来找他，只要是他们肯于学习，哪怕是业余的曲作者、词作者，他也都是不惜拿出时间来帮助的。

公平秤

　　在空政大院住的那段时间，爸爸跟作家张士燮一起为解放军建军50周年创作《战旗颂》，这也是他计划中的10部颂歌大合唱的其中一首。那时候已经是6月，他们赶着希望能把它在"八一"建军节上演唱。时间紧迫，得把总谱印出来才能排练。我们两家人一起上阵，爸爸不知从哪里借来了一台油印机，他亲自刻蜡版，调油墨，我帮着推滚子，一起忙活了好几天，终于装订成册子。爸爸一边干一边笑呵呵地说：

　　"我小时候在印刷厂做过童工，几十年后，还记得一点，现在派上了用场了！"

刘炽创作休息

"爸爸为什么我们要自己动手印刷这些呢？谁来演出呢？"我有些好奇。

"如果我们不做，谁来做呢？ 现在还不知道他们上不上演呢。为了能让这部作品上演，值得我们这么辛苦，你说呢？"爸爸意味深长地对我说。

我打小内心就有一杆"公平秤"。我觉得这件事很不公平。一个像爸爸这样的作曲家写出了这么好的作品，还要自己辛辛苦苦地印刷出来，就是为了看有人能不能演唱。但是我没说什么。看到爸爸为一个作品付出的心血、代价和那般的热情，我又能说什么呢？所以我也跟着帮忙。

除了《战旗颂》，他还请张士燮帮着把《大地颂》的词润色，虽然爸爸很欣赏鲁东勇的才能，但他毕竟年轻。爸爸希望在出版前再次提高。自从回京后，爸爸精神饱满高昂，创作热情极高。他也特别忙，除了跟老朋友们聚会，他全国各地跑着参加各种研讨会、音乐会、学术会、创作研究会，希望把他对中国音乐发展道路的思考跟更多的人分享，但是"文革"后整个社会的聚焦好像并不在文化的发展上。

火车上的对话

有一天，爸爸说：

"你现在学校快放暑假了，爸爸带你去长春，好不？"

我当然高兴！

"家乙伯伯请爸爸去长春电影制片厂见面细聊关于《豹子湾战斗》这部电影的布局以及音乐的合成等问题。咱们在长春待几天，再去看看林农伯伯，另外我想让你跟一位很特殊的钢琴家上节课，然后我们回营口看妈妈，参加你姐姐的婚礼之后再回北京。"

"嗯嗯。"我看着爸爸点点头。他总是不忘记我的音乐教育。

长途火车上时间很多，我们坐在一个软卧包厢里，一共四个软卧，但是另外两个床是空的，所以只有爸爸和我。我们面对面坐着。爸爸是每天一定要看新闻的，他带了几份报纸在火车上，看完就把它们递给我：

"你要每天养成看新闻的习惯，不能不关心国家大事。也要看《参考消息》，知道世界上在发生些什么事。"

"嗯。"我嘴里答应着，但是心里想我等会儿再看吧，我的小说还没看完呢。

他看完报纸，偶尔写一些东西，我除了看书，就跟爸爸聊天。

"你《莎士比亚全集》看得怎样了？"他突然问。

"他所有的戏剧都快看完了，还剩下一两个。现在在看《李尔王》的故事。可是他的 18 行诗，我真的看不懂。"

我脸上现出无奈的表情。

爸爸眼睛里带着肯定和鼓励的神色说：

"哦，《李尔王》的故事戏剧性很强，是个大悲剧。你看完告诉我你的感受。不用担心 18 行诗，现在看不懂，没关系。等你长大后，再看。你除了莎士比亚，还看什么？"

"我开始看普希金的《鲍里斯·戈杜诺夫》和《奥涅金》，莱蒙托夫的《当代英雄》和拜伦的一些诗。我觉得拜伦的诗比莎士比亚的 18 行诗容易懂得多。"

我从小就养成了一起看多本书的习惯。光看一本书，觉得有点闷，从一个故事穿插看到另一个故事，很开心。

"嗯，你好好读这些故事。等咱家的唱片都搬回北京后，一起听柴可夫斯基的《奥涅金》和里姆斯基科萨科夫的《鲍里斯·戈杜诺夫》歌剧。你会对这些故事有更深刻的理解。音乐让这些故事的情感活生生地展现出来，给故事增强了血肉和层次。"

"嗯，我真的很想念我们的唱片，好久都没听到好的音乐了。"

"爸爸在努力。希望回北京的事很快能解决，一切就好了。"

"中国文学方面你在看什么？"

"我重新再次看《红楼梦》，但是这里面人物关系复杂，我常常要思考他们之间的关系是什么。"

"曹雪芹的这个故事学问太大了。你可以多看几遍，慢慢品味里面的诗歌。有什么不懂的地方去问你程云伯伯，他的文学水平比我的要高很多。"

"嗯。"

"你郭维伯伯和我已经在考虑将来把这部作品拍成一个系列的电影，但是这要花很多的时间和精力来好好选拔培训演员。我们考虑要把他们从小培养才行。我们会选出一批 11—12 岁的孩子，给他们系统地培养文学、诗歌的素养，以及那个时代的举止言谈，一个演员没有真正的文学素养是演不好林黛玉的。"

刘炽和小女儿莹莹

就这样我们一路上聊这聊那，聊得最多的是音乐和文学。他还常给我讲一些民歌和故事：

"你听这首山西民歌多有意思，说的是那微妙的婆媳关系，那旋律上上下下，加上一些口语的语气，活灵活现的：'人说在那太古（哟），后四（哦奏）村，小奴家的名字（那）叫蜜橘红，咯男人（呀哈）走个（关）关东，家留下婆媳两口（口口）人，咯婆婆她絮絮叨叨（叨叨），不乘一个小奴家的心。'"

我也就跟着唱啊学的。爸爸满脑子里装的都是音乐。他边讲边唱，又好听又好玩。他把我当作一个朋友一样对话，让我感到很自信。那火车轰隆隆地横跨河北、辽宁、吉林三省，十几个小时，我们喝茶、读书、聊天，倒也很快就到了。

刘炽谈音乐

说话要算数哦！

　　快到的时候，爸爸跟我讲起这位钢琴家的一些趣事：

　　"他的名字叫袁效先。他琴弹得特别的好，并且识谱能力非凡。他的钢琴技巧不得了，他的耳朵也是非常的棒。据说他年轻的时候可以拿布拉姆斯第二钢琴协奏曲直接读谱试奏弹奏的。这个很了不起，因为布拉姆斯钢琴协奏曲很难，通常钢琴家要练很久才能弹得下来。更神奇的是听说他谱子正着摆能试奏弹，把谱子倒过来，他照样可以试奏弹，哈哈！"

　　"他这么有才为什么会在长春电影制片厂？"

　　我好奇地问。

　　"我也不太清楚。'文革'中估计他受到了很大的冲击。据说他把名字改成了袁彪，说'我们不能效法祖先'。我知道他非常迷演奏，听说他最后一次音乐会的时候，弹完了节目单上的曲目还接着弹，一直不想下台，最后没办法，人家把大幕都拉上了，观众还听得到台上的琴声呢！"

说着爸爸的脸上露出了可爱的笑容，我也跟着笑了起来，觉得这个人挺神并且非常的可爱。

"我们到了会住在长影的'小白楼'里，这是爸爸以前常来住的地方。我写电影《上甘岭》《英雄儿女》和《兵临城下》的时候都住在那儿。"

"哦，那你一定带我去看看吧？"

"当然了。那时候有很多好玩的事呢。你知道爸爸的客人比较多，为了集中写作，我一次在门上贴了一个条子，上面写道'刘炽死了'，哈哈！我跟服务员解释说，我最近赶一个作品，我一律不会客。我呢就不去食堂吃饭了，麻烦一日三餐请你给我送过来。只有这样我才能不被打扰。"

嘿嘿，我听着笑了：

"我太能想象你那边接待客人车水马龙的样子了，就跟在家里一样吧？"

"还是你了解爸爸！我们到时候肯定要去林农伯伯家吃饭。"

"嗯。"

"你知道吗？他是特别棒的导演。爸爸跟他合作的《兵临城下》是很好的电影。"

"哦。"

"你家乙伯伯拍的《五朵金花》《葡萄熟了的时候》《风筝》也都是很美的电影。你三姨还在《葡萄熟了的时候》中演了一个重要的角色呢。"

"爸爸，这些电影我都没看过。什么时候能看到这些电影呢？"

我可怜巴巴地问了一句。

我从小就听爸爸讲电影和歌剧长大的，这两种艺术形式都是他最钟爱的，都是综合艺术形式。我也对这两种艺术形式产生了浓厚的兴趣。

"等咱们回北京，一有机会，爸爸一定带你去看电影。"

"说话要算数哦！"我兴奋地锁定了爸爸的承诺。

到了长春第二天，爸爸就安排我去跟这位钢琴家上课。我在一个排练室里等他。他文质彬彬，见到爸爸频频点头，毕恭毕敬，客客气气地，好像还有点害羞的样子。跟他上课最深刻的是：

"弹琶音的时候，要想快速，手不要粘在琴键上，不要用手去做 Legato（连音）。音和音之间的连接是靠我们的听力和想象力连接的，不是用手去连接的。不然手会成为速度的绊脚石。"

他给我示范，我一看，他弹完 C、E、G 后把小手臂连着手腕和大拇指直接挪到了高一个八度的位子上，轻松简洁，一点都不费力气。我一试还真的管用，突然觉得这样弹琶音很轻松，不像以前那么费力了。爸爸跟他说了谢谢后，就带我去林农伯伯家。

老朋友相见，他们都兴高采烈。大家开怀畅饮，叙旧，交谈"文革"中的一些旧人和事，但最主要的是计划未来要创作的作品。林农伯伯跟爸爸约好请他写《大渡河》电影的音乐。爸爸说：

"你们真是要把我变成专写战争电影的作曲家了！就不能拍点别的主题的电影吗？"哈哈哈。

省　油

跟着爸爸长春之行很开心，之后回营口去参加姐姐的婚礼，见到妈妈好兴奋啊。有几个月没见了，也有几个月没吃到她做的可口饭了。她给我们做了一大桌菜，我和爸爸都开心极了。妈妈一高兴炒菜时一定放很多的油，通常吃完了菜，盘子底下都是油乎乎的。而爸爸被她的油启发，一高兴就开始讲笑话：

有一个卖油炸糕店的老板，整天都在想如何省油，怎么也想不出好的办法来。一天一个客人来了，吃完了油炸糕连连称赞：

"真好吃！但是就是有点费油。"这可正说到了老板的痛处。他问这位客人：

"请问您可有什么好办法省油吗？"

客人说："我确实有好办法。"

老板一听高兴极了，连续三天给这位客人上最好的油炸糕。三天后，老板问：

"先生，能把你省油的秘诀传授给我吗？"

客人倒也慷慨，说：

"当然可以。请你过来靠近一点，不要让别人听到了。"老板凑到了客人的身边，客人在老板的耳朵边上说：

"我的秘诀是——蒸馒头！"

妈妈微笑着说：

"你这是说我炒菜油放多了吗？"

"不多不多，差不多可以喝的时候才算多呢！"

爸爸笑着答，向我瞥了瞥眼。

"好了，今晚有汤圆吃。我自己做的。"

好久不见了，妈妈想着法儿款待我们。提起汤圆，爸爸说：一个人去汤圆店买汤圆，问老板：

"汤圆多少钱一碗？"

"一毛钱一碗。"

"汤呢？"

"不要钱。"

"那你给我来碗汤。"

每天这位仁兄来店里一次，每次他都是来碗不要钱的汤。过了三天，老板有点烦了。等这位仁兄再问道：

"汤呢？"

"两毛钱一碗。"老板想：看你还怎么占便宜！

这位仁兄想了想说：

"那你给我来一碗汤圆。"

老板心想：他终于花钱买汤圆了。

这位仁兄拿过来碗，把里面的汤圆都吃光了，把碗里剩的汤带着碗递给了老板，说：

"你找我一毛钱！"哈哈哈。

"爸爸你怎么什么笑话都有啊！"

我和妈妈都忍不住笑了起来。我们又能在一起好开心啊！

不用做饭

妈妈除了收拾东西，一直忙着为姐姐准备结婚礼物，还真忙。姐姐的婚礼很热闹，妈妈给她做了新的被子、褥子，爸爸妈妈还带去白米、白面、猪肉、烟和糖，爸爸妈妈还给了她三合板和木方，他们自己打了高低柜和立柜。那时候这些简单的物品已经是很奢华了。妈妈跟爸爸说：

"燕燕是第一个出嫁的，多准备些，希望以后婆家能好好地待她。再说了，将来我们都回北京了，就留她一个人在东北，我也很放不下心。"

虽然爸爸妈妈工作的落脚八字还没一撇，但全家心理上都在做回北京的准备。婚礼完事了，我和爸爸就要回北京了。我要开始上学，爸爸要去参加各种活动。我们都有点恋恋不舍，又把妈妈一个人扔在了盘山。但是妈妈是那种无比刚强的人，从来都不抱怨，宁愿牺牲自己让爸爸和我能够把事业和学业搞好。"文革"中如果没有妈妈日日夜夜的辛劳和努力真的不知道我们全家会是一个什么样的状况。

爸爸临走时带着感激和愧疚的眼神跟妈妈说：

"辛苦你了，柳春！"

"没事的，你忙你的吧。你不是要去新疆体验生活吗？"她很大气。

刘炽回延安

"是，为创作《祖国四季》我们几个人要去伊犁的边防哨卡看看。我很期待这次的拜访，很想有时间再多听些老艺人唱民歌。另外，王昆、家乙和我一起帮着回忆《延安座谈会上的讲话》，公木要把这些回忆写成文章。然后还要完成《豹子湾战斗》的音乐。"

"嗯，够你忙的了。"

她转过来跟我说：

"莹莹，你好好读书、练琴，不要惦念妈妈。在三姨家记住要有眼力见儿，不要衣来伸手饭来张口，去王昆阿姨家一定要有礼貌。北京的条件比这里好多了，等你爸爸安排好工作，我们就可以把家搬回北京了。"

"嗯，在三姨家我们都是从食堂打饭回来吃的，所以没人做饭，也不用洗碗。"

我捎带庆幸地加了一句。

她用眼睛瞥了我一下，心想，这个丫头老有话说。但看着我们马上要走了，她只说了声：

"嗯，要懂事。"

妈妈送我们去火车站，手里拿着特意为我们准备的食物。列车慢慢离开的时候，她挥舞着双手的身影慢慢地消失在远去的站台上。我心里有些难过，心想不知什么时候才能再见到她。爸爸看到我伤心的眼神，安慰我说：

"不用担心，爸爸会努力尽快把调回北京的事安排好。希望不久妈妈能跟我们团圆。"

听他这样说，我的心慢慢平静了下来。

没什么别的

回到北京，我和爸爸去看王昆阿姨，谈到调回北京的事。王昆阿姨说：

"大家一起想想办法。我现在被任命为东方团的团领导小组副组长和艺术指导，'文革'后大家都是重新开始，也真是需要像你和柳春这样的人，调你回来问题不大，但现在我们团没有房子。你回来也得有地方住啊。"

她带着关切的眼神，很实际地把现状摆了出来。

"是啊。"

爸爸点头回应。

"程云那边怎么样？他不是去年底被调到中国歌舞团任团长、党委书记吗，他们也需要人啊？"

"我已经问过了，他也想调我过去，但是那边也没有房子给我们住。欣欣和云云马上就面临着复员转业的问题了，我这边不安排好，他们也无法回来。"

爸爸脸上的表情很无奈。

"嗯……我想起来了，介绍你一个人吧，煤炭部的左部长。他是煤炭部的文化部长，专管文化工作。他人非常好，也爱才。我听说煤炭部很想把煤矿文工团搞起来。我想他们一定有房子。我先联系一下，过两天让老陈带我们一起去拜访他（陈永年是王昆的司机）。"

陈永年

过了几天，爸爸跟着王昆阿姨去拜访了左部长。他回来很兴奋，告诉我：

"左部长人真好。他很喜欢爸爸的音乐。我看我们回北京有希望了！"

这之后的几个月，王昆阿姨忙着组建东方歌舞团，老陈叔叔常常带着我爸爸、三姨，有时候还有大舅一起去左部长家跟他商讨调爸爸回京的事。左部长是一个爱才的人。他喜欢爸爸的作品和性格。为了把爸爸调到煤矿文工团费了不少的工夫。他上报煤炭部请爸爸来煤矿文工团做副团长兼艺委会主任，高杨文部长批准了给两套房子。回北京的事终于有了结果。

妈妈带着家里的东西终于搬回了北京。全家终于在1978年在北京团聚了。从1969年到1978年我们在盘锦农村待了9年时间。其实家里从沈阳歌剧院1969年被下放盘锦的时候，就已经遗弃了很多的东西，搬下去的也就是最基本的生活用品了。除了钢琴、谱子、唱片、书，也就一张桌子、一个柜子、几把椅子。9年在乡下土坯房里的风风雨雨，这些家具也已经破旧不堪了。妈妈把全家最最珍贵的书、谱子、唱片和钢琴好好包好，这也是我们全家最珍贵的物品了，其他也真的没什么。

这段时间我们都很快乐。东方歌舞团重新组建需要人才，王昆阿姨请妈妈去当编导。妈妈招来并培养了一批东方团的舞蹈骨干艺术人才。哥哥复员后也考入了东方歌舞团继续拉小提琴。云云复员去北京衬衫厂当了一年的工人。她每天回到家很疲惫的样子，因为她人本来就弱，瘦瘦的胳膊，

刘炽、柳春和三个女儿燕燕、云云、萤萤

20世纪80年代刘炽（左二），左长安（右三）在一起

每天拿着沉沉的熨斗，常常烫到手。后来于蓝阿姨建立北京儿童电影厂需要人，就把她招去做服装，她的生活一点点地好了起来。大姐燕燕因为户口已经落在了营口，并且已经结了婚，无法调回北京。她的户口经过了三十多年的各种努力，最后才落到了北京。

除了工作、户口和搬家，还有一件更大的事需要解决，那就是爸爸的党籍。自从"文革"前他被开除党籍后，一直没能得到恢复。回到北京后，爸爸特地给在中央组织部工作的胡耀邦写了一封信，请求组织恢复他的党籍。爸爸在信中回顾了参加革命的历史后，说：

"您'文革'前就熟知和欣赏我的作品。我今后还希望为人民创作出更多更好的作品来。"爸爸托王昆阿姨帮着把信给转递了上去。胡耀邦多年来一直欣赏爸爸的艺术才华，在1980年批示给他恢复了党籍。

如果没有小偷，我的夹克去哪儿了？

我们的生活按部就班恢复了正常，我的文化课也跟上了，不用降级了。除了大姐外，全家人都在一起了，非常快乐。回到北京，老朋友艺术家们相隔多年，终于有机会互相看望，他们常常到各家聚会。黄永玉、黄胄、丁玲、黄苗子、李可染、郭维、陈紫、贺敬之、乔羽、时乐蒙、程云，等等，都是常来常往。他们在一起真是一场热闹的堂会。现场画画，作诗，谈艺术，讲笑话，好玩极了。尤其是爸爸、王昆阿姨、陈紫伯伯和乔羽叔叔四个人在一起是最无拘无束，笑话连篇（*废话也不少*），精彩至极。

席间爸爸就开始讲笑话了：

"有一位很贪吃的老兄出去参加聚会一直不停地吃，一直吃到肚子大大的，都没地方装了，最后还是没错过再吃一个丸子的机会。但是这个丸子他怎么也咽不下去，每次想把它咽下去，一打嗝就给反上来了，就搁在嗓子眼里。就这样他挺着那大肚子跟跟跄跄地出了门往家走。突然看见对面一位孕妇也挺着大肚子走了过来。她的围巾突然被风刮到了地上，她试图把它捡起来但是很费力。她问他可否帮个忙？ 指着自己的肚子，意思是说她不太方便。他说：'哦，你也吃多了。'"哈哈！

"刘炽你怎么记得这么多笑话？"

爸爸的话匣子一打开，那是停不下的。他接着讲：

"古时候有一位仁兄经常出差，一去就是多日。每次回到家他都会听到些闲话说他老婆在家经常找别的男人回家。他开始有点疑心，这次就假装出差。他在外面兜了几圈，绕道回到了家。他们家比较穷，家里没什么家具，只有炕上一个小桌，两床被子，地下一个米袋子装着家里的口粮。他到了家门口看着大门紧闭着，就抬手敲门。咚咚咚，过了好一会儿娘子才来开门。他一看她的眼神有点慌张，就立马推开门进去用眼睛一扫，炕上没人，

刘炽、柳春和子女欣欣、云云、莹莹在陈紫家前

萤萤、云云和妈妈柳春

陈紫女儿鹏鹏和萤萤

地上也没人。他正在仔细看的时候，突然那米袋子动了一下。他就问他老婆：那米袋子里是什么？他老婆正嗯嗯唧唧还没来得及说出一句话的时候，就听那米袋子说：'米。'"哈哈哈！

"就你笑话最多啊！"陈紫伯伯边笑边说。

爸爸夹了一口菜吃下去接着讲：

"一个小偷半夜里进到了一家去偷东西。很黑，他只能靠着从窗子里照进来的月光看一下屋子里的情境。一看，这家好像很穷，没什么像样的东西。那老两口都睡在炕上。地下柜子上有两件很一般的物件，他想了想不能空手走，这样对一个小偷是不吉利的。可是怎么拿这东西呢？想了想，小偷把自己身上穿的夹克脱了下来想把那物件包上带走。这时候，老太太觉得屋里有人，就捅了捅老头说：

'我怎么听着好像有人进来了，是不是有小偷啊？'

老头说：'不用担心，没小偷。'

那小偷转头去拿柜子上的物件的时候，老头伸出手就把小偷放在地上的夹克给抓了上来，悄悄地拿到了床上。他还是一动不动地假装睡觉。这时候，小偷以为已经把物件放到了自己的夹克上。然后用手去摸那夹克的四角，准备把它搂起来带走。但是摸了半天怎么也摸不到夹克的四角。正在着急，就听那老太太又问：

'我怎么听着有动静呢，是不是有小偷啊？'

那老头平静地说：'你好好睡吧，没小偷！'

这时候小偷急了，说：'如果没小偷，我的夹克去哪儿了？！'"

他逗得大家哄堂大笑。

三姑奶奶的脚

其实这样的聚会常常发生。几位中央乐团的音乐家——杨秉孙、黄奎弟、杨牧云，还有我的老师石叔诚也常来我家，他们在一起也是笑话连天。通常都是爸爸开始：

"古时候有一个吃货特别讨人嫌。他住的附近任何一家人有饭局，他一定不错过。并且去了把人家给客人的饭菜吃得光光的。大家都被他给吃怕了，但是拿他没办法。

一天几个朋友聚在一起想了一个好办法把他彻底地除掉。他们请他去一个塔楼上的餐厅吃饭，但是提前把他坐的椅子下设了一个能活动的机关。饭局当中只要他们拉一下拴在他椅子下的绳子，下面的木板就会被抽空，他就会被摔下去。楼下他们放了几根尖尖的竹子，他摔下去一定活不了的。这几位朋友费了不少劲，测试了好几次这个机关，一点问题都没有。这个吃货得到这个邀请很惊奇，平时人们都讨厌他，但今天却特地邀请他去塔楼上吃饭，他非常高兴。饭来了，朋友几个让他吃了几口后，就开始拉那根绳子，但是怎么拉都拉不动。其中一个朋友找了个借口去上厕所，到楼下去看一下怎么回事。他到了楼下一看好嘞，几个鬼一个踩着一个的肩头满头大汗地在那顶着那个楼板不让它踏下来。这个朋友问鬼：

'哎，这也奇怪了，你们这些鬼为什么来管我们人间的事呢？'

'我们平时不管人间的事，但是他如果死了，不就来吃我们鬼了吗？'"

哈哈哈！

石叔诚老师接下去说：

"有一次我在一个地方看到一副对联。上联是7个'长'字：长长长长长长长，下联也是7个'长'字：长长长长长长长。你知道什么意思吗？猜不出来吧？这对联说的是：changzhang, changzhang, changchangzhang,

杨牧云的诗和字

zhangchang，zhangchang，zhangzhangchang。横批应该是'豆芽菜'。"哈哈哈。

杨秉孙接着说：

"有一次下乡我看到一副对联，上联是'二三四五'，下联是'六七八九'，横批是'南北'，知道这是什么意思吗？"

他停顿了一下接着说：

"缺一（衣），少十（食），无东西（没东西）。"哈哈。好聪明的对联！

爸爸接着说：

"有一个老爷子特别怕死，并且他忌讳用'死'这个字，所以全家在他面前都用'洗'这个字代替。这一年三个姑娘都来给老爷子祝寿。

大姑娘说：'爸爸您寿比南山，千岁千岁千千岁。'

老爷子问：'那一千岁以后呢？'

大姑娘说：'那就得洗了。'老爷子听了很失望。

二姑娘来祝寿说：'爸爸您寿比东海万岁万岁万万岁。'

'那一万岁以后呢？'

'那就洗了。'老爷子还是失望。

三姑娘来祝寿：'爸爸您的寿命就像三姑奶奶我的脚，永远不洗（死）。'"哈哈哈。

笑完了，爸爸突然问杨牧云叔叔：

"你的字写得怎么样了？"

杨牧云叔叔不光小提琴拉得好，还写得一手好字。他的书法非常特别，因为他研究古字，尤其是很多我们现在都不用了的字，他自己写诗，然后把这些古字用正楷字写出来，真的了不起。

"我每天都写啊，除了练琴排练，就是写字。研究这些古字要花很多的时间。"

"哪天你拿来我们看看，看我能认识几个。"

爸爸转过头来跟我说：

"萤萤，你看杨叔叔不光是音乐家，还是书法家。你要好好学习我们的古文化，因为这里面学问大着呢。"

爸爸跟很多书法家都是朋友。一次北京书画院的院长庄言伯伯（他夫人田雨是东方歌舞团的副团长，跟王昆阿姨和妈妈一起工作）。他送给爸爸一幅他写的字：

清明时节雨纷纷，路上行人欲断魂，借问酒家何处有，牧童遥指杏花村。

爸爸看了非常喜欢，跟我说：

"你看庄言伯伯这字多漂亮！"

但还是忍不住把那个给诗吃"补药和泻药"的故事讲了一遍，逗得庄言伯伯哈哈大笑，说：

"好，我下一次写一个吃了泻药的版本。"

你怎么又和了？

所有这些活动里面，我最喜欢的是周末王昆阿姨和周巍峙伯伯来家里跟爸爸妈妈打麻将。王昆阿姨和我爸都是那种特别浪漫而又理想主义占上风的人。他们两个老在那搓大和，什么清一色啊，一条龙啊，7大对啊，小和呢他们看不起，老想赢一个大的，但老和不了。而周伯伯最聪明，他大和小和都不错过，遇到什么牌，就搓什么样的和，不贪大，也不嫌小。每次周伯伯和完了都乐呵呵的，但是从来都不夸张，也不骄傲自豪，不像我爸和王昆阿姨，他们和了的时候可骄傲自豪了。王昆阿姨和我爸每次都很惊讶周伯伯赢：

"怎么你又和了？！"

萤萤探望周巍峙

多年后周巍峙为萤萤证婚

他们一边打，一边互相开玩笑，讲笑话。我呢常常凑热闹看他们打，帮着伺候局。妈妈会时不时地帮着安排准备些吃的，就轮到我帮着"坐镇"。爸爸和王昆阿姨会常常探过身来帮我参谋一下。就这样，我跟着他们这些"老手"学会了打麻将。

押　韵

那时候爸爸的心情特别的好，来聚会的有各式各样的人。这时候年轻的作者鲁东勇在爸爸的引荐下调到了北京，我们的家也成了他临时的家，他几乎每个周末都来家里。爸爸妈妈把他当作家里的一分子。有一次他来刚好碰到诗人臧克家。

席间谈得兴起时，臧克家突然放了个屁，席间还有女士，大家顿时无语，鸦雀无声。为掩饰尴尬，他故意蹭了下凳腿，发出"吱"的一声，以告诉大家是凳子擦地的声音。此刻，爸爸一脸坏笑，挖苦道：

"真不愧诗人，放屁还要押韵啊！"

大家终于憋不住，全场哄堂大笑。臧克家羞得满脸通红，拎着拐棍儿追着爸爸打。爸爸抱头逃窜，躲进了洗手间，大家笑翻在地。

担忧和失望

这些艺术家在一起不光是说说笑笑、吃吃喝喝，通常会谈到特别深切的话题。爸爸尤其会谈到艺术家的职责：

"你看现在有些流行歌曲，有没有好的？有。但是有很多糟粕。作为一个艺术家我们不能一味地迁就大众的趣味，尤其是有些人的低级趣味。当然这个我讲的可不是艺术家的自我清高，也没有瞧不起大众的品位。我一辈子都是特别尊重人民的喜爱。我每次创作都考虑到给谁写的问题。艺术家既要熟知大众欣赏什么，又要起到引导的作用，更不能随波逐流、跟随，助长低级趣味，完全被大众化的趣味引导，一味地迁就它。我们做艺术家有职责引导和提高大众的趣味。"

"你说得对啊，但是现在流行的都是这些作品啊。"

"让它们流行吧，这些作品不见得有长远的生命力。大家唱唱也会厌烦的。现在很多的人不是在搞艺术发展，而是在搞娱乐，这样下去，我们的文化艺术会失去光泽和生命力的。"

人们都走了以后，爸爸跟我说：

"这些没有什么品位的流行音乐把主流文化完全排斥了。有人可能认为我是过时了。大家都去追求那时髦的东西，流行一时的东西，根本不去关心中国音乐艺术发展的创新道路应该怎么走。"

"嗯。"我听着他讲，知道他要跟我说些心里话。

"我们的时代就这样消失了？多么的可怕啊。你知道爸爸是一个乐观的人，但是我有时候感到深深的悲哀和失望。我这一辈子追求的音乐发展创新之路好像是无人过问的路边野草，随着运动被抛弃，随着不懂艺术的掌权人被打压，随着一个只搞经济不搞文化的时代被认为过时，在随波逐流的流行音乐年代无人过问。有些低级趣味或一味迁就追逐流行，讨好观众的作品成为主流。搞歌剧的又是在走西方全盘移植的道路，民歌戏曲又完全回落到老旧传统，不愿意创新。"

我可以感受到爸爸为中国音乐艺术发展的前途在忧心。

"'文革'失去了10年的宝贵时间，我很心痛。其实从50年代起，我就对创作新歌剧的发展道路有了非常成熟的思考。可是这几十年过去了，'文革'终于结束，我知道自己也就剩下30年的时间了，终于盼到能真正开始好好创作作品的时候，很想把那些失去的时光都找回来。可是你看现在一大部分人在搞娱乐，不搞艺术。而一些掌权的人还在弄权。我没有什么发言权，更没有能引导更多的艺术家走一条音乐艺术发展创新道路的影响力。

现在文化上非常的浮躁，缺少发展的气氛和土壤。"

他话语中带着极度的失望。但是又有多少人能理解他的担忧呢？

"你做艺术家可不能浮躁，要踏踏实实地学习音乐艺术。这是一种很认真的艺术家的生活态度。"

"嗯，你放心吧，爸爸。"

我看热闹，他看门道

那时候除了家里的聚会，有很多的机会学习。我最高兴的是爸爸终于把他对我的承诺实现了。他那时候常常带我去看一些"内部电影"（*也叫参考片*）让我大开眼界。"文革"时期文化生活极其单一。由于文化上的封闭，在严格控制的政治意识形态的主导下，外面的电影根本看不到。20世纪70年代初公映的只有几部社会主义国家的影片，如《卖花姑娘》《金姬和银姬的命运》《地下游击队》《宁死不屈》《看不见的战线》《广阔的地平线》《鲜花盛开的村庄》等。西方资本主义国家的电影，控制得极其严格。少部分城市里组织放映，也是为了批判它们的"毒害性"。我们在农村更是什么都看不到。

大家在精神上饥渴交加了10年。"文革"后文艺界慢慢开始开放。有一些"内部电影"在一定范围内开始放映。一开始还比较小范围的，后来越来越大，最后都在大礼堂放映了。有了这样的机会大家都疯了。那时候能弄到票是被认为最幸运和最有办法的人啦。当时好像对外演出公司和几个其他单位组织看这些电影。爸爸每次都能弄到票。其他的艺术家们也常常到他这里来"讨票"。

爸爸每次一定先留出两张票带我去看。那时候有各种国家各种语言的电影，如《阿里巴巴》《沉默的人》《基督山伯爵》《悲惨世界》（*法*）、《叶塞尼亚》《白玫瑰》《冷酷的心》（*墨*）、《巴黎圣母院》（*法/意*）、

《简·爱》（英）、《煤气灯下》《警察局长的自白》《巴顿将军》《美人计》《飘》《魂断蓝桥》《煤气灯下》（美）、《生死恋》（日），等等。那些影片和画面给我留下了深刻的记忆。

"走，我们今天去看《叶塞尼亚》。"爸爸高兴地说。给我印象很深的是叶塞尼亚的吉卜赛祖母带她去她白人亲生母亲家时说的一句话：

"不吃白不吃！"爸爸还加一句："白吃谁不吃！"这两句成了爸爸和我常常挂在嘴上的短语。

"咱们今天去看《巴顿将军》！"爸爸兴奋地说。

这部电影给我印象很深。一开始，整个屏幕是一面美国国旗，巴顿将军从银幕的低端顺着国旗的每一条格像上楼梯一样，一格一格往上走。这样的视觉呈现形式从来都没看到过。《乱世佳人》影片里女主角一开始在美国南部农庄里的场景，费雯·丽的美丽动人角色以及美国南北战争的残酷，和男主角克拉克·盖博的英俊，我都不能忘怀。《基督山伯爵》里的一句话让我深思，当另外一个人在船上想尽一切办法探寻他的来处，看到他的金钱，极力想巴结他的时候，问他：

"先生，你最喜欢的是什么？"

他的回答是："沉默。"

爸爸说：

"在这个叽叽喳喳，世俗浮躁功利的世界里，沉默是一个多么难能可贵的人生态度啊！我羡慕他对自己的信任，不让那些噪声打扰自己内心的人，应该是内心比较强大的。"

"嗯。"爸爸虽然表面上嘻嘻哈哈，大大咧咧，但是看问题很深入，并且一针见血。

"我们今天去看雨果的《悲惨的世界》吧。"

雨果通过冉·阿让的一生展示了拿破仑战争和之后的革命、宗教信仰、法律、道德、正义、爱情等多方面的历史，更是让我回味无穷。每次看完了电影，爸爸和我都会做一系列的探讨和分析。

他说：

"你看《乱世佳人》里费雯·丽的角色和克拉克·盖博的角色性格都很复杂。人不一定是单一的、清教徒式的、一点瑕疵都没有的完人才可爱，是吗？"

"是啊，如果太完美无瑕疵了，恐怕性格角色就有点无聊单一了吧？"

"我们今天去看喜剧电影《佐罗》。"

佐罗本人是贵族。在 16 世纪中，军阀官僚盘踞，民不聊生，他平时周旋于贵族圈子，得到恶霸的行踪，转身作为蒙面义侠，神出鬼没地铲除恶霸。我和爸爸都很喜欢这部电影。那个演员也非常的英俊。

还有一个电影我也记忆很深，是战争片，好像是拿破仑和土耳其打仗的。故事情节记得不太清楚了，但是记得有一个场面是他们双方开战的时候都有一个小乐队，打着战斗的鼓点，敌对双方面对面排成一长横队朝着对方，跟着鼓点向前走。对方朝着他们开枪，前面的人就倒下一排排，看起来真的有点傻。我心想，为什么不藏起来打游击战呢？后面有一个非常大的场面，在整个山丘上躺了无数士兵的尸体。

爸爸说：

"你看这个战争场面拍得很了不起，非常的浩大，那得多少群众演员和布景啊，要不然就是特别棒的特技。你看成千上万战死的士兵在镜头里显现的各种体态都不一样，真的把战争的残酷拍出来了。"

"是啊，不知他们是怎么做的。"

"艺术家是很了不起的。你记得爸爸带你去西安看兵马俑吗？"

"记得。"

"每一个兵马俑脸上的表情都是不一样的。那千军万马每一个兵马俑都有着自己的个性特征。很了不起啊！"

如果不是爸爸的提醒，我还真的没想那么多。

这些电影让我开阔了艺术眼界。我看热闹，爸爸看的是艺术手法和效益。他对每部电影的看法和洞察力帮助我提高了对这种艺术形式和新颖的表达方式更好地认知。

　　他后来带我去看更加稀有的电影。爸爸的好友郭维伯伯，当时电影家协会主席，常常请爸爸探讨策划拍《红楼梦》系列电影和《笨人王老大》的一些想法。顺便他们会看一些过路片。这是很小范围的观看，在电影局的小放映室。大概有20—30人吧。一般会有一个现场的翻译，一边看一边翻译成中文。我在那里看到一些非常奇特的影片，从世界各国来的，没有经过任何裁剪的原片，有一些镜头是不太可能在公共场合放映的。爸爸有时候会帮我跟学校请假去看这些影片。他跟我解释说：

刘炽看总谱

　　"你明白爸爸为什么会帮你请假看这些影片吗？观看这些影片的机会很难得，失去了不会再有。这些影片能开阔你的艺术视野，看到各国艺术家是如何表达他们对社会、人物和历史题材的创作和呈现。文化课是可以补上的。但是你自己一定要好好补上文化课，不能因为有了这些难得的机会而放弃了文化课。"

　　"你放心，爸，我一定补上！"

　　爸爸满意地点了点头。他对我无限信任，我一定不会让他失望。

爸爸再带你跳一次圆舞曲

　　那是多么欢快的时光啊。石叔诚先生给了我一些比较难的新曲目：肖邦练习曲、贝多芬的第三协奏曲、肖邦的第二诙谐曲、肖邦的夜曲等等。
他不仅定时给我上课，还常常给我一些录音来听。像我父亲一样，石先生
搜集很多的唱片。他开始给我听一些世界上他最喜欢的钢琴家的录音。有
一套录音是德国钢琴家威廉·肯普夫弹的贝多芬协奏曲，我听了很多遍，
不断地研究他对贝多芬风格的诠释。

慢慢地我开始听更多的曲目。中央乐团开始邀请一些意大利的艺术家
来给大家上歌剧咏叹调的大课，我跟嫂子熊英有时候结伴去听。她是沈湘
的学生，非常棒的女中音，我常常给她弹伴奏，尤其是意大利早期歌剧选
曲和艺术歌曲。听她唱更让我想起自己要当歌唱家的梦想。所以珍惜每一
个学习的机会。

爸爸妈妈一直支持我不错过任何学习的机会。有一些画展来到国内，
爸爸妈妈会带我一起去参观。印象很深的是毕加索在美术馆的画展。他的
画太奇特了。他对人物和景物的角度和表达大大超出了我的想象力，对我
启发和震撼很大。爸爸非常佩服这位艺术家的创造力。妈妈一辈子喜爱绘画，
所以我们三个去看了几次也看不够。

1978 年，人民的文化娱乐生活开始了悄然的变化。那时候不光可以看
到内部电影，还时兴跳交际舞。爸爸 50 年代就喜欢去北京饭店跳交际舞。
"文革"开始一切都被叫停，因为是"资产阶级情调"。现在有了这个机会，
虽然他年纪已经将近 60 岁，但是他的玩心不减，兴致极高，兴奋地说：

"柳春，走，我们去跳舞吧！"

"不行啊，东方（歌舞团）这边很忙啊。你带萤萤去吧。"

虽然妈妈是舞蹈家编导，但 20 世纪 50 年代的时候妈妈对跳交际舞就不
太有兴趣，更别说现在了。她本是一个内向的人，喜欢安静，不太喜欢公
共场合的交际和嘈杂。年轻的时候跟爸爸去跳舞只是让他开心罢了。现在
她身担东方歌舞团舞蹈编导，还帮着招生培训新学员，特别忙，就更有理
由推脱了。

爸爸也不勉强她，高兴地带着我去了。他教我跳快慢三步、四步，还

有圆舞曲。他的手在我的背后，引导着我左转右转，向前向后。由于他领舞的指示非常清晰，我很快就学会了。看爸爸那样子他真是爱跳舞啊，那一晚上他没停过步。那巨大的舞厅灯火辉煌，女士们穿着自己最漂亮的裙子，有人穿着高跟鞋，年轻的男士们有的穿了喇叭裤、尼龙衫，很轻松随意，有的女士还烫了头，看起来都很时髦。跟"文革"那单一的灰黑绿的衣服色彩对比，这简直是万花筒。我跟着爸爸见到了很多艺术界的熟人。其中一次见到从监狱里放出来不久的七月哥哥。我看他年纪大概 30 岁，脸上带着微笑和一些微微的沧桑。爸爸跟我说：

"你看王昆阿姨，周伯伯他们一家多不容易啊，小小的七月因为反江青坐了 10 年监狱啊。难以想象他们是怎么熬过来的。"他的脸上露出了微微的伤感。

当圆舞曲音乐再次响起时，爸爸很快从伤感中抽离而出，说：

"走，爸爸再带你跳一次圆舞曲！"就这样他又一次把自己全部的精神放到了享受生活那一刻能够提供的美妙中。

他也被音乐学院拒绝过

1978 年到 1980 年是一个快乐的年代，美好的事接连不断。有一天爸爸的单位煤矿文工团有人来给我们安上了电话！我们都很兴奋。那是一个没有电器的时代，家里没有冰箱，没有电视，没有电脑和手机。普通人的家里是没有电话的。要打电话，接电话都要到楼下一个公共的地方去。周围楼里的人都要在那一个固定的小卖部接打电话。我们自家有部电话是非常奢华优越的，也更方便。

"你想给谁打电话？"刚安好，爸爸就问我。

"谁的电话号码我也没有啊！"他这一句问话，把我给问住了。心想，我得赶紧看看朋友里谁家有电话。

刘炽在煤矿文工团办公室（哈斯摄影）

　　不久大姐从东北回家。姐姐结婚不久就怀孕了。妈妈本来是计划姐姐生孩子她去营口照顾，但因为姐姐的预产期是 1978 年 5 月 20 日，营口 5 月 18 日地震，他们都住进了地震棚，姐姐给家里打电话不让妈妈去营口了。爸爸妈妈一听怕她在地震棚会做病，就让她回北京，也方便我们照顾她。

　　姐姐的这个孩子是家里第一个孙辈的孩子，爸妈也都非常期待。上个十年大家都分散在东北和西北各地。爸爸说：

　　"咱们大家凑到一起真的不易，我们去照相馆照张相吧。"爸爸妈妈

刘炽、柳春（前排）和儿女们（二排萤萤、燕燕、云云，三排欣欣和燕燕丈夫）

刘炽、柳春和外孙子京京

快乐地期待能当上姥爷姥姥。

这之后很快，大姐就进了产房。因为第一次生孩子，又属于年龄比较大的产妇，她从第一天晚上一直折腾到第二天的下午，儿子才生了出来。那两天可是把爸爸妈妈给急坏了。但是健健康康的大外孙来到了这个世界，他们都开心得不得了。

爸爸的弟弟刘烽，我们的三叔和三婶刘燕萍一家1978年底从陕西西安也调到了北京，三婶调到中央民族乐团当副团长、团长、书记。三叔调到中央民族学院艺术系当系主任，后来到中央民族学院艺术研究所当了所长。他们来了爸爸很高兴，我也高兴，可以找堂姐堂妹她们去玩，并且吃最好的陕西饭。堂妹刘雪甦很快就进入中央音乐学院附中学习钢琴。我很羡慕，也准备考一下。

我去考了中央音乐学院，但是没被录取。那一年全国只录取了一个钢琴本科学生，我很气馁。爸爸看着我安慰地说：

"你知道吗？著名意大利作曲家威尔第也被米兰音乐学院拒绝过！不

用把中央音乐学院想得太神秘了。去音乐学院是为了更系统地学习，进不了音乐学院你还是可以继续跟其他很好的老师学习。爸爸没有进过著名的音乐学院，后来都是自己努力寻找机会把和声、复调、配器等补上的。所以要相信自己走的路。再说了，你现在的任务就是打好基础，将来爸爸还是希望你去国外学习。既然要学习西方古典音乐就要到创造出这些音乐的国家去深刻地体验那里的文化才对。"

　　我听爸爸讲得很有道理，就重新振作继续学习。后来我去中国音乐学院听课，并考入中央乐团办的社会音乐学院学习，那里都是一些乐团的子弟和一些年轻音乐人，很多是没有机会考入中央音乐学院的。因为音乐学院的名额极其有限，很多有才华的年轻人都考不进去。社会音乐学院有很多非常好的老师在那里教课，我的老师石叔诚和鲍蕙荞，以及刘诗昆、殷

萤萤和两位老师石叔诚与鲍蕙荞

萤萤、杨俊（左一）和石叔诚

萤萤在中央音乐学院讲课，杨俊（右一）

承宗等都在那里教课。还有很多音乐学院的老师在那里教音乐理论和历史。

　　1994 年我终于还了愿。上海广播交响乐团邀请我演奏莫扎特协奏曲 K.467。当时我正在美国伊斯曼音乐学院完成博士学位的最后研讨音乐会，主题是莫扎特后期协奏曲演奏法。回到北京后，杨俊先生邀请我去中央音乐学院为学生们讲课。我最终踏进了中央音乐学院的大门。

铭刻在心的教诲

　　说起学习和老师的事来，爸爸总是有很多话要说。他跟我分享他在延安鲁艺音乐学院跟随冼星海先生学习的过程，总是带着无限的感恩。他说：

　　"我这个'土包子'虽然从小就在西安跟很多老师傅学习我们传统的古乐，打下一些音乐基础，培养了对音乐的热爱，但是缺少对音乐的系统学习。直到我遇到了冼星海先生，跟他学和声、作曲、指挥等基础知识。所以我很感恩冼星海老师。他把他从巴黎音乐学院学来的作曲技巧传授给我。那时候爸爸跟你现在的年龄差不多。但是他不光交给了我西方作曲的技巧，更重要的是他教导我要深深地扎根于中国的民族民间音乐。他说：'只有根深于自己民族的音乐，你的作品才可能有真正的生命力。当然作曲技巧也要学好，但是没有民族的根，你的音乐不可能被老百姓热爱。'这是作为一个作曲家和导师，他给我心里种下的一颗重要的种子。这对我一生的发展受益匪浅。我一辈子都牢记他的

冼星海

教导。爸爸后来指挥过数场《黄河大合唱》并且在延安的时候，我在冼星海亲自指挥的时候演唱过，我深深地体会到这个作品是他把中国民族音乐和西方作曲技巧结合付诸实践的好例子，让我对他的教导有更深刻的理解。"

刘炽

他的脸上露出了意味深长的表情。他接着说：

"其实星海老师的教诲何止于音乐呢。是他让我要广泛地学习艺术，从各类不同的艺术里吸取养分。就是那时候我开始阅读《安娜·卡列尼娜》《被侮辱与被损害的》《少年维特之烦恼》《罗密欧与朱丽叶》等文学作品。这些作品让我的想象力插上了翅膀，增强了对其他艺术的了解，给我后来的学习和沉淀奠定了基础。"

爸爸平时总是开着玩笑说这说那，但是讲这些的时候他是那么的认真。好像这些回忆使他回到了年轻的时代，又让他回顾起他成长的过程。他深吸一口气接着说：

"我最后一次见星海老师是 1940 年，他即将去苏联，我很舍不得他走，一直把他送到汽车上。我把手中拿着的《联共党史》请星海老师题字，他奋笔疾书——'忠于祖国，忠于人民，我们中华民族的文艺是为人民大众的'。这珍贵的题词，我这几十年来一直铭刻在心，一直作为我音乐创作的中心思想。"

他的眼中好像浮现出跟星海老师最后见面的情形。我可以听得出，星海先生的这些教诲对爸爸意义非凡。

爸爸稍微停顿了两秒，好像回到了现实当中。

"你知道吗？爸爸是冼星海先生的'得意门生'。我第一次写的作品，他就批示说'好'，第二次他说'很好'，第三次他说'非常好，希望它传遍全国'！有一个好老师非常的重要。你要好好聆听老师的教导，光跟一位老师学习不够，要多跟几位老师学，能得到的学习机会一定不能错过。"

他很郑重地看着我。

"记住了，爸。"

"天仙配"搭档

爸爸现在特别忙，没有一天家里的饭是没有客人陪同的。有时候两顿饭都有客人。只有早餐安安静静，因为通常爸爸起得比较晚。我们的两套房子紧挨着，但是走两道门。妈妈爸爸在另外一套住，我和二姐在这边的一套房子里住。哥哥和嫂子在煤矿家属宿舍楼里住。两套房子都有厨房，外屋和里屋加阳台。爸爸除了去团里开会，从早到晚地坐在他那边的外屋客厅接待客人。我呢常常在我们这边的里屋练琴。我的琴和床都在里屋。

刘炽指点女儿萤萤

偶尔，爸爸过来，敲我的门，探头进来，说：

"女儿，爸爸没水了，帮我烧一壶热水吧！"

"好嘞。"

我爽快地答应着，无论爸爸什么要求，我都会去做的。没开水了可是一件非常紧急的事，爸爸从早到晚茶是不能断的，这是他的命根子。但是有时候我也会在晚饭桌上逗逗他：

"爸，你宁愿从你那边过两道门到我这边来让我去你那边烧壶水，其实有那时间自己也可以烧水了吧？是不是就是想看看我是不是在好好练琴？"我微笑着逗他。

"是啊，我多忙啊，再说了那边听不到你琴声！"他笑着回答。

爸爸忙，我们在一起听音乐的时间比较少了。但是这段时间我结识了几个拉小提琴、中提琴、大提琴、长笛的朋友们，有时候也会给他们弹弹伴奏，并且接触了很多其他的音乐。我把这些作品的录音带回家来跟爸爸一起欣赏。他看着我带着欣赏的眼光说：

"真好，我很高兴现在不光是我跟你分享音乐，而是我们互相分享了！爸爸特别高兴你现在听的音乐更加丰富了。"

"嗯，我最近听到的音乐里最喜欢的曲子是这首法国作曲家萧松为小提琴和乐队写的交响诗，太美了，它那自白式的开始，梦幻般的色彩带着深深的忧伤，缓慢地把我带入了另一个亲密的世界，我的情感跟随着它达到那深情澎湃的高潮，旋转到焦急迫切，最后回到那温柔的亲密无间。每次都听得我好像心里又爱又疼心潮起伏的感觉久久不能平复。"

我一连串把我的感受都跟爸爸说了。这是我第一次跟爸爸长篇幅述说自己的看法和感受。他看着我有点惊奇并带着欣赏的眼神。

"不错，你现在成了一个小理论家了，一讲就一大套！这首曲子我还真的不熟悉。听你这么一说，我还真想好好听听。改天我们一起听？"

"好的，还有芬兰作曲家斯贝辽丝的小提琴协奏曲，奥地利作曲家布鲁赫纳的第一小提琴协奏曲等我也喜欢。最近两个朋友请我帮他们弹伴奏呢。"

"太好了，这是学习音乐最好的途径了。"

我和爸爸也听一些钢琴作品，如 Krystian Zimmerman 的肖邦练习曲等，因为他 1975 年刚刚获肖邦比赛大奖，钢琴家们都特别想听这位新获奖者的录音，我们一边听一边分析他的演奏技巧。

"你听他的声音多么的轻快啊。我希望将来也能弹得像他一样。石叔诚老师已经让我开始练肖邦练习曲了。"

"就是最近听你练的那两首吗？"

"是的。爸，你听这是斯特拉文斯基的《火鸟》，是他给芭蕾舞写的音乐，那狂热的节奏听起来好疯狂，好给劲，可以看到那疯狂的舞者们跳啊跳的，一直跳到筋疲力尽，最后被催眠入睡。1910 年苏联芭蕾舞团在巴黎的首演让斯特拉文斯基一举成名。"

"我以前听过，听你讲，可以看得出，你做过功课了。这样的学习态度是爸爸最喜欢的，真好！"

得到爸爸的夸奖，我心里很受用。

"爸，你听过肖斯塔科维奇和马勒的交响乐吗？这些曲目我自己觉得理解得不够透彻。"

"肖斯塔科维奇的交响乐我听过几首。马勒的我只熟悉一个第五和他的《大地之歌》。我们可以一起多听听，慢慢消化它们。我们有时间也可以多听些巴托克的音乐。"爸爸说。

"我很喜欢普朗克的长笛奏鸣曲。我的好朋友林静让我给她弹伴奏。我很喜欢普朗克的音乐语言，跟别的音乐家分别很大，一开始学的时候有点难，因为跟传统和声进程不一样，很多的惊喜。"

"巴托克的乐队协奏曲的音乐语言也很不同，这些作品的风格和音乐语言色彩斑斓。他用很多匈牙利的民歌在他的音乐里，从听力上和艺术风格上都会让你大开眼界的。"爸爸加了一句。

我跟爸爸聊起我最近的新发现，话匣子打开了，就不停地说了起来。

"你别说，我对他的音乐语言还真的不熟悉。你们俩练好了过来给我

萤萤和林静在一家饭店大堂演奏

演奏一下？"

　　"好啊。你得等等。我们才刚刚开始学。"

　　"你们合作得愉快吗？"爸爸突然问我。

　　"当然愉快了，她是我的好朋友！我们不光一起演奏合作，还一起出去玩呢。"我高兴地跟爸爸分享。

　　"那太好了！找到一个好的音乐合作伙伴是很幸运的一件事。爸爸跟你乔羽叔叔的合作就是天衣无缝的。有人说我们是'天仙配'。别人的词拿来，我一般都需要做些改动，只有他的诗词，我拿来就可以开始创作。因为他把我们中国语言里的自然韵律表达了出来。他的诗词平白如话而充满诗情画意，这是多么不容易的一件事啊。我们对艺术创作和表达的方式方法很相似，不会故意夸张，不咬文嚼字，不搞高大上，让我们的心声自然地流露出来。这就是为什么我们合作的《我的祖国》《让我们荡起双桨》《祖国颂》等作品都不错。"

"并且你们也是好朋友！我看你们在一起那么多笑话，还有废话，很开心的样子。"

"哈哈，那是自然的了！我们在一起废话是不少。但是我们互相尊重、敬佩，合作得非常完美不是吗？你看爸爸这些好朋友——王昆、程云、陈紫、时乐蒙、贺敬之、郭维、林农、洛汀、王一达、石鲁等等都是一辈子的好朋友。"

爸爸的脸上露出了满意的笑容。

"但是，自然地流露如果没有长期的文化积累和沉淀是流露不出来的。爸爸在星海的教诲下，在延安就开始积累了。我们成立了延安民间音乐'五人团'，里面有马可、安波、张鲁、关鹤童和我。（有点像俄国的民族音乐'五人团'：Mighty Five，César Cui，Aleksandr Borodin，Mily Balakirev，Modest Mussorgsky，and Nikolay Rimsky-Korsakov，他们的核心目标是为了减少西方音乐形式对俄国民族音乐发展的束缚。）而我们的短名是'马安张关刘'。从那时候起我就不断地搜集、整理、研究中国民族民间音乐，一辈子没有间断过。你乔羽叔叔的中国文学底蕴也是一样的丰厚。没有这些雄厚的文化艺术基础我们不可能写出那些好的作品。作为一个艺术家，你要不断地学习、积累、完善才是。"

"嗯，记住了。"

"哦，对了，你除了学习演奏这些西方古典音乐外，有没有花时间学习我们中国音乐呢？"

爸爸改了话题。

"有啊，石老师让我学习王建忠改编的《云南民歌五首》。另外我自己也在试读他改编的《百鸟朝凤》《梅花三弄》等。爸爸，你知道他改编了三叔的《山丹丹开花红艳艳吗》？"

"这我还真的不知道。你练好了，给我弹弹！"

"好的。"

就这样，我跟爸爸的对话更加地深入，我们聊音乐、聊对演奏和创作的想法。他跟我分享更多他的艺术人生发展道路。我很敬佩爸爸这位有着深刻思维的艺术家。

语言的重要性

爸爸妈妈从小坚持培养我学习艺术，在最艰苦的农村也没有放弃这个目标，希望有一天能送我去国外深造。所以爸爸一直鼓励我要好好学习英文。我开始跟一个在中国旅行的美国摄影家学习口语。但是爸爸说：

"你应该更加系统地学习语言，应该找一个真正在美国受过教育的教授来教你。"

"到哪儿去找呢？"

幸好，有一天二姐的一个朋友罗先阳来找爸爸帮忙，想考艺术团体。爸爸听他唱了两首歌后，很喜欢他那浑厚的男中音，满口答应给他引荐去考试。他经过面试后很容易就被录取了。他的父亲罗教授刚好是北京大学经济系教授，毕业于美国芝加哥大学。就这样罗教授接受我作为他的私人学生开始教我英文。我每个星期到西苑找他上课。一路上插着耳机，听他留给我的作业。他让我先开始读英语900句，他说先把发音搞好，打点英文句子的基础。跟他学了一段时间，他特别喜欢我，给了我一厚摞经济杂志，说：

"萤萤，你好好读一读这些杂志，好好学英文。我可以保你上北大经济系，然后送你去芝加哥大学读经济研究生，怎么样？"

我很兴奋。回到家开始读这些经济杂志，读了一半就放弃了，怎么也读不下去，觉得很乏味。心想：我跟经济估计没什么缘吧？还是音乐艺术更有意思。从那时候开始更下定决心好好练钢琴，以后出国要专门学习音乐。但我有点不好意思跟罗教授说，怕让他失望。我又一次坐下来正式跟爸爸商讨以后我到底要干什么。爸爸说：

"让你跟罗教授学英文不是要你改行学经济。他喜欢你，你应该感到

刘炽在家中

很幸运。但是你可以先感谢他对你的欣赏，然后跟他说清楚，你自己希望继续搞音乐，他一定能理解并尊重你的选择。但是你不要放弃学英文。你将来出国深造，有一个扎实的语言基础很重要。语言是学习音乐文化的重要工具。你记得爸爸很久以前跟你说的话吧？我们不做井底之蛙，不能画地为牢。爸爸一辈子没有太多的机会出去看看，但是每一次我出国收获都很大，对我作为一个艺术家来讲有深刻的启发。我很希望能送你出去学习观看，也算帮着爸爸还了这个愿望吧。"

"嗯，你放心，我一定继续跟罗教授学习英文，并跟他说清楚我的心愿。"

爸爸教会了我应该坚持自己要走的路，并且学会跟其他人沟通清楚为什么自己会选择这条路，其实真正关心爱护我们的人一定会理解的。

不要做受害者，为了音乐和美而活

爸爸当上了煤矿文工团的团长后，开始有了一些影响力，很多人相继而来找他"帮忙"。其中包括在"文革"中整过他，打过他，从东北来的原造反派。他一律接待，并且想办法帮助他们。我看着觉得不公平，问爸爸：

"你为什么现在还帮助那些整过你打过你的人呢？他们'文革'的时候要整死你。现在看你有权了又来找你帮忙！"

爸爸耐心地跟我说：

"我多年被打压、挨整，但是爸爸从来都不要做一个生活中的'受害者'。爸爸有没有过痛苦、悲哀、焦虑、踌躇，感受到极大的不公平？绝对有。但是我从来没绝望过。人生就是这样，这个世界是不够公平，我们社会里很多整人的人，一有机会还会跳出来再次整人。有些当权的人会一直当权，不停地打压比他们更有才能的人。这是因为他们的心灵不够纯粹，他们感受不到艺术的美和它对人性和心灵的滋养。他们被卷入这些政治运动热潮当中，把人性中最丑陋的一面显露了出来。但这也不全是他们个人的错，有些运动他们很难逃脱的。我们要学会宽恕。他们有时候并不重要，我们不是为他们而活，生活中的美最重要。而音乐是我们最美的灵魂语言。我是为了音乐而活，为了美而活。我很高兴还有几十年能再写些好的作品出来，我是为中国可爱的老百姓谱写这些音乐的。"

爸爸的话让我深思。之所以他经历了那么多磨难、挨整、摧残和失落还能精力旺盛，乐观地活着，并且不断地继续创作，是不是由于他能够宽恕？我怎样才能够学会宽恕呢？他的心真够大！但是我现在才明白，爸爸是"心大、豁达、大度、乐观"，但心大不等于没有心，感受不到痛苦和折磨，包括精神上的摧残。

有人说世界上只有一种英雄主义，那就是当你认清了生活的真相后，依然热爱生活。爸爸作为一个艺术家能写出那么美的旋律是因为他的情感丰富，高度的敏感。他的乐观和豁达是经过了自身内心的情感波动的大涛大浪后作出的选择。我真的很爱爸爸，也更加地理解和佩服他。

爸爸很快要过 60 岁生日。我偷偷地去北京雍和宫为他买了一对红色带雕刻的蜡烛，又特地去买了奶油蛋糕。我回来后看他还没有起来，就去叫醒他。他最爱睡懒觉。我看到他睡觉的样子，脸皮有点松松地往下垂着，脸上很多皱纹，显出憔悴疲惫的老人样子。我很惊奇，以前从没有意识到爸爸老了。但是他这个人一辈子精力过度旺盛啊！他每天都是精神奕奕，或是我一直太自我为中心，没有注意到？我突然意识到爸爸也有累、疲倦、憔悴、老的时候啊？！这个新的意识让我心里突然对爸爸产生了一股从来没有过的怜悯。虽然已经十点多了，但我没舍得把他叫醒，想让他多睡一会儿。

晴天霹雳

突然我的回忆被广播里的声音打断了：

"飞机很快就要到日本东京了，请您把桌椅调整好。下飞机后请不要离开转机大厅，留意去北京登机的广播。"

我走进转机大厅，突然觉得很饿，去买了一碗热汤面。匆匆吃完，接着上了回北京的飞机。这段路程只有两小时左右，我多么想马上就飞到爸爸身边啊。那时候刚好是傍晚，天空一片云彩都没有，从飞机窗口望去，一望无际的天空挂着艳丽的彩霞，远处的橘黄红紫，一秒一秒地变得暗下来。突然飞机开始颠簸，并且持续不停地颠簸。可是天空一片云彩都没有啊！为什么会颠簸呢？原来那种颠簸叫作"晴空颠簸"（Clear Weather Turbulence）。我心里突然有一种不祥的感觉，但是强把这种感觉压了下去。

很快就到了北京。下了飞机看到姐夫小鹰来接我，他一脸的疲劳。他白天忙着律师事务所的工作，晚上还赶来接我，我很感激。赶紧拿上行李奔往家里。我一路上询问爸爸的情况，他开始给我讲爸爸住院的来龙去脉。一到家我放下行李，就跟姐夫请求：

"辛苦你，赶紧带我去医院看望爸爸吧。"

他说："你刚到，今天太晚了，好好睡一觉，明天吧。"

"不行，一定今晚就去看爸爸！"

这时候他停顿了。我直视他的眼睛，他眼中显出无限的哀伤，说：

"爸爸已经走了！"

这几个字像晴天霹雳直至我的心脏。我只觉得两腿一软几乎昏倒，爸爸！！！

那之后的日子不知是怎么过的。我的身体和情感被这突如其来的巨大悲哀凝固了，我痛不欲生，但一滴眼泪都流不出来。我麻木地跟随着大家来到了八宝山公墓，那里聚集着很多来告别的人。

大堂外轻轻地回荡着《我的祖国》和《让我们荡起双桨》的旋律（**那是我的好友梁和平在他的电子琴上特地做的**）。躺在松柏和鲜花中的爸爸，样子不像是真的。他身上覆盖着党旗，只露出那毫无表情的脸庞。八宝山的民乐队演奏着爸爸改编的葬礼音乐，赶来吊唁的人们在大厅门前等候着。人们排着队，三个人一组地进来，跟随殡仪馆司仪的指挥重复着向爸爸一鞠躬、二鞠躬、三鞠躬。

亲爱的爸爸，我多么舍不得你走啊，我的心好像被生生地割断分离。你走得太突然了！我有太多的话要跟你说啊。我多么希望你能再次睁开那双熟悉的眼睛看看我，让我再次看到你那带着欢笑的眼神，再次听到你那亲切的声音啊！

永远的旋律

爸爸走得太突然，太早了。我一生的遗憾是没能跟他说声再见，跟他表达我的爱和感恩。我的心被那巨大的悲哀和永远的失去冲击成了千万个小碎片。我不知如何把自己重新组合起来，找到在没有爸爸的世界里生活下去的勇气。我面对心里那个巨大的黑洞，不知所措，度过了无数个含着泪的不眠之夜。有很多年我不敢提及爸爸，完全不敢去想。我把那些悲哀生生地塞进了一个瓶子里，把瓶口紧紧地封住了。希望沉默能成为我与悲哀的隔绝层。

爸爸的炽热大火和对音乐艺术的热爱一直是指引我人生道路的一盏明灯。失去了这盏明灯，我曾经很迷茫，作为一个艺术家，一个人如何走余生的路？我经历了二十几年的内心搏斗，逐渐地在爸爸的音乐里和那些更加宽广的世界音乐文化里，我的心在慢慢地愈合。我有幸在二〇〇八年第一次应邀在北京中山公园音乐堂演唱爸爸和乔羽叔叔创作的《我的祖国》，之后在全国各地的舞台上演唱他的作品，与爸爸的在天之灵对话。

爸爸！我感恩你给我留下那么多美好的旋律和几十年间难忘的记忆。在音乐里我们永不隔断。你的音乐像是春天流淌的河流奔向大海，夏天茂密的森林不断生长，秋天金黄的叶子满地飘洒，冬天闪烁的大雪漫天飘落。你就活在音乐里，你没有离去，你与万物同在！

爸爸不是一个完人或伟人，他是一个普通人，就生活在大家身边。他有着自己的追求和喜怒哀乐，曲折和烦恼。但他是一个伟大的作曲

刘炽在花丛中

家、音乐家、艺术家。人们都愿意待在爸爸的身边，因为他的灵魂纯洁，心如赤子，不同流合污，追求执着。他的心从未远离过美，而这一切最终呈现在他不朽的音乐作品中。

爸爸的旋律是流淌在我们每个中国人血液中的音乐，从儿时起伴着我们成长，也会伴着我们走向未来，这些旋律会世世代代流传下去，因为他的热情像燃烧的火，他的旋律像奔腾的河，他的歌表达着我们民族的精神和人民的心声，他的歌将永远属于这块生他养他的土地，属于我们的祖国。

爸爸，你听到了吗？你的歌声正在祖国的大地上到处回荡。我深信，你的灵魂乘着歌声的翅膀，正在宇宙中自由地翱翔！

后 记

这些难忘的记忆我在爸爸走了二十五年后的今天才有勇气写下来。在2021年爸爸百年之际，我开始在眼泪、微笑、睡梦、失眠的交替中回忆。有的时候，必须暂停数天，因为我的心无法承受。

经过了一年的不断回忆和写作，生成了这本小书。在整个写作过程中，要感谢的家人和朋友非常多。大家提供了很多信息、细节和照片，恕我不一一列举。

首先要感谢的是黄克俭先生，没有他对我的信任和不断的鼓励，促成跟团结出版社的合作，这些回忆恐怕还只存活于我自己的脑海中，很多年后才可能问世。

感谢团结出版社对我的信任和梁社长的指导反馈以及责任编辑时晓莉女士的耐心和帮助。

感谢哥哥姐姐燕燕、欣欣、云云，三姨柳毅和表姐秀洁。你们不厌其烦地回答我的问题，帮助我推敲细节，对我有万分的帮助。感谢诺诺帮助辛苦地为那些老旧照片扩大像素。感谢丈夫舒明德这一年里不断地在各方面支持和帮助我，从电脑技术上的帮助到情感上的支持。

感谢一起在盘锦三道度过那难忘岁月的朋友们，你们提供的各种细节对我的回忆帮助无限：大华、小秋、茂茂、伟明、茜茜、娃娃、小群、小兰、刘萤先生。

感谢盘锦和油田的朋友们：金成发、冯晓地、雷荣、媛媛、大蓝、赵勇前、王蒙、张世荣、小红、王平先生、大木、王铁岩、安利。

感谢朱雅芬老师和石叔诚老师，感谢周月，感谢乔方。

感谢鲁东勇和葛小鹰两位大哥在最后的完书过程中不断地阅读那粗糙的手稿，并给我提出宝贵的建议。

感谢我的钢琴老师鲍蕙荞女士为本书作序。

最后特别要感谢爸爸的老友搭档，95 岁高龄的乔羽叔叔不辞辛劳为本书题字。在本书出版的过程中得到乔老离世的消息，万分感慨。没有想到这个题字成为乔老的绝笔，令我感恩万千！随他而去的是一个时代和那些为艺术无私奉献的艺术家精神。希望两位老人天堂有诗歌，有音乐，有好酒，有欢笑。

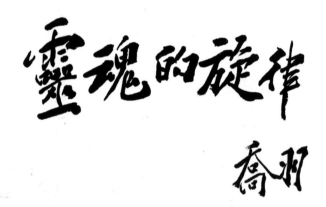

刘莹莹

2022 年 7 月 5 日

香港清水湾　第六稿